**출간 즉시
뉴욕타임스, 아마존, 슈피겔, 반즈앤노블
베스트셀러**

★★★ **아마존 32주 연속 분야 1위** ★★★
★★★ **전 세계 40개 언어 번역 출간** ★★★
★★★ **2025 아마존 올해의 에디터 픽** ★★★
★★★ **2025 반즈앤노블 올해의 자기계발서** ★★★
★★★ **2025 워터스톤스 올해의 페이퍼백** ★★★

누구나 주변에 다루기 어려운 사람이 있고 어려운 대화를 해야만 할 때가 있다. 문제는 압박감이 커질수록 무슨 말을 해야 할지 모른다는 것. 그런 대화를 어떻게 시작해야 할지 알려줄 사람으로 제퍼슨 피셔만큼 적임자는 없다. 이 책은 한 번에 하나씩 대화를 바꾸어 결국 당신의 인생을 변화시킬 실질적인 조언으로 가득하다.

― 멜 로빈스, 《렛뎀 이론》 저자, 〈멜 로빈스 팟캐스트〉 진행자

제퍼슨 피셔는 자신만의 전문성과 근거 기반 접근법을 누구나 쉽게 기억하고 실천할 수 있는 도구로 정제해, 단 한 번의 시도만으로도 효과를 체감할 수 있는 실용적인 대화법을 제시한다. 이 책에서 제안하는 방법을 따라 하면 당신의 삶은 분명 더 나아질 것이다.

― 앤드루 후버먼, 스탠퍼드 의과대학 신경생물학 교수

직장에서나 가정에서나 어려운 대화를 앞둔 이들에게 꼭 필요한 현실적인 안내서. 사람의 행동 동기에 관심이 있다면, 반드시 읽어야 한다.
— 크리스 보스, FBI 인질 협상 전문가, 블랙스완그룹 창립자

제퍼슨 피셔는 우리 자신은 물론 타인이나 아이들과 소통하는 방식을 근본적으로 바꿔나가고 있다. 그의 실용적인 전략과 바로 써먹을 수 있는 표현들은, 내가 자신감 있고 단단하고 주체적이면서도 깊이 연결된 태도로 대화에 나서고 싶을 때마다 찾게 되는 필수 자료다.
— 베키 케네디 박사, 《연결 육아》 저자

궁극의 커뮤니케이션 치트키 같은 책. 단순한 이론이 아닌 즉시 쓸 수 있는 언어와 프레임워크를 제시한다.
— 루이스 C. 린, 임팩트 인터뷰 CEO

자신감을 가장하는 법이 아니라, 의도적인 언어와 자각을 통해 자신감을 키우는 법을 알려준다. '언제 어떤 말을 해야 할지' 도움을 주는 보기 드문 자기계발서다.
— 메드하 쿠라나, JLL 비즈니스 인텔리전스

이 책의 핵심 메시지는 간결하면서도 강력하다. '이기려 하지 말고 이해하라.' 우리가 잊고 살아왔던 소통의 본질을 건드리는 책이다.
— 〈더 타임스〉

디지털 소통이 오히려 갈등을 키우고 있다. 저자는 회피 대신 직접 대화를 선택하라고 조언하며, '명확한 언어와 침착한 태도'가 관계를 지키는 핵심이라고 강조한다.
— 〈월스트리트 저널〉

잠시 멈춤

The Next Conversation
Copyright © Jefferson Fisher 2025
Korean translation copyright © 2025 by Next Wave Media Co., Ltd

All rights reserved, including the right of reproduction in whole or in part in any form.
This edition published by arrangement with Tarcherperigee, an imprint of Penguin Publishing
Group, a division of Penguin Random House LLC.
This Korean translation published by arrangement with Jefferson Fisher in care of Penguin
Random House LLC through Alex Lee Agency.

이 책의 한국어판 저작권은 알렉스리 에이전시를 통해서 Tarcherperigee,
an imprint of Penguin Publishing Group, a division of Penguin Random House LLC와
독점 계약한 (주)흐름출판사에 있습니다.
저작권법에 의하여 한국 내에서 보호를 받는 저작물이므로 무단 전재와 복제를 금합니다.

The Next Conversation

논쟁은 줄이고 소통은 더하는 대화의 원칙

잠시 멈춤

제퍼슨 피셔
정지현 옮김

Jefferson Fisher

흐름출판

> **내 이야기의 시작**
> *Prologue*

논쟁은 적게
소통은 깊게

낡은 목장집. 닳아 해져 까슬까슬해진 버버 카펫Berber carpet(모로코 베르베르 부족의 전통적인 직조 방식으로 만드는 카펫-옮긴이)이 다리에 닿았다. 헐렁한 티셔츠에 스파이더맨이 그려진 팬티 차림의 나는 거실 구석에서 몸을 동그랗게 말고 웅크렸다. 허겁지겁 찬물로 샤워한 탓에 머리카락을 비롯해 온몸이 아직 축축했다. 나라는 녀석은 한기에 오들오들 떨면서도 입이 귀에 걸린 듯 활짝 웃고 있었다. 절대로 놓칠 수 없는 광경이 여덟 살 내 눈앞에 펼쳐져 있었으니까.

 모두가 거실에 모여 있었다. 우리 집안의 제일 큰어른은 연방 판사를 지낸 증조할아버지였다. 할아버지, 아버지, 숙부들까지,

말하자면 일가친척이 대부분 변호사였다. 우리 피셔 집안 남자들은 해마다 텍사스주의 사냥 시즌이 시작되면 서부 컨트리 힐에 모여서 첫 주말을 함께 보내는 전통이 있었다. 대개 열세 명 정도가 모였는데, 그해 처음으로 내가 그 숫자를 열넷으로 만들었다. 마치 2군에서 1군으로 승격이라도 한 듯한 기분이었다. 아버지가 운전하는 차를 타고, 1970년대를 대표하는 포크 음악을 들으며 여덟 시간 동안 컨트리 힐로 달릴 만큼 드디어 내가 자란 것이다. 집안 어른들 사이에 낄 수 있을 만큼 드디어 내가 성장한 것이다. 어른들 틈에서 한마디도 할 수 없었지만, 그건 중요하지 않았다. 탄산음료를 원 없이 마시고 어머니가 봤더라면 절대 허락하지 않을 만큼 육포도 실컷 먹었다. 그렇게 사냥철의 첫날밤은 평생 잊을 수 없는 기억으로 남았다.

저녁 식사가 끝나자 소파 끄트머리에 앉아 있던 할아버지가 접시를 내려놓고 몸을 앞으로 기울였다. 그리고 이야기를 시작했다. 일, 판사, 법원에 관한 것이었다. 나는 곧바로 알아차렸다. 바로 그날 아침, 사슴 사냥에 쓰이는 낡은 망대(사냥할 때 사냥꾼이 숨어서 동물을 기다리는 위장 구조물-옮긴이)를 수리할 때 할아버지가 아버지에게 들려준 것과 똑같은 이야기였다. 아침에 트럭 적재함에서 녹색 페인트를 찾으며 이야기할 때 할아버지의 목소리는 덤

덤했다. 그런데 이번에는 달랐다. 같은 내용인데도 이야기는 완전히 달라졌다.

나는 넋을 잃고 귀를 기울였다. 할아버지는 자리에서 일어나 이야기 속 장면을 재현했다. 손짓과 표정으로 목소리에 생동감을 더했다. 흥미로운 부분에서는 목소리가 높아졌고, 긴장감이 흐르는 부분에서는 낮고 느리게 속삭였다. 심지어 말투까지 달라졌다. 정말 같은 이야기가 맞을까? 할아버지는 거의 10분 동안 모두를 사로잡았다. 잠깐 멈추었다가 결정적인 한마디를 던지자 방 안이 커다란 웃음소리로 가득 찼다. 마치 마술쇼를 보는 것 같았다. 할아버지의 이야기가 끝나자 자연스럽게 다른 사람들에게도 말할 기회가 돌아갔다. 숙부들, 아버지, 심지어 증조할아버지까지 차례로 법정에서 있었던 일들을 들려주었다. 변호사들답게 모두가 뛰어난 이야기꾼이었다. 밤늦도록 웃음소리가 이어졌다.

나는 모두의 이야기에 매료된 채 구석에 무릎을 세우고 앉아 있었다. 그렇게 한마디도 놓치지 않으려 안간힘을 쓰다가 스르르 잠이 들었다. 밤이 깊어지자 아버지는 나를 안아 침대로 데려갔다. 내 손에는 여전히 육포가 쥐어져 있었다.

그날 밤은 내가 새롭지만 언젠가 본 적 있는 듯한 무언가를 발견한 순간이었다. 처음 신어보는 신발이 발에 꼭 맞을 때처럼 그 모든 것은 나에게 너무나 자연스럽게 다가왔다. 그날 밤, 그리고 그 후 10년 동안 이어진 사냥 시즌의 첫 주말마다 나는 우리 집안의 유산을 물려받았다.

이야기를 통한 변론, 그것에 대한 헌신과 열정은 대대로 전해 내려오는 우리 집안의 정체성이었다. 나는 해가 갈수록 깨닫게 됐다. 법은 우리 집안 사람들의 직업일 뿐이고, 우리의 열정은 '소통'에 있다는 것을.

자연스럽게 나도 로스쿨에 들어가 소송 변호사가 되고 싶어졌다. 10년간 변호사로 일한 지금까지도 이만한 직업은 없다고 생각한다. 나는 개인적으로 아무 관계없는 사람들의 문제를 해결하기 위해 고용된다. 상대편 역시 변호사를 고용한다. 그 변호사는 나와 적이 되어 싸우는 일로 돈을 번다. 나는 매일 나를 패배로 몰고 가는 것이 주된 임무인 사람들과 맞선다. 미국의 배심원 제도는 배심원의 선택에 따라 모든 것이 결정되기 때문에 변호사가 법정에서 펼치는 변론 능력이 중요하다. 내가 어떻게 소통하느냐, 그리고 의뢰인에게 어떻게 소통하도록 가르치느냐에 따라 그들이 생계를 되찾느냐 아니면 영영 잃어버리느냐가 결정된다. 증인을 심문하든, 상대를 반대신문하든, 판사나 배심원 앞에서 변론하든 모든 사건은 새로운 배움의 기회가 된다. 갈등을 향해 정면으로 달려가는 것이 내 삶의 방향이다.

　내가 로스쿨에서 소통 기술을 배웠을 거라고 생각하는가? 아니다. 로스쿨에서는 법을 적용하는 방법을 가르친다. 계약법, 불법 행위법, 헌법, 그리고 주법 및 연방법의 규칙과 절차 같은 것들을 가르친다. 물론 모두 중요하다. 하지만 서로 공감하며 대화하는 법을 가르치는 수업은 없다. 격렬한 논쟁을 누그러뜨리는 방법을 가르쳐주는 수업도 없다. 로스쿨에서는 법을 읽는 법을 가르치지만 '사람을 읽는 법'은 가르쳐주지 않는다. 내가 스스로 배워야 했다.

　"마이써?(맛있어?)" 동생 세라가 공갈 젖꼭지를 문 채 물었다. 세라는 나에게 팬케이크를 가져다주는 놀이를 벌써 다섯 번째 하고 있었다. 사남매 중 맏이인 나는 형과 오빠 역할을 하는 게 정말 좋았다. 열세 살 때쯤에는 동생들과의 유대감이 너무 끈끈해져 동생들이 부모님보다 내 말을 더 잘 들을 정도였다. 나는 어디를 가든 어미 닭이 병아리를 챙기듯 동생들을 돌봤다. 열여섯 살이 되어 운전면허를 딴 후에는 직접 차를 몰아 동생들을 학교에 데려다주며 차 안에서 받아쓰기 숙제를 봐주기도 했다.

　분명히 말해두지만, 우리 부모님은 사랑이 넘치는 훌륭한 분들이다. 내가 좋은 형이자 오빠가 될 수 있었던 것은 바로 손아래 여동생이 태어나기 전까지 네 해 동안 부모님께서 나에게 애정을 쏟아주신 덕분이었다. 무엇보다 나는 형과 오빠 역할이 정말 좋았다. 보통 집안의 맏이는 정서적으로 안정적이며 주도적인 성격을 보이는 경우가 많다. 내가 맏이로 자라면서 얻은 것은 탄탄한 의사소통의 기초였다.

나는 세라를 다루는 방법을 금세 깨우쳤다. 눈앞에 정말로 음식이 있는 것처럼 맛있게 먹는 척하고 활짝 웃으면서 "음, 맛있네"라고 말하면 됐다. 따뜻한 말이 화내는 말보다 마음을 열게 만드는 데 훨씬 효과적이라는 것을 그때 배웠다.

약간 말을 더듬는 남동생 조녀선은 연신 내 이름을 부르며(가족들은 나를 '버바'라고 불렀는데, 이는 미국 남부에서 맏아들에게 붙이는 애칭이다) 제대로 된 문장이 나올 때까지 첫음절을 반복했다. 나는 조녀선이 말을 더듬을 때, 조급해하지 않고 기다려주면서 고개를 끄덕이고 어떤 말을 하고 싶은 건지 확인하면 동생이 이해받는다고 느낀다는 사실을 알게 됐다. 조녀선은 오랫동안 자음을 제대로 발음하지 못하고 모음만 말할 수 있었다. 나는 자연스럽게 그의 통역사가 됐다. 비언어적인 몸짓을 읽어내고 조녀선이 좌절하기 전에 미리 상황을 예측해 그가 하고 싶은 말을 대신 전해주었다.

막내 제이콥은 세 동생 중 가장 감정적이었다. 감정의 기복이 크고 화를 쉽게 내는 편이었다. 나는 말의 속도를 늦추고 목소리를 낮추면 제이콥이 차분해진다는 것을 깨달았다. 막내 동생의 감정이 나를 향한 게 아니라는 사실을 기억하면서 그가 감정을 있는 그대로 표현하도록 내버려두는 법을 배웠다. 제이콥을 돌보면서 그 어떤 말보다 한 번의 포옹이 더 큰 의미를 전할 수 있다는 것도 알게 됐다.

동생들은 저마다 성격이 달라서 모두와 깊은 유대감으로 이어지기 위해서는 각각 다른 접근법이 필요했다.

맏이로서 내가 익힌 가장 중요한 기술은 '갈등을 중재하고 해결하는 법'이었다. 동생들이 장난감을 가지고 놀다가 다투면 나는 재빨리 멈추게 하고 각자 자신의 입장을 차례로 말하게 한 뒤, 누구 차례인지 판단하고 타협안을 제시했다. 그 방법은 효과가 있었다. 나는 동생들에게 자신의 필요를 전달하고 서로의 필요를 이해하는 법을 가르치는 데 능숙해졌다. 그렇게 나는 형제들에게 소통의 본보기가 되었다. 결혼해서 두 아이의 아버지가 된 지금도 마찬가지다. 나는 삶의 모든 단계에서, 모든 관계에서, 모든 친구 그룹에서 늘 소통을 이끄는 사람을 자처한다. 지금도 매일 만나는 사람들이 나의 소통 선생님들이다.

 2020년. 나는 명망 있는 형사 변호 전문 로펌에서 파트너로 승진했다. 대단한 성취를 이뤘음에도 불구하고 일에서 깊은 우울감을 느끼고 있었다. 머릿속에서는 계속 똑같은 비유가 떠올랐다. 낙하산을 매단 채 달리는 기분이라는 것. 사건을 맡아 쉴새없이 바쁘게 일하고 있는데도 한 걸음도 앞으로 나아가지 못하고 있는 것만 같았다.
 2022년 1월. 나는 인생을 바꿀 두 가지 결정을 내렸다.
 첫째, 개인 상해 사건을 전문으로 하는 피셔 법률사무소를 열었다. 번듯한 사무실은커녕 비서도 없었다. 프린터조차 없었다. 노트북 하나 달랑 들고 카페를 전전하면서 일을 했다. 친구들의 빈 사무실을 빌려 쓰기도 했다. 다행스럽게도 금방 의뢰인들을 확보할 수 있었다. 그때의 기분은 이루 말할 수 없을 만큼 짜릿했다. 진짜 문제를 가진 진짜 사람들을 도울 수 있게 됐다는 생각이 들었다. 마침내 낙하산을 잘라내고 앞으로 나아가기 시작한 것이다.
 둘째, 처음으로 소셜미디어에 커뮤니케이션에 관한 조언 영상을 올렸다. 사실 처음에는 의뢰인을 모으기 위한 홍보 목적으로 시작한 일이다. 보통 소셜미디어에서 활동하는 변호사들은 그들이 유일하게 할 줄 아는 일을 한다. 자신을 파는 것. 그들은 소셜미디어를 광고판 삼아 사람들에게 사고가 났을 때 무엇을 해야 하는지, 누구에게 연락해야 하는지 떠들어댄다. 나 역시 한동안 똑같이 행동했다. 그런데 맞지 않는 옷을 입은 것 같다는 생각을 떨칠 수 없었다. 고속도로를 달리다 보면 어김없이 보게 되는, 광고판을 가득 채운 변호사의 얼굴이 떠올랐다. 망치 혹은 화염방사기를 들거나 복싱 글러브를 끼고 "상해를 입으셨나요? 보상금을 놓치면 안 되죠. 지금 당장 텍사스 최고의 상해 변호사에게 전화하세요!" 같은 터무니없는 문구를 외치는 모습. 나 자신이 바보 같았다. 무엇보다 그건 내가 아니었다.

나는 다른 길을 가기로 했다. 파는 것이 아니라 무료로 가치를 제공하기로 했다. 내 이득이 아니라 다른 사람들의 이득을 추구하기로 했다. 어떻게 하면 진정으로 사람들을 도울 수 있을까?

누구나 공감할 수 있어야 했다. 사람들의 가정과 일터에 긍정적인 영향과 따뜻한 메시지를 전할 수 있어야 했다. 내가 누군가에게 무슨 말을 해야 할지 모를 때마다 부모님이 했던 질문이 떠올랐다. "그래, 그 사람이 무엇을 알았으면 좋겠니?" 그 순간 답이 떠올랐다. 뒤통수를 세게 얻어맞은 기분이었다. 내가 누구보다 잘 아는 것을 전하자. 소통하는 법을 공유하는 거야.

근사한 책상도, 작업실도, 고급 카메라도 없었다. 하지만 나에게는 트럭과 휴대폰이 있었다. 그것으로 충분했다. 휴대폰을 셀카 모드로 놓고 녹화 버튼을 눌렀다. 주제는 즉석에서 정했다. '변호사처럼 이야기하는 법, 1탄.' 세 가지 핵심 포인트로 내용을 구성하기로 했다. 나는 트럭 운전석에 앉아서 핸드폰 화면을 보며 말하기 시작했다. "질문은 짧게 하라. 감정적으로 반응하지 마라. 과한 욕설은 피하라."

영상에는 반드시 행동을 촉구하는 말이 들어가야 한다. 그래서 영상의 마지막에 이렇게 말했다. "한번 해보시고 팔로우해주세요." 왜 그런 제스처를 취했는지 모르겠지만, 그렇게 말하면서 무심코 손을 입가에 가져다 댔다. 숨을 한 번 크게 쉬고 47초짜리 영상을 소셜미디어에 올렸다.

솔직히 아무런 기대도 하지 않았다. 그전까지 내가 올린 영상들은 전부 조회 수가 0이었다. '내 영상 조회 수가 0인 이유'와 '영상 잘 만드는 법'을 검색해본 적도 있었다. 그런데 전혀 예상하지 못한 일이 일어났다. 한 시간쯤 지났을 무렵, 영상의 조회 수가 급격히 올라가기 시작하더니 하루 만에 수백만이 됐다. 이렇게 될 줄 상상이나 했겠는가. 트럭 뒷좌석에 놓인 딸의 분홍

색 카시트와 아들의 빨대 컵을 수백만 명이 보게 됐다. 구겨진 폴로 셔츠에 정장 재킷을 걸친 패션 테러에 가까운 내 옷차림까지. 누가 수백만 명이 보게 될 거라는 생각을 하며 그런 옷을 입겠는가?

당황한 나는 친구에게 물었다. "이제 어떡해야 하지?"

친구가 대답했다. "영상을 또 찍어."

그래서 또 찍었다.

그해에만 500만 명이 넘는 사람들이 내 채널을 구독했다. 이 모든 것은 내가 트럭 운전석에서 커뮤니케이션에 관한 조언을 건네는 모습을 휴대폰으로 찍어서 올린 후 일어난 일이다.

영상은 항상 같은 식이었다. 법률사무소에서 퇴근하는 길, 어디든 마음에 드는 곳에 차를 세워놓고 혼자, 차 안에서, 대본 없이 찍고 당일 바로 올렸다. 영상 편집자도, 화려한 그래픽도, 유행을 따라가는 자막도 없었다. 그저 있는 그대로 내 모습을 핸드폰에 담았다.

그렇게 혼자 차 안에서 영상을 촬영해 올리던 나는 얼마 지나지 않아 커뮤니케이션 기법을 배우고 싶어 하는 수천 명 앞에 서게 됐다. 컨퍼런스에서 기조연설을 하고, 기업과 정부 조직에서 강연을 했다. NASA에서도 강연을 했다. 강연할 때마다 내 머릿속에는 이 생각이 떠올랐다.

'이렇게 많은 사람들이 대체 여기 왜 온 거지?'

문제는 '무엇'이 아니라 '어떻게'다

이유가 있었다. 영상이 폭발적 반응을 불러온 지 얼마 지나지 않아 매일 수천 개의 메시지가 쏟아졌다. 너무 많아서 답장하기는커녕 다 읽는 것조차 불가능할 정도였다. 메시지의 대부분은 조언을 구하기 위해 보낸 것이었다. 그들은 종교나 정치 같은 난해한 주제에 대한 조언을 구하지 않았다. 그들의 고민은 법에 관련된 것도 아니었다. 일상의 사소한 순간들, 평범한 사람들이 살면서 마주하는 현실적인 문제들에 대한 내 의견을 듣고 싶어 했다. 지극히 평범한 고민부터 가슴이 찢어질 듯 아픈 이야기까지 그들은 다양한 고민을 털어놓았다. 그중 몇 개를 소개한다.

- 제 의견을 늘 깎아내리는 상사에게 뭐라고 말해야 할까요?
- 여러 해 동안 보지 못한, 이제는 성인이 된 딸에게 뭐라고 말을 걸어야 할까요?

- 항상 자기 말이 맞다고 주장하는 남편에게 뭐라고 해야 할까요?

이런 메시지를 매일 받으며 한 가지 사실을 깨달았다. 질문의 내용은 조금씩 달랐지만 결국 사람들의 문제는 똑같았다. '무엇을' 말할지가 아니라 '어떻게' 말해야 할지가 고민이었다.

이런 질문을 받을 때마다 나는 부모님이 하셨던 질문을 떠올린다. "그래, 그 사람이 무엇을 알았으면 좋겠니?" 상대에게 어떤 메시지를 전달하고 싶은지 물었을 때 지금까지 "모르겠어요"라고 답한 사람은 단 한 명도 없었다. 언제나 즉시 답이 돌아왔다. 사람들은 자신이 무엇을 말하고 싶은지 잘 알고 있었다. 왜냐하면 그들이 느끼고 있는 감정이 그들이 하고 싶은 말을 나타내기 때문이다.

- 내가 상처받았다는 걸 알리고 싶어요.
- 내가 거리를 두고 싶어 한다는 걸 알리고 싶어요.
- 내가 왜 속상한지 알리고 싶어요.

감정은 자연스럽게 생겨나는 것이지만, 이를 다른 사람에게 명확히 전달하는 것은 결코 쉬운 일이 아니다. 어찌 보면 단순한 일인데, 왜 이토록 어렵게 느껴지는 걸까? 이 책을 집어 든 당신도 아마 비슷한 고민을 해본 적 있을 것이다. 현실적인 문제에 대한 현실적인 해결책. 지금 당신에게 필요한 것은 무엇을 말할지가 아니라 '어떻게' 말할지다. 어떻게 해야 나의 관점을 지키면서도, 상대의 관점 역시 존중한다는 뜻을 전달할 수 있을까? 어떻게 해야 관계를 해치지 않으면서도, 내 입장을 분명하게 지켜낼 수 있을까? 어떻게 해야 진정성과 공감을 담아 내 생각을 전하면서도, 흔들리지 않는 단단함을 보여줄 수 있을까?

답은 의외로 간단하다. 논쟁은 줄이고 소통의 깊이는 더하는 잠시 멈춤을 익히면 된다. 이 책을 계속 읽다 보면, 당신을 위한 유용한 답을 만날 수 있을 것이다.

내가 이 책을 쓴 이유

이 책을 읽기 전에 꼭 알아야 할 중요한 사실이 있다. 이 책에서 다루는 커뮤니케이션 기술은 어디선가 빌려온 원칙들이 아니다. 일부 심리학, 신경과학, 행동과학 연구와 관련 논평을 제외하면 참고 문헌이 거의 등장하지 않는다. 당신이 지금부터 읽게 될 내용은 내가 경험을 통해 얻은 지혜이며, 내가 실제로 사용하고 있는 커뮤니케이션 방식이다.

나는 심리치료사가 아니다. 심리학자도 아니다. 당신에게 자신의 애착 유형을 분석하라고 요구하지 않을 것이고, 갈등 성향이 어떤지 알아보는 테스트를 하라고 권하지도 않을 것이다. 최신 통계 자료를 파헤치거나 벌들의 사회적 역학 패턴이 커뮤니케이션에 어떻게 도움이 되는지에 대한 사례 연구가 제시되기를 기대한다면, 번지수를 잘못 찾았다.

내가 이 책에 담은 것은 내가 지금껏 살아오면서 직접 경험한 논쟁과 의견 충돌, 격렬한 토론, 어려운 대화라는 일상의 전장에서 깨우친 교훈들이다. 교과서나 강의실에서 배울 수 없는 현실적이고 실용적인 조언들이다. 이런 현실적인 지식이야말로 요즘 세상에 더 절실히 필요한 것인지도 모른다.

이 책은 어디에 어떻게 유익한가

나는 변호사지만, 이 책에서 법률과 관련된 내용은 한 줄도 찾아볼 수 없을 것이다. 내 직업에 관한 이야기나 변호사들에 대한 이야기도 깊게 다루지 않았다. 이 책은 고개를 들고, 자신 있게, 대담하게 말하는 법에 관한 이야기다. 자신의 모든 것을 솔직하게 내보일 때 따라오는 취약함을 기꺼이 받아들이고, 전하려는 말을 분명하게 표현하는 방법에 관한 이야기다. 목소리가 떨릴지라도 편안함보다 용기를 선택하는 법에 대한 이야기다.

직설적으로 말하는 것이 곧 상대의 감정을 배려하지 않거나 공감하지 않는다는 뜻은 아니다. 직설적인 표현이란, 상대뿐만 아니라 자기 자신에 대해서도 존중심을 갖고, 두려움 없이 자신의 요구를 솔직하게 드러내는 태도다.

단호하게 말하는 건 강한 성격을 가진 사람만 할 수 있는 일이 아니다. 누구나 할 수 있다. 이 책이 당신에게 전하려는 것은 바로 그 '대화의 선물'이다. 이 책을 통해 많은 사람들이 고민하는 다음과 같은 질문들에 대한 해답을 찾을 수 있을 것이다.

- 방어적인 반응을 보이는 사람과는 어떻게 대화해야 할까?
- 누군가가 나를 깎아내릴 때는 뭐라고 말해야 할까?
- 내가 정한 경계를 지키기 위해선 어떻게 말해야 할까?

이 책은 크게 두 부분으로 이루어져 있다.

1부에서는 먼저 자신과 연결되는 법을 살펴본다. 얼핏 뜬구름 잡는 이야기처럼 들릴 수 있지만, 그렇지 않다. 누군가와의 관계에서 갈등이 생기면, 자신의 마음이 어떤 방향으로 움직이는지 이해하고, 그 마음을 어떻게 활용해야 더 나은 결과로 이어질 수 있는지 알아야 한다. 먼저 내가 나를 읽어야 한다.

2부에서는 그런 마음가짐을 바탕으로, 타인과 효과적으로 소통하는 방법을 다룬다. 상황에 따라 소통 방식은 달라진다. 어려운 대화를 풀어나가야 할 때도 있고, 자신의 입장을 단호하게 지켜야 할 때도 있다. 어떤 상황이든 효과적으로 소통하기 위해 나는 세 가지 원칙을 만들었다.

1. 통제감을 가지고 말한다.
2. 자신감을 가지고 말한다.
3. 연결을 위해 말한다.

각각의 원칙에는 당장 활용할 수 있는 실용적인 전략들이 담겨 있다. 이 책을 통해 당신은 자신감 있는 커뮤니케이션이 어떤 것인지, 자신의 말이 타인에게 어떻게 들리고 어떤 인상을 주는지 깨닫게 될 것이다. 이를 통해 자신의 진짜 모습을 발견하게 될 것이다. 여기에 더해 무엇을 말해야 하고, 무엇을 말하지 말아야 하는지, 그리고 무엇보다도 '어떻게' 말해야 하는지 알게 될 것이다.

    책을 다 읽고 나면, 어렵게만 느껴졌던 대화에 대한 부담을 덜고 더 진솔하게 소통할 수 있는 여유가 생길 것이다. 이를 통해 진정한 우정, 진정한 연결, 진정한 성장이 가능해질 것이다. 변화는 가정이나 인간관계에만 그치지 않는다. 직장에서도, 회의 자리에서도, 문자 메시지나 이메일 속에서도 당신은 더 분명하고 진솔한 모습을 보이게 될 것이다. 사람들은 당신의 생각을 또렷이 알게 될 것이고, 당신은 '자신감 있는 사람'을 넘어 '믿을 수 있는 사람'이 될 것이다.

이 책을 활용하는 방법

이 책을 읽거나 내 영상을 보면서 이런 생각이 들 수 있다. '이 모든 걸 필요할 때 다 기억할 수 있을까?' 내 대답은 간단하다. 기억할 수 없다. 모든 내용을 한꺼번에 익히고 즉시 적용하는 건 불

가능하다. 마치 소방호스에서 뿜어져 나오는 물을 마시려고 하는 것처럼, 애초에 무리한 시도다. 처음부터 실패가 예정된 방식이다.

그러니 하나만 선택하라. 지금 당장 가장 마음에 와닿는 것 하나를 골라 가능한 한 빨리 실천해보자. 예를 들어, 7장에 나오는 '자신을 깎아내리지 마라'는 조언이 공감된다면, 그 한 가지를 자신의 대화 루틴으로 만드는 데 집중한다.

우선 그 내용을 언제든 떠올릴 수 있도록 해보자. 눈에 잘 띄는 곳에 적어두거나, 소리 내 반복해보거나, 믿을 수 있는 친구에게 자신이 이를 잘 지켜 나가고 있는지 확인해달라고 부탁할 수도 있다. 그리고 직접 실행해본다. 예를 들어, 말할 때든, 이메일을 쓰거나 메시지를 보낼 때든, 불필요하게 "미안해"라고 말하는 순간을 스스로 인지하고 그 표현을 덜어내는 연습을 해보는 것이다. 한동안 그 한 가지 원칙에 집중한다. 그리고 어느 순간, 일주일 동안 단 한 번도 불필요한 사과를 하지 않을 만큼 익숙해졌다면 마음에 와닿는 다른 교훈으로 넘어가면 된다.

이 책에는 신중하게 고르고 또 고른 해결책들이 담겨 있다. 가장 화제를 모았던 영상에서 뽑은 실용적인 조언부터 지금까지 단 한 번도 공개하지 않은 깨달음까지 모두 담았다. 소셜미디어에서 나를 팔로우하다가 이 책을 읽게 됐다면, 반갑다. 이 책은 당신이 팔로우해온 바로 그 사람의 이야기다. 이제 당신이 밑줄을 긋고, 페이지를 접고, 자신만의 것으로 만들 무언가를 건네줄 수 있어 기쁘다. 기다림이 헛되지 않을 것이다.

나는 매주 25만 명의 뉴스레터 구독자들에게 커뮤니케이션 팁을 제공하고 있다. 그렇게 시간과 글이 쌓여 당신이 지금 읽고 있는 이 책을 쓰게 됐다. 〈제퍼슨 피셔 팟캐스트The Jefferson Fisher Podcast〉도 시작했다. 내 팟캐스트는 곧바로 차트 최상위에 올랐고, 지금 이 순간에도 세계에서 가장 인기 있는 커뮤니케이션 팟캐스트 자리를 굳건히 지키고 있다. 또한, 사람들이 커뮤니케이션 능력을 향상시키기 위해 실용적인 자료와 강의를 제공하는 온라인 커뮤니티도 구축했다. 내 영상들은 다양한 플랫폼에서 총 5억 회 이상 조회됐다. 매일 친절하고 따뜻한 감사 메시지를 받으며 내 마음속에선 감사가 샘솟고 겸허해진다. 이런 방식으로 사람들을 도울 수 있다는 것도 믿어지지 않는데, 지금 이 글을 쓰고 있다는 사실이 실감 나지 않는다.

나는 지금도 매일 변호사로 일하고 있다. 이제는 미국 전역에 사는 사람들의 문제를 돕고 있다. 그리고 여전히 매일 짧은 영상을 촬영하고 있다. "한번 해보시고 팔로우해주세요"라는 마지막 멘트도 여전하다. 매일 수백만 명이 내 조언을 실천에 옮기고, 나에게 소중한 피드백을 주고 있다. 내 콘텐츠가 그들에게 도움이 된 것처럼 이 책이 당신에게도 도움이 되면 좋겠다.

이제 나와 함께 논쟁은 줄이고 소통의 깊이는 더하는 방법을 찾아갈 시간이다. 핵심은 의외로 간단하다. 더 분명하게 말해야 한다. 두려움 없이 당신의 생각을 세상에 솔직하게 전해야 한다. 그러면 세상이 당신을 존중할 것이다.

얼른 조수석에 올라타라. 당신을 위한 탄산음료와 육포는 이미 준비돼 있다. 당신의 삶을 바꿔줄 소통의 방식을 배우기 위한 긴 여정을 함께 떠나보자.

차례
contents

내 이야기의 시작 논쟁은 적게 소통은 깊게 • 5

| 1부 | 당신의 말에 힘이 실리지 않는 이유

1장	이기려 들수록 지는 건 나 자신이다	32
2장	대화는 내가 아니라 목적이 이끌어야 한다	56
3장	내 마음을 알아서 이해해 주는 사람은 없다	73

| 2부 | 상처 주지 않고 나를 지키는, 대화의 원칙

원칙 1 • 통제감을 가지고 말하라 Say it with Control

4장	말이 칼이 되는 순간	92
5장	대화의 주도권을 선물하는, 잠시 멈춤의 힘	115
6장	속도를 조절하는 주인공은 당신이다	144

원칙 2 · 자신 있게 말하라 Say it with Confidence

7장	자신감은 습관이다	166
8장	나를 지켜주는 마법의 문장, "방금 한 말 다시 해보세요"	198
9장	상처 주지 않고 거절하는 법	231

원칙 3 · 연결을 위해 말하라 Say it to Connect

10장	침몰하는 대화를 구출하는, 프레임 전략	254
11장	무례한 사람에게 겸손은 사치다	273
12장	어려울수록 결론부터 말하라	296

맺음말 당신의 말이 당신이다 · 321

1부
당신의 말에 힘이 실리지 않는 이유

The Essentials

소통의 중요성을 굳이 강조할 필요가 없다. 당신도 이미 잘 알고 있을 테니까. 하지만 당신이 아직 모를 수도 있는 게 있다. 바로 소통이 미치는 영향의 범위다. 당신의 말 한마디는 파문을 일으켜 생각보다 훨씬 멀리까지 퍼져나간다.

당신이 스스로를 하찮게 여기든, 대단한 사람이라 생각하든 중요하지 않다. 누구의 말이든 말에는 그 자체로 힘이 있다. 그리고 그 힘은 당신이 세상을 떠난 뒤에도 계속 퍼져나간다.

직장 동료나 계산대 직원에게 당신이 어떤 말투를 사용하느냐에 따라 그들이 집에 돌아가 친구나 가족을 대하는 방식이 달라진다. 당신이 자녀에게 건네는 말은, 그 아이가 자라서 자신의 자녀에게 어떤 식으로 말할지를 결정한다. 당신의 말은 지금 이 순간에만 영향을 미치는 것이 아니다. 당신이 영원히 만날 수 없는 미래의 사람들에게까지 영향을 미친다. 당신의 한마디가 누군가의 삶을 바꿀 수 있다.

물론 행동이 말보다 더 큰 울림을 줄 수는 있다. 하지만 행동만으로는 부족하다. 친절한 말을 하지 않으면서 자신이 친절한 사람이라고 말할 수는 없다. 말로 비춰지는 당신은 어떤 사람인

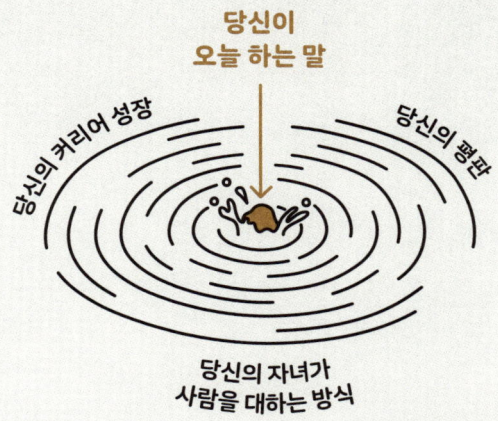

가? 돌을 던진 뒤에도 잔물결은 멈추지 않고 계속 퍼져나간다.

1부에서는 긍정적인 영향력의 파동을 만들어내는 마인드셋을 살펴본다. 그 힘은 당신의 삶을 넘어 당신이 없는 세상에서도 사람들에게 울림을 줄 것이다.

1장

이기려 들수록
지는 건 나 자신이다

"네 놈에 대한 내 믿음은 딱 내가 너를 던질 수 있는 거리만큼이야!" 그가 소리쳤다. 솔직히 따지고 보면 칭찬이었다. 그는 나를 꽤 멀리 던질 수 있을 것으로 보였으니까.

남자가 입은 황갈색 작업복의 가슴 왼쪽 주머니에는 흰색 타원형 패치가 붙어 있고, 그 위에 검은색 실로 '라프레이'라고 새겨져 있었다. 보비 라프레이는 분노로 이글거리는 눈빛으로 나를 노려봤다. 그 눈빛이 얼마나 매서운지, 내 양복 재킷에 구멍이 뚫릴 것만 같았다.

보통 증언 녹취 자리에서 처음 만나기 전까지는 상대가 어떻게 생긴 사람인지 알 수 없다. 보비의 모습을 나름대로 상상해봤지만, 무엇을 상상했든 지금의 모습은 절대로 아니었다. 회의실 테이블에 앉아 사람들이 도착하기를 기다리다가 고개를 든 순간, 내 눈에 들어온 것은 인간의 평균 신장을 한참 벗어난 사람의 모습이었다. 거대한 실루엣이 문가를 가득 채웠다. 나는 늘 하던 대로 자리에서 일어나 미소를 지으며 다가가 악수를 청하며 내 소개를 했다.

"제퍼슨 피셔입니다."

"흥. 보비요." 그가 웅얼거리듯 대꾸했다.

내 체격도 작은 편은 아니다. 키가 183센티미터를 넘으니까. 그런데도 내 머리는 보비의 가슴께 겨우 닿을 정도였다. 정말이지 그는 덩치가 집채만 했다. 악수할 때 그의 거칠고 거대한 손이 내 손을 감싸 쥐었는데 힘이 어찌나 센지, 마치 〈톰과 제리〉 속 한 장면처럼 손에 시뻘건 자국이 남았다. 이렇게 신체적으로 위압감을 주는 사람은 난생 처음이었다.

당시 나는 술집에서 벌어진 싸움에 휘말린 사람을 변호하고 있었다. 그래서 목격자인 보비의 증언 녹취가 꼭 필요했다. 증언 녹취를 할 때는 변호사에게 증인 선서하에 질문할 수 있는 기회가 주어진다. 법정에서 증언하기 전에 증인이 알고 있는 내용을 미리 파악하기 위한 과정이다.

고풍스러운 회의실 테이블 한쪽에는 모든 대화 내용을 기록하기 위해 법정 속기사가 자리했고, 그 옆에 시계 방향으로 보비,

상대측 변호사, 그리고 내가 앉았다. 나는 보비에게 오른손을 들어 선서하라고 요청했고, 그는 선서를 마쳤다. 그러자 법정 속기사가 늘 하던 대로 가볍게 고개를 끄덕이며 나에게 시작하라는 신호를 보냈다.

나는 간단한 신원 정보를 확인한 뒤 싸움이 벌어지기까지의 상황에 대한 기본적인 질문을 던졌다. 아주 간단한 개방형 질문들이었다. "몇 시에 도착하셨습니까?" "처음에 누구와 이야기를 나누셨습니까?" "××를 보셨습니까?" "××가 ××하는 모습을 보셨습니까?" 이런 질문들은 사건이 전개된 상황을 증인의 관점에서 정리하기 위해 사용된다. 나는 내내 친절하고 정중한 태도를 유지하려고 했다. 그 이유는 90퍼센트 정도는 원래 내 성격이 그렇기 때문이고, 나머지 10퍼센트 정도는 순전히 자기 보호 본능 때문이었다. 그의 심기를 조금이라도 건드렸다간 뼈도 못 추릴 것 같았으니까.

하지만 내가 아무리 간단한 질문을 던져도 보비의 신경은 점점 더 날카로워지기만 했다. 경험상 나는 상대의 이런 변화를 충분히 알아챌 수 있었다. 그는 대답할 때마다 눈썹을 찌푸리기 시작했다. 이는 부정적인 감정을 나타내는 신호다. 호흡이 점점 거칠어지고, 코로 내쉬던 숨이 입에서 나오기 시작했다. 스트레스가 심해지고 있다는 증거다. 말하면서 솥뚜껑 같은 손을 비비기 시작했다. 불안감을 나타내는 신호다.

"변호사란 것들은 최악의 재앙이야"

그의 변화는 내 말이나 행동과는 상관없어 보였다. 내가 같은 공간에 존재한다는 사실 자체가 그를 불쾌하게 만드는 것 같았다. 보비가 점점 더 못마땅한 표정을 지을수록 테이블을 둘러싼 긴장감은 팽팽해졌다. 풍선이 계속 부풀어오르다가 터지기 직전인 것 같았다. 마침내 내가 그에게 물었다.

"잠시 쉬시겠습니까?"

방 안은 순식간에 정적에 휩싸였다.

"아니오." 보비가 헛기침하며 말했다. "그런데 잠깐 할 말이 있수다."

그의 목소리는 필요 이상으로 컸다. 법정 속기사가 깜짝 놀랄 정도였다. 나는 상대 변호사를 힐끗 바라봤다. 예순다섯이 훌쩍 넘은 듯한 그는 나보다 훨씬 더 긴장한 눈치였다. 나와 시선이 마주친 순간, 눈을 크게 뜨더니 천천히 고개를 저었다. 마치 "이러다 잘못되면 다 그쪽 책임인 줄 알아요"라고 말하는 듯했다. 나는 다시 증인을 바라보며 말했다.

"네, 말씀하시죠?"

보비는 크게 숨을 들이쉬었다.

"친절한 척하는 행동은 그만두시지."

사실 그는 '행동'이 아니라 좀 더 심한 표현을 사용했다.

"변호사란 것들은 최악의 재앙이야." 그가 말을 이었다. "하는 짓이라곤 거짓말뿐이지."

그는 갑자기 테이블을 세게 내리치더니 나에게 손가락질하며 말했다.

"어디 계속 멍청한 질문을 해보시지. 하지만 분명히 알아둬. 네 놈에 대한 내 믿음은 딱 내가 너를 던질 수 있는 거리만큼이야! 내가 말했지? 변호사란 것들은 하나같이 최악의 재앙이라고!"

법정 속기사가 불안한 눈빛을 보냈다. 순간 내 머릿속에서는 수많은 생각이 한꺼번에 스쳐 지나갔다. 우선 나는 변호사, 특히 개인 상해 변호사에 대한 이런 부정적인 고정관념이 얼마나 흔한지 잘 알고 있다. 고정관념을 깨기 위해 열심히 노력하고 있지만, 솔직히 말해 어떤 변호사들은 그런 말을 들어도 싸다. 그러니 내 직업을 깎아내리는 농담이나 비꼬는 말이 새삼스러울 것도 없었다. 충분히 이해할 수 있었다.

그가 나를 믿지 않는 것도 탓할 수 없었다. 그가 나를 믿지 않는 이유는 내가 그를 속이려 하기 때문이 아니었다. 그에게 나는 그가 지금까지 살아오면서 법이나 변호사, 사회제도에 대해 알고 있거나 들어온 모든 부정적인 것들의 상징 같은 존재였다. 그러니 나를 신뢰할 이유가 없을 만도 했다. 그 점도 충분히 이해했다. 하지만 "멍청한 질문"이라는 말만큼은 그냥 넘어갈 수 없었다. 물론 나는 하루에도 몇 번씩 바보 같은 행동을 한다. 하지만 멍청한 질문을 한다는 것만큼은 인정할 수 없었다.

갑자기 분노가 치밀어 올랐다. 온몸이 한순간에 팽팽하게 조여드는 것 같았다. 귀가 벌겋게 달아오르는 게 느껴졌다. 순간, 답답해져 자세를 고쳐 앉으려고 몸을 움찔거렸다. 내 태도가 방어적으로 변하고 있다는 것을 스스로도 느낄 수 있었다. 지금까지 내가 던진 질문들은 그야말로 수박 겉핥기 수준이었다. 어려울 것도, 불편할 것도 전혀 없었다. '멍청한 질문이라고? 그래, 멍청한 게 뭔지 제대로 보여주지.' 그의 거대한 몸집과 지능을 연관 지어 비꼬고 싶은 충동이 일었다. 날카롭게 몇 마디 날려주면 간단히 제압할 수 있을 것 같았다. 나는 스스로에게 이렇게 말했다. '저 사람의 반응만 봐도 어떤 사람인지 알 수 있잖아.' 하지만 예전에 그런 식으로 판단했다가 틀린 적이 있었다.

초등학교 3학년 때, 학교에서 독서 짝꿍 프로그램을 시작했다. 읽기를 잘하는 아이들이 그렇지 못한 친구들과 짝을 이루어 도와주는 활동이었다. 나는 에반과 짝이 됐다. 일주일에 두 번, 도서관 이용 시간에 우리는 빈백 소파에 함께 앉아 책을 읽었다. 나는 에반이 빌 마틴 주니어가 쓴 《갈색 곰아, 갈색 곰아, 무얼 바라보니?》 같은 그림책을 힘겹게 소리 내 읽는 모습을 지켜봤다.

에반은 나보다 체격이 훨씬 컸다. 그때 나는 그렇게 커다란 아이가 글을 읽지 못한다는 사실을 이해하기 어려웠다. 내 역할은 그가 모르는 단어가 있으면 소리 내어 읽을 수 있도록 돕는 것이었다. 하지만 에반의 책읽기는 좀처럼 나아지지 않았다. 그래서 나는 다르게 설명하는 방법을 찾아야 했다. 그래서 기억에 남을 만한 문구와 단어를 연결하거나, 주변에 있는 것들을 이용해 즉석에서 비유를 만들어냈다. 나는 에반의 흥미를 자극할 만한 요령을 찾아내는 데 능숙해졌다. 덕분에 에반은 어려운 개념을 더 쉽게 기억할 수 있게 됐다.

우리는 가끔 점심시간에 읽기 연습을 했다. 나는 엄마가 스마일리 그림을 그려 넣은 갈색 종이봉투에서 점심을 꺼내면서 선생님이 급식실에서 가져온 식판을 에반에게 건네주는 모습을 지켜봤다. 에반은 점심을 싸 오지 않았다. 게다가 항상 잘 맞지 않는 옷을 입고 다녔다. 세 치수는 큰 듯했다.

어느 날, 우리는 '던지다throw'의 시제 변화를 공부하고 있었다. 나는 에반에게 이 단어들을 쉽게 이해하기 위해 아빠에게 공을 던지는 모습을 떠올려보라고 했다. 그러자 에반이 딱 잘라 말했다.

"난 아빠 얼굴 몰라."

그 말을 들었을 때의 느낌이 지금도 생생하다. 나는 할 말을 잃었다. 마음이 아팠다.

나중에야 에반이 조부모와 함께 살고 있다는 것을 알게 됐다. 그의 아버지는 그가 태어난 지 얼마 지나지 않아 집을 나갔고, 어머니는 감옥에 있었다. 초등학교 3학년이었던 나는 에반이 처한 현실이 어떠한지 도저히 가늠되지 않았다. 그의 삶이 얼마나 고달플지 내가 알 수 있을 리 없었다. 밤마다 잠들기 전에 책을 읽어주고 이야기를 들려주는 다정한 부모님이 있는 나는, 순간 에반이 내가 전혀 알지 못하는 세상에서 살고 있다는 사실을 깨달았다.

그해 1학기가 지나고 2학기에 접어들 때까지 우리는 계속 함께 책을 읽었다. 연습할수록 에반의 읽기 실력은 점점 좋아졌고, 결국 혼자서도 책을 읽을 수 있게 됐다. 너무나 뿌듯했다. 에반의 내면적인 고충을 접한 것은 내 인생에서 정말 값진 경험이었다.

키가 3미터는 되어 보이는 보비에게 신랄하게 빈정거리는 말을 던져봤자 아무 도움도 되지 않을 터였다. 오히려 상황을 악화시킬 가능성이 높았다. 증언을 녹취하는 데 타격을 입는 것은 물론, 내 얼굴에 주먹이 날아올까 봐 무서웠다. 무엇보다 내 의뢰인에게는 보비의 증언이 꼭 필요했다. '참자, 제퍼슨.' 나는 스스로에게 말했다. 조용히 길게 숨을 내쉬며 잠시 멈춤의 시간을 가졌다. 그러자 어깨에 들어갔던 힘이 서서히 풀리고 보복하고 싶은 마음이 서서히 사라졌다.

한편으로는 궁금해졌다. 그의 반응은 지나치게 과장된 면이 있었다. 가벼운 대화를 갑자기 격렬한 수준으로 끌어올린다면 거기에는 분명 '이유'가 있는 법이다. 그 사람의 머릿속에선 다른 대화가 진행되고 있으며, 나는 그 대화에 초대받지 못했다는 뜻이다. 숨겨진 원인이 그 사람의 감정을 지배하고 그 같은 반응을 이끌어냈다는 뜻이다. 한마디로 당신이 보고 있는 것은 빙산의 일각에 불과하다는 뜻이다. 보비에게 다른 어떤 요소가 작용하고 있는 걸까? 내가 대화하고 있는 저 사람은 진짜 어떤 사람일까? 나는 그 답을 찾아내기로 마음먹었다.

그가 마지막으로 한 말, "변호사는 최악의 재앙"이라는 말을 들은 뒤, 나는 10초 정도 침묵을 지켰다. 그러곤 부드럽게 미소를 지으며 천천히 말했다.

"어쩌면 선생님 말이 맞을 수도 있겠네요."

나는 다시 10초 정도 기다리며 의자에 등을 기댄 채 천천히 방 안을 둘러봤다. 그가 내 말을 들을 준비가 된 듯하자 몸을 앞으로 기울이며 팔을 테이블 위에 올리고 물었다.

"부디 말씀해주세요. 올해 가장 힘들었던 일이 뭔가요?"

보비는 어처구니없다는 듯 나를 쳐다보며 되물었다.

"뭐라고?"

나는 다시 한번 물었다.

"올해 가장 힘들었던 일은 뭔가요? 개인적으로요."

그 말을 들은 보비의 얼굴에서 모든 감정이 천천히 사라졌다. 그는 갑자기 아주 조용해졌다. 나는 가만히 기다렸다. 적절한 말을 찾으려는 듯 그의 눈동자가 흔들렸다. 한참 후 마침내 그가 입을 열었다. 그의 말은 두서가 없었고 자주 끊겼다. 망설임으로 가득했다. 마치 입 밖으로 말을 꺼내는 것이 부끄러운 일이라도 되는 듯했다.

"어, 음, 지난달에 어머니를 요양원에 모셔야 했어. 아, 아버지는 오래전에 돌아가셨고, 형은 여기저기 떠돌며 사는 망나니라 나밖에 없거든. 어머니를 도와드릴 사람이 나뿐이니까. 내야 할 서류도 많고 법적인 문제들도 있는데 모르는 것투성이야."

불과 몇 분 전만 해도 화를 내며 몰아붙이던 남자는 그 자리에 없었다. 그는 싸움에서 패배한 사람처럼 보였다. 두려워 보였다. 그리고 어쩐지 작아 보였다.

나는 그의 말을 곱씹으며 잠시 침묵하다가 조용히 말했다.

"안타깝네요. 심정이 어떠실지 제가 감히 상상도 할 수 없습니다."

그는 입술을 꾹 다문 채 가볍게 고개를 끄덕였다. 나는 그의 시선을 마주 보며 덧붙였다.

"하지만 제가 확실히 말할 수 있는 건요, 선생님은 좋은 아들이라는 겁니다."

보비는 고개를 푹 숙이며 내 시선을 피하려고 했다. 그의 널찍한 어깨가 흔들렸다. 마치 커다란 얼음이 녹아내리듯 집채만

한 보비가 울기 시작했다. 나는 법정 속기사에게 잠시 기록을 중단하라고 요청했다. 나는 보비를 다독이며 말했다.

"괜찮습니다. 저는 그냥 여기 앉아 있겠습니다."

보비는 흐느끼면서 어머니의 건강과 안위에 대한 두려움을 전부 쏟아냈다. 그는 어머니의 집을 압류하겠다고 위협하는 우편물을 받았다고 말했다. 그 우편물을 보낸 사람은 다름 아닌 "망할 놈의 변호사"들이었다. 그는 은행과 정부가 자신에게 도저히 이해할 수 없는 것들을 요구하고 있다고 털어놓았다. 무력감을 느꼈다며, 아버지가 살아 계셨으면 좋았을 거라고 말했다. 마음이 아팠다. 그는 내가 전혀 알지 못하는 세상에서 살아가고 있었다. 문득 에반이 생각났다.

보비는 이 모든 짐을 오롯이 혼자서 짊어지고 있었다. 그는 그렇게 20분 동안 마음속에 쌓인 모든 것을 털어냈다. 나는 그의 변호사에게 허락을 받은 뒤, 이메일 주소를 알려달라고 했다. 그 자리에서 핸드폰으로 노인법과 유산 상속을 전문으로 다루는 동료에게 이메일을 보냈다. 참조인에 보비를 포함시켰다. 몇 분 후 동료에게 답장이 왔다. 다음 주 월요일에 기꺼이 보비를 만나겠다는 내용이었다. 보비는 거듭 고맙다고 말했다.

"별말씀을요." 나는 이렇게 대답하고 물었다. "괜찮으세요?"

그는 크게 코를 훌쩍이고 소매로 코를 닦은 뒤 몸을 일으켰다. "예." 그가 힘없이 미소를 지으며 대답했다. "이제 준비됐습니다."

남은 증언 시간 동안, 나는 '진짜' 보비 라프레이와 대화를 나눌 수 있었다. 그의 대답은 직설적이고 솔직했다. 말투도 한결 가벼워졌다. 활기차 보였고, 심지어 농담까지 했다. 이제 더 이상 나를 가차 없이 몰아붙이는 '보비'는 없었다.

"다 됐습니다." 마침내 내가 말했다. "질문은 여기까지입니다. 시간 내주셔서 감사합니다."

모두 자리에서 일어났다. 나는 문 쪽으로 걸어가며 손을 내밀었다. 또다시 손자국이 남을 정도로 아플 악수를 각오하며. 그런데 보비는 두 팔을 벌려 나를 힘껏 끌어안았다. 나는 그저 미소를 지으며 말했다.

"잘 지내세요."

확인하지 않았지만 보비가 나를 끌어안을 때 분명 내 발이 바닥에서 떨어졌을 것이다.

말 뒤에 숨겨진 진짜 얼굴

나는 살아오면서 이런 순간을 수없이 경험했다. 상대가 보비 라프레이일 때도 있고, 내가 보비 라프레이일 때도 있었다. 이런 일은 왜 일어나는 걸까? 논쟁에서 이겨야 한다는 집착을 내려놓아야 오히려 원하는 것을 더 많이 얻을 수 있는 이유는 무엇일까? 상대와 진정으로 연결될 때 어째서 우리는 더 큰 힘을 얻고 유리해지는 것일까? 그리고 그런 힘을 의사소통에 어떻게 활용할 수 있을까?

흔히 소통은 정해진 공식처럼 명확하고 딱 떨어지는 것이라고 생각하기 쉽다. 마치 "당신이 틀렸어요"라고 말하면 상대가 곧바로 "아, 네, 맞아요. 제가 확실히 틀렸군요"라고 응답하는 세상처럼 말이다. 누군가 "난 괜찮아"라고 말하면 말 그대로 전적으로 괜찮다는 의미로만 해석되는 세상. 겉으로 보이는 것이 그 사람의 모든 것을 대변하고, 모든 상황이 완벽하게 맞아떨어지는 세상. 우리는 세상이 그렇게 단순하기를 바라고, 정말로 현실이 그렇기를 바란다. 하지만 당신도 알다시피 현실은 전혀 그렇지 않다.

누군가에게 틀렸다고 말하면 그들은 오히려 자신이 옳다고 더욱 확신하게 된다. 누군가 괜찮다고 말할 때 실상은 전혀 그렇지 않은 경우가 더 많다. 세상은 결코 단순한 고정관념대로 흘러가지 않는다. 이런 문제들을 고려하면서 나는 이 책의 핵심 주제를 짚고 넘어가고 싶다. 소통을 머리로만 이해하지 말고 마음으로 깊이 받아들이기를 바란다.

당신이 보는 사람은 당신이 대화하는 사람이 아니다. 강물과 그 아래 흐르는 조류를 떠올려보라. 우리가 눈과 귀로 감지하는 표면적이고 신체적인 단서들은 우리가 타인을 어떻게 인식하고 판단하는지를 결정짓는다. 하지만 표면 아래 흐르는 것, 보이지 않는 깊은 곳에 그들의 진짜 모습이 존재한다. 예를 들어보자.

- 당신이 보는 동료는 초조하고 참을성이 없어 보인다. 하지만 당신이 실제로 대화하는 동료는 형이 약물 중독 치료를 받도록 설득해야 한다는 걱정 때문에 어젯밤 한숨도 자지 못한 사람이다.

- 당신이 보는 계산원은 산만하고 고객에 대한 배려가 없는 것처럼 보인다. 하지만 당신이 실제로 대화하는 계산원은 아이들의 새 학기 준비물을 살 돈이 부족해서 걱정하는 사람이다.

- 당신이 보는 배우자는 예민하고 쉽게 화를 내는 것처럼 보인다. 하지만 당신이 실제로 대화하는 배우자는 무례한 고객의 이메일을 시작으로 끔찍한 하루를 보낸 사람이다.

내 경험에 대입하자면, 내가 본 보비 라프레이는 엄청나게 큰 덩치에 공격적이고 방어적인 사람이었다. 하지만 내가 실제로 대화한 보비 라프레이는 혼자라는 외로움을 느끼고 어머니에 대한 걱정이 많은 사람이었다.

　갈등이 시작되어 둘 사이가 멀어지려 할 때, 당신이 다가가야 하는 사람은 겉으로 보이는 사람이 아닌 보이지 않는 '그 사람'이다. 겉으로 드러난 모습의 이면에 더 많은 것이 숨겨져 있다는 사실을 아는 데서 그치지 말고 상대의 깊은 본질과 연결되어야 한다. 어떻게 다가가야 할까?

대화란, 이기는 것이 아니라 풀어가는 것

보비가 내 질문을 멍청하다고 공격했을 때, 나는 그가 틀렸다는 것을 증명하고 싶었다. 그 순간에는 사건보다 개인적인 감정이 앞섰다. 내가 옳다는 사실을 증명하고 싶다는 욕구가 다른 모든 선택지를 가려버렸다. 나는 이기고 싶었다. 그것이 내가 변호사로서 언제나 받는 기대이기도 하니까. "아, 변호사세요? 그럼, 논쟁에서 거의 항상 이기시겠네요." 수도 없이 듣는 말이지만, 사실 꼭 그런 것은 아니다.

　어떤 논쟁에서든 전부 이기는 법을 가르쳐주겠다고 주장하는 책들이 시중에 널려 있는 덕분에 사람들은 당연히 논쟁에서 무조건 이겨야 한다고 생각한다. 분명히 말해두겠다. 논쟁에서 이기는 법을 배우려고 이 책을 읽는 것이라면 지금 당장 반품하는 편이 더 좋다. 논쟁에서 이기는 법을 가르쳐준다는 홍보 문구는 지나치게 자주 사용되고 있는데, 이는 모두 과장에 불과하다. 이 책은 그런 내용을 다루지 않는다. 그 이유를 설명해주겠다.

첫째, 논쟁에서 이긴다고 반드시 옳은 것은 아니다.

둘째, 이겨도 얻는 것이 아무것도 없다. 논쟁에서 이기는 것은 결국 지는 게임이다. 이긴다는 것은 훨씬 더 소중한 무언가를 잃는다는 뜻이다. 신뢰, 존중, 더 심각하게는 상대와의 관계 자체를. 결국 당신이 얻는 유일한 보상은 상대의 경멸일 수 있다.

그래서 뭐가 남는가? 논쟁은 끝났다. 대화도 끝났다. 당신이 이겼다. 축하한다. 무엇을 얻었는가? 문제는 여전히 해결되지 않은 채 남았거늘, 그 대가는 무려 상한 감정과 어색한 침묵이다. 게다가 상대방과 소통할 방법을 찾아야 할 필요성은 여전히 존재할 것이다. 앞으로도 계속 함께 살아야 하거나, 함께 일해야 할 수도 있으니까. 그리고 당신이 한 말에 따라, 이제 사과해야 할 사람은 오히려 당신인지도 모른다. 이겼다는 데서 느끼는 잠깐의 자부심은 둘의 관계에 남은 오래도록 낫지 않는 상처에 비하면 너무도 덧없다.

소송 변호사들이라고 해서 항상 논쟁에서 이기는 것은 아니다. 그들은 의뢰인이 제공하는 정보를 마음대로 선택할 수 없으며, 원하는 법만 골라서 적용할 수도 없다. 모든 것은 증거로 받아들여질 수 있는가 하는 적법성의 기준을 통과해야 한다. 그 후 법정에서 받아들여진 증거를 토대로 판결을 내리는 것은 판사나 배심원의 몫이다. 그래서 논쟁에서 이기는 것보다는 사실에 목소리를 담는 것이 더 중요하다.

소통 경쟁은 세상이 '옳고 그름', '승자와 패자'로 나뉜다는 믿음을 가져왔다. 정치인들의 토론이 끝난 다음 날, 사람들이 가장 먼저 던지는 질문은 항상 "누가 이겼는가?"이다. 그러나 시간을 거슬러 고대 그리스로 돌아가보면, 담론은 승패와 아무런 관련이 없었다. 상반된 입장을 둘러싼 토론은 진리를 탐구하기 위한 도구일 뿐이었다. 상대의 논리에서 약점을 찾아내는 것은 상대의 관점을 무너뜨리기 위한 것이 아니라, 보완하고 정교하게 다듬기 위한 것이었다. 토론은 며칠, 심지어 몇 주 동안 지속되기도 했다. 충분한 시간 속에서 모두가 서로의 관점을 이해하고 의견이 갈리는 문제를 깊이 탐구할 수 있도록 하기 위함이었다.

그러나 오늘날에는 정반대다. 의견 차이가 생기면 새로운 관점에서 배울 기회를 찾기보다는 자신과 다른 관점을 무조건 차단하고 억누르려고 한다. 자신의 이해를 정교하게 다듬을 기회가 아니라 나에 대한 공격으로 받아들인다. 확성기라도 손에 쥔 듯 소셜미디어로 쪼르르 달려가 상대가 틀렸다고 소리 높여 외친다.

우리 솔직해져보자. 자신의 관점을 깎아내리는 소셜미디어 게시글이 당신의 생각을 바꾼 적이 몇 번이나 있는가? 반대로, 당신이 올린 글이 타인의 의견을 비판한 결과, 그들의 생각을 바꾼

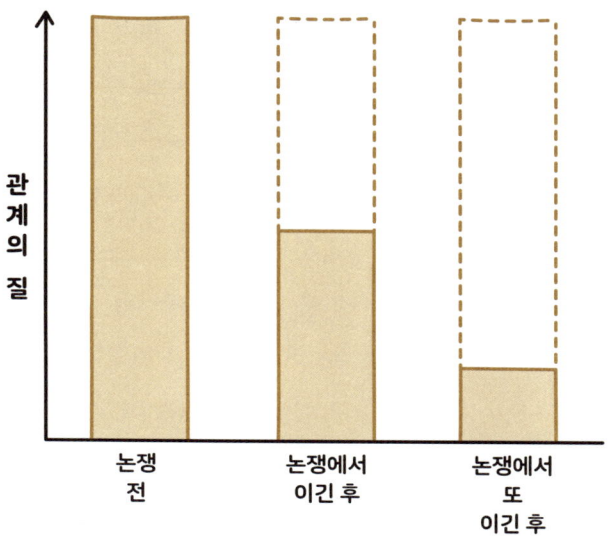

적은 몇 번이나 있는가? 단 한 번도 없을 것이다. 세상은 계속 돌아가고, 뉴스는 끊임없이 다음 이슈로 넘어간다. 다음 날이 되면 아무도 어제의 일에는 신경 쓰지 않는다. 그렇다면 결국 당신은 논쟁으로 무엇을 증명한 것인가?

마음의 평화를 잃는 가장 빠르고 간단한 방법은 타인에게 자신의 분노를 쏟아붓는 것이다. 논쟁에서 상대를 이긴다면 자존심은 지킬 순 있겠지만, 결국 남는 것은 공허뿐이다. 소통에서 이기는 것이 삶을 더 나아지게 만드는 경우는 거의, 아니 전혀 없다. 그래서 나는 꼭 진실을 깨닫게 해주고 싶다. 절대 논쟁에서 이기려 하지 마라.

논쟁이든, 격렬한 토론이든, 혹은 사소한 의견 차이든, 목표는 '이기는 것'이 아니라 '풀어가는 것'이다. 느슨한 끝자락부터 시작해 문제의 본질을 이해할 때까지 탐색하라. 그러면 매듭을 찾을 수 있을 것이다. 엉킨 실타래를 풀려면 시간과 감정, 그리고 노력이 필요하다. 소통에서 갈등은 씨름이고 고군분투다.

논쟁은 상대의 고군분투를 들여다보는 창이다. 어려운 대화에는 반드시 어느 한쪽, 혹은 둘 다 어느 순간 막히는 지점이 있다. 어쩌면 당신이 상대가 말하려는 것을 이해하지 못할 수도 있다. 기분이 별로 좋지 않을 수도 있고, 단순히 의견이 맞지 않을 수도 있다. 이것은 단순한 의견 충돌이 아니다. 서로 다른 세계, 서로 다른 시각이 부딪치는 순간이다. 사람들이 내뱉는 날카롭고 직설적인 말에는 숨겨진 배경과 이유가 있다. 인내심을 가지고 그 이유를 탐색할 수 있다면, 논쟁의 껍데기를 걷어내고 그 속에 숨겨진 상대의 고군분투와 두려움, 혹은 희망을 발견할 수 있다면, 그때 비로소 진정한 소통이 시작된다.

중요한 것은 논쟁이 아니다. 작은 열쇠 구멍을 통해 상대의 세계를 들여다보고 어쩌면 당신이 원했던 승리가 사실은 전혀 필요하지 않았다는 것을 깨닫는 일인지도 모른다.

싸울 것인가, 소통할 것인가

사람들은 실패를 좌절이 아니라 디딤돌로 여겨야 성공으로 이어질 수 있다는 사실을 이해한다. 실패를 받아들이는 것은 과정의 일부다. 실수를 통해 배우고, 그로 인해 더 강해진다. 소통의 실패, 즉 의견 충돌이나 논쟁도 마찬가지다. 소통의 실패는 개선이 필요한 부분을 드러내고 더 나은 관계를 만들어갈 수 있는 통찰을 제공하므로 결국 성공으로 이어진다. 중요한 대화일수록 갈등을 효과적으로 해결해야 할 필요성은 커진다. 올바르게 접근할 수 있다면 갈등은 싸움이 아니다. 기회다. 진정 의미 있는 연결을 만드는 촉매제다. 관점을 바꾼다면 말이다.

어린아이가 반항적으로 "싫어!"라고 외치거나 어른들에게 끊임없이 "왜?"라고 묻는 것은 세상을 이해하는 나름의 방식이다. 원인과 결과를 탐색하는 과정이다. 청소년기가 되면 그런 단순한 반응은 복잡한 질문들로 바뀐다. 가족의 틀에서 벗어나 자신만의 정체성을 찾고 자신의 위치를 확립하려고 한다. 입는 옷, 듣는 음악, 함께 어울리는 무리까지 모두가 어떤 사람이 되고 싶은지를 보여주는 방식이다.

성인이 되면서 갈등은 더 이상 개성을 드러내는 문제가 아니게 된다. 이제는 다른 사람들과 함께 살아가는 법을 배우는 것이 더 중요해진다. 대화의 주제도 변한다. 아이들, 직장, 주택 대출 같은 현실적인 문제가 중심이 된다. 내 경우에는 어떤 브랜드의 진공청소기를 살지, 본가 차고에서 발견한 가구가 여전히 쓸 만한지 같은 주제로 대화를 나눈다. 어른이 되면 갈등의 무게도 달라진다. 책임의 범위가 넓어지면서 더 이상 혼자만 생각할 수 없게 된다. 자녀는 물론이고 늙어가는 부모처럼 다른 사람들을 돌봐야 할 책임이 생긴다. 정치, 뉴스, 국제 문제 같은 더 넓은 주제에도 관심을 가지게 된다.

나이가 들어도 세상이 여전히 불확실하게 느껴질 수 있다. 그럴 때 우리는 익숙한 것으로 돌아가기 마련이다. 자신이 살아온 경험과 어린 시절부터 보고 배운 행동 패턴 같은 것들 말이다.

스스로에게 물어보라. 어린 시절 목격한 논쟁이 지금 내가 논쟁하는 방식에 어떤 영향을 미쳤는가? 만약 어린 시절, 집에서 갈등이 발생할 때마다 고성이 오가고 공격적인 태도를 보이는 것이 당연하게 여겨졌다면, 자신도 모르게 그것이 논쟁의 방식이라고 여기게 되었을 수 있다. 비록 더 나은 소통 방법이 있다는 것을 알고 있더라도 말이다. 반대로, 체면을 지키기 위해 갈등을 모른 척하거나 이웃의 시선을 의식해 대화를 회피하는 분위기 속에서 자란 사람이라면 직접 논쟁에 뛰어드는 것이 불편하게 느껴질 수도 있다.

어린 시절, 여름방학 때 친구 집에서 잤던 적이 있다. 그런데 그날, 친구의 부모님이 우리 앞에서 심하게 다퉜다. 문이 쾅쾅 닫히고 난리도 아니었다. 나는 엄청난 충격을 받았다. 우리 부모님은 다툴 일이 있으면 자식들이 보지 않는 곳으로 자리를 옮겼다. 보통은 방에서 대화하거나 우리가 잠든 뒤에야 언쟁을 벌였다. 격렬하게 다투는 모습을 지켜보면서 나는 친구 부모님이 당장이라도 이혼할 것만 같아 걱정됐다. 친구는 어땠느냐고? 눈 하나 깜빡하지 않았다. 녀석에게는 평범한 화요일 밤일 뿐이었다.

돌이켜보면 어렸을 때 주변 사람들이 보여준 갈등 해결 방식이 썩 만족스럽지 않을 수도 있다. 사랑하는 사람들이 논쟁할 때 최악의 모습을 드러냈던, 좋지 않은 기억이 있을 수도 있다. 나도 모르게 그들의 말투나 행동을 똑같이 따라 하는 자신을 발견하게 될지도 모른다. 손짓 하나, 목소리의 톤 같은 사소한 부분조차 말이다. 어느 순간, 당신은 자라면서 봐온 갈등 해결 방식이 그다지 바람직하지 않다는 사실을 깨닫기 시작한다. 문득 이런 생각이 들 수도 있다. 내가 더 나은 방식으로 갈등을 해결하는 모습을 보고 자랐다면, 삶이 좀 더 수월해지지 않았을까? 만약 그런 생각을 해본 적 있다면, 이제는 그 악순환을 끊어내는 도전을 해보길 바란다.

논쟁을 반드시 이겨야 하는 경쟁이 아니라 상대를 이해하는 기회로 바라보자. 말만 듣지 말고, 그 말에 담긴 감정을 들어야 한다. 눈앞에 있는 사람과 진정으로 연결될 수 있도록 노력하고 훈련하자. 소통의 실패를 두려워하지 말고 배움의 기회로 삼아보

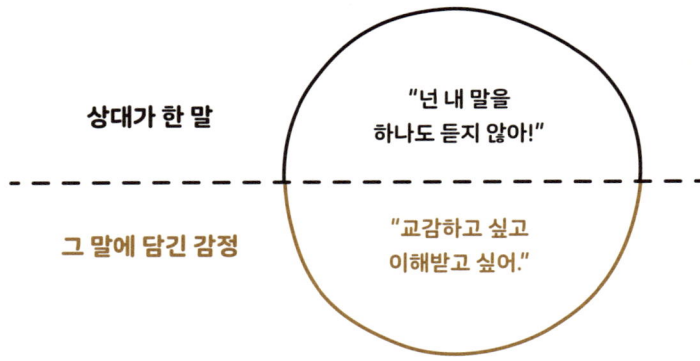

자. 실패를 디딤돌 삼아 성공으로 나아가자. 당신의 삶에 더 긍정적이고 진실한 순간이 들어오게 하자. 방금 전까지만 해도 당신을 집어던지고 싶어 했던 집채만 한 남자가 당신을 따뜻하게 안아주는 순간처럼.

앞으로 다룰 내용이 전혀 새로운 이야기는 아닐 것이다. 자신 있게 말해야 하고 감정을 조절해야 한다는 것은 당신 역시 이미 알고 있을 테니까. 방어적으로 대응하지 않으면서도 스스로를 지켜야 한다는 것도. 다만 당신이 모르는 건 이것이리라. "그래서 실제로 어떻게 해야 하는데?" 그 답은 당신이 대화에 어떻게 접근하느냐에 들어 있다.

핵심 정리

- 당신이 보는 사람은 당신이 실제로 대화하는 사람이 아니다. 모든 사람에게는 겉모습 너머의 깊은 내면이 있다. 상대의 목소리에 담긴 감정은 싸움을 걸려는 것이 아니라, 연결을 원한다는 신호일 수 있다.
- 논쟁에서 이겨야 한다는 착각에 빠지지 마라. 이기려고 할수록 더 많은 것을 잃게 된다. 상대의 신뢰나 존중 같은 것들 말이다. 논쟁을 상대의 내적 고군분투를 들여다보는 창이라고 생각하라.
- 갈등은 당신의 삶에 긍정적인 변화를 가져다주는 촉매제가 될 수 있다. 그러기 위해선 상대와 진정으로 이어지려는 의지가 있어야 한다.
- 갈등을 연결로 바꾸면 충만하고 의미 있는 삶으로 나아가는 길이 열린다.

2장

대화는 내가 아니라
목적이 이끌어야 한다

띵동. 당신은 핸드폰을 본다. 뜻밖의 메시지가 도착했다.

"이제 대화할 준비가 된 것 같아."

친구다. 적어도 당신은 아직 그렇게 생각하고 있다. 둘은 몇 주 전 크게 다퉜다. 당신은 친구가 이기적이고 관심만 원하는 사람이라고 했고, 친구는 당신이 자신을 무시하고 통제하려 든다고 말했다. 둘 다 먼저 손을 내밀고 싶지 않았다. 먼저 연락할 마음이 조금도 없었다. 하지만 둘 사이에 서로 겹치는 친구들이 많아 싫어도 계속 마주쳐야만 한다. 둘은 여전히 서로에게 말을 걸지 않고 있다. 그러다 보니 꽤 어색한 사이가 됐다.

메시지를 다시 읽어보며 당신은 먼저 연락 안 하고 버티길

잘했다는 생각을 한다. 이긴 것 같은 기분이 든다. 하지만 사실은 지난주부터 친구와 이야기할 준비가 되어 있었다. 이제는 자존심을 내려놓을 때다.

"넌 내게 모욕감을 줬어"

당신은 답장을 보낸다.

"나도. 내일 점심 어때?"

몇 초 뒤, 친구가 답장을 보낸다.

"좋아. 내일 얘기하자."

이제 두 사람은 마주 앉아 점심을 먹고 있다. 가벼운 인사를 나눈 뒤, 마침내 당신이 먼저 입을 연다.

"네 말이 큰 상처가 됐어."

"내가 너에게 상처를 줬다고?"

친구가 날 선 목소리로 되묻는다.

당신은 다시 반복한다.

"그래, 네 말이 얼마나 상처였는지 몰라. 배려라곤 전혀 없었어."

친구가 당신의 말을 끊다시피 하고 쏘아붙인다.

"네가 그렇게 반응하지 않았으면 나도 그런 말을 하지 않았겠지."

잠깐. 당신은 속으로 생각한다. '이게 아니잖아.' 이런 대답이 나올 거라고는 예상하지 못 했다. '저렇게 말하면 안 되는 거잖아. 대화할 준비가 됐다면서!' 당신은 친구가 자신의 잘못을 인정하고 순순히 사과할 거라고 생각했었다. 당신은 천천히 고개를 젓는다. 콧구멍이 벌름거리고 눈썹이 내려간다. '그렇게 나오시겠다고? 좋아. 어디 한번 해보자고.' 당신은 바로 맞받아친다.

"내 잘못이라고? 아니, 네가 시작한 거였어."

친구도 지지 않고 대꾸한다.

"참 웃기지도 않네. 넌 항상…."

그렇게 또 싸움이 시작된다. 몇 주 전과 똑같은 대화로 돌아간다. 당신은 속으로 생각한다. '받아주는 게 아니었어. 내가 바보지. 저 인간이 자기 생각만 하는 걸 알면서도 이번에는 다를 거라고 기대하다니.'

당신은 계속 말다툼을 이어간다. 관계를 이어가려면 어느 정도 양보해야 한다는 것을 알지만, 지금은 그러고 싶지 않다. 이건 원칙의 문제다. '내가 옳아.' 당신은 스스로 되새긴다. 하지만 친구 역시 같은 생각과 감정을 품고 있다. 몇 분 더 말을 주고받은 끝에 친구가 한숨을 쉬며 말한다.

"됐어. 이렇게 될 줄 알았어. 완전 시간 낭비였네."

친구는 자리에서 일어나 가버린다.

당신은 계산서와 절반쯤 남은 음식을 앞에 두고 홀로 앉아 있다. 마저 먹고 싶은 생각도 없다. 이 우정이 완전히 끝난 것인지 스스로에게 묻는다. 끝이라고 한들 무슨 상관인지 생각해본다. 그러나 그 순간, 깨닫는다. 친구가 여전히 자신에게 소중한 존재라는 것을. 이 우정을 포기하고 싶지 않다. 처음부터 제대로 대화할 수 있다면 좋을 텐데.

사람들과의 소통에서 확실한 것이 하나 있다면 누구나 언젠가 반드시 말실수를 한다는 사실이다. 하지만 다행스럽게도 그 말이 영원히 잘못된 채로 남아 있어야 하는 것은 아니다. 그래서 처음 대화보다 다음 대화가 더 중요하다. 다음 대화에서 '모든 것'을 바꿀 수 있다.

물론 첫 만남에서 첫인상을 결정짓는 처음 대화도 중요하다. 하지만 진짜 중요한 것은 그다음 대화다. 다음 대화가 첫인상의 지속 여부를 결정한다. 취업 면접, 첫 데이트, 첫 회의에서는 누구나 경계를 늦추지 않는다. 모두가 최상의 모습을 보여주려 애쓴다. 그러나 시간이 지나면서 처음의 반짝임은 사라지고 나면 당신이 알던 사람이 전혀 다른 사람처럼 보일 수도 있다.

기대에 부풀어 채용한 직원이 알고 보니 팀워크가 형편없을 수도 있다. 애프터 신청을 할 만큼 마음에 들었던 소개팅 상대가 두 번째 데이트에선 세 번째 데이트의 가능성을 확실하게 날려버리는 말을 내뱉을 수도 있다. 회의에서 모두가 당신의 아이디어를 마음에 들어 했는가? 나중에 미지근한 반응으로 바뀔 수도 있다.

다음 대화에서 사람들은 처음에는 조심스럽게 피했던 말을 좀 더 솔직하게 꺼내놓는다. 그렇기에 다음 대화가 진실에 더 가까울 수 있다. 뿐만 아니라, 다음 대화에는 더 큰 치유의 힘도 들어 있다. 격렬한 논쟁이 벌어졌다고 해보자. 감정이 격해지면서 서로 고성이 오간다. 그러다 에너지가 소진되고 나면 대화의 흐름이 멈춰버린다. 그 공백은 단 몇 분일 수도 있고, 심지어 몇 년 동안 이어질 수도 있다.

하지만 언젠가 다시 서로를 마주하게 되면서 다음 대화가 시작된다. 두 번째 대화에서는 보통 목소리가 낮아지고 감정적인 반응도 줄어든다. "내가 진짜 말하고 싶었던 건…"이라고 속마음을 꺼낼 수도 있다. 이제는 두 사람 모두 관계를 회복하고 싶다는 마음이 훨씬 크다. 다음 대화는 지난 대화를 차분히 돌아보고 첫 번째 대화에서 무엇이 부족했는지 분명히 깨닫게 해준다. 다음 대화에서는 할 수 있는 일이 많다. 시각을 바꿔 다시 생각해볼 수도 있고, 진심 어린 사과를 건넬 수도 있으며, 가볍게 웃어넘길 수도 있다. 이 사실을 당신도 잘 알고 있다.

당신이 이 책을 읽고 있는 이유는 누군가와 너무 많은 어려운 대화를 나누었기 때문일지도 모른다. 다음 대화를 어떻게 해야 할지 구체적으로 알고 싶어서. 당신의 다음 대화 상대는 누구인가? 해야 하지만 아직 하지 못한 대화는 무엇인가? 이 책을 읽는 동안 당신의 삶에서 마주하는 다양한 대화에 적용하는 모습을 차근차근 떠올려보라.

누구나 실수한다. 중요한 건 그 다음이다

다음 대화를 할 때 주의할 점이 있다. 머릿속으로 미리 상상하고 대화가 그대로 진행되기를 바라지 마라. 친구와의 어려운 대화를 앞두고 여러 번 연습해도 기대에 미치지 못할 수 있다. 왜 그럴까? 왜 머릿속에서는 완벽했던 대화가 실제로는 엉망이 되어버리는 걸까? 그 이유는 실망으로 이어질 수밖에 없는 목표를 세우기 때문이다.

대화의 목표를 비현실적이거나 감당할 수 없는 수준으로 설정하면 상대뿐만 아니라 자신에게도 너무 많은 것을 기대하게 된다. 이 말이 이상하게 들릴 수도 있지만, 기준을 너무 높게 잡은 것이다. 필요한 것은 안타인데 홈런을 치려고 하는 셈이다.

'지금 당장 모든 걸 바로잡아야 해' 또는 '예전과 완전히 똑같은 상태로 돌아가야 해'라고 생각하지 말고 좀 더 현실적인 목표를 정해야 한다. '방어적인 반응을 보이지 않고 상대의 입장을 들어본다'나 '중간에 말을 자르지 않고 끝까지 들어본다' 같은 간단한 목표여도 된다. 너무 거대하고 비현실적인 목표가 아니라 서로에 대한 이해를 향해 한 걸음 내딛는 것만으로 충분하다.

가장 기본적으로 모든 대화의 목표는 다음의 마음가짐과 일치해야 한다. 뭔가를 배우려고 해야지 증명하려고 해서는 안 된다. 배움에 초점을 맞춘 더 작고 실현 가능한 목표를 설정하면 무언가를 증명하려는 것보다 더 생산적인 대화를 나눌 수 있다. 그런 대화는 성공으로 가는 방향을 알려준다.

친구와의 점심 예시로 돌아가보자. 당신은 친구와 마주 앉기 전까지 그 만남에서 무엇을 얻고 싶은지 확실하게 알고 있지 않았다. 다시 말하자면, 친구가 당신이 전적으로 옳았고 자신이 전적으로 틀렸다고 인정하는 것 말고는 기대하는 것이 없었다. 당신은 그저 친구가 굽히고 들어와 사과하면 마음씨 넓은 좋은 친구답게 다시 받아줄 생각이었을 것이다.

하지만 그런 일은 절대 일어나지 않는다. 어려운 대화를 아무런 계획 없이 시작해 오로지 자신에게만 완벽하게 느껴지는 결과가 나오기를 바라는 것은 실패로 가는 지름길이다. 그런 태도는 결국 실망감만 가득한 대화로 이어진다. 그보다는 명확하고 현실적인 목표를 세워서 의식적으로 대화에 임해야 실질적인 변화를 만들어낼 수 있다. 여기서 중요한 것은 '현실적인' 목표여야 한다는 점이다.

자, 그럼 하늘에 떠 있는 구름처럼 절대로 손에 잡히지 않는

목표가 있는 대화

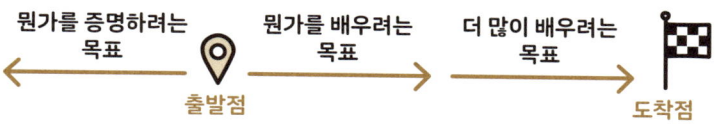

꿈과 실제로 달성할 수 있는 목표가 어떻게 다른지 살펴보자.

- 비현실적인 목표
  - 상대가 즉각적으로 사과하고 "네가 옳았어"라고 인정하는 것
  - 상대가 아무런 의문을 제기하지 않고 내 의견을 받아들이는 것
  - 단 한 번의 대화로 두 사람 사이의 모든 문제가 해결되는 것
  - 대화를 나누면서 자연스럽게 상대가 모든 것을 내 관점에서 보게 되는 것
  - 상대가 내가 제시하는 모든 논점에 순순히 동의하고 완전히 굴복하는 것

- 현실적인 목표
    - 상대가 나에게 중요한 사람이라는 사실을 확실히 알려주는 것
    - 상대의 입장을 더 잘 이해하는 것
    - 문제의 재발을 줄이거나 없애는 방법에 합의하는 것
    - 서로 느끼는 감정을 판단하지 않고 있는 그대로 받아들이는 것
    - 서로 의견이 완전히 일치하지 않더라도, 적어도 내 말이 상대에게 전해졌다고 느끼며 대화를 마무리하는 것

자, 이제 차이가 보이는가? 상대가 당신의 관점을 전적으로 받아들이는 경우는 열에 한 번도 없다. 그러나 당신이 상대의 입장을 더 잘 이해하게 되는 경우는 열에 아홉은 가능하다. 현실적인 목표를 설정하면 실제로 이루어질 수 있는 기대치를 중심으로 대화를 구성하게 된다. 다음과 같은 질문을 던지고 답을 하며 대화의 목표를 찾아보자.

1. 꼭 하나만 선택해야 한다면, 상대가 반드시 이해했으면 하는 것은 무엇인가?
2. 상대의 말을 이해했다는 것을 보여주기 위해 내가 할 수 있는 작은 행동은 무엇인가?

3. 내가 하고 있는 가정은 무엇인가?
4. 대화를 나눌 기회가 주어진 것에 어떻게 감사를 표현할 수 있을까?
5. 이 대화에서 내가 이기려고 하는 부분이 있는가?

이 질문에 답하다 보면, 당신이 원하는 방향으로 대화가 나아가도록 목표를 세울 수 있다. 명심해야 할 점은, 목표를 세우는 것은 시작의 절반에 불과하다는 것이다. 목표는 목적지가 어디인지 알려줄 뿐이다. 그곳에 도달할 방법이 필요하다.

대화에 관점이 중요한 이유

대화에서 가치(관)는 나침반과 같다. 가치는 당신의 목표가 진정 중요하고 보람 있으며 의미 있는 방향으로 연결되도록 돕는다. 논쟁이나 대화의 주제가 무엇이든 당신이 추구하는 가치는 언제나 일정한 방향을 가리킨다. 대화에서 중요한 것은 상대가 아니라 자신의 가치를 기준으로 "이 대화에서 나는 어떤 모습으로 존재할 것인가?"라는 질문에 대답하는 것이다. 대화가 끝난 후 당신은 어떤 사람으로 보이고 싶은가?

간단한 예를 들어보자. 만약 대화의 목표가 자신의 말이 상대에게 전해졌다고 느끼는 것이고, 당신이 중요하게 여기는 가치가 정직함이라고 해보자. 대화가 끝날 무렵 상대가 "이제 우리 괜찮은 거지?"라고 물으면 뭐라고 대답할 것인가? 보통은 그냥 빨리 끝내고 싶어서 "응, 괜찮아"라고 대답할 것이다. 하지만 그렇게 대답하면서도 속으로는 여전히 자신의 생각이 충분히 전달되지 않았다고 생각할 수 있다.

성급하게 동의하는 대신 이렇게 말하면 어떨까. "네 속마음을 솔직하게 이야기해줘서 고마워. 네 입장도 이해해. 하지만 나는 충분히 이해받았다고 느껴지지 않아." 이렇게 말하면 정직함이라는 가치를 지킴으로써 당신은 목표를 달성하는 동시에 진실되게 행동할 수 있다.

가치는 당신이 어떤 사람인지, 무엇을 중요하게 여기는지를 드러낸다. 대화에서 가치는 듣는 태도, 반응 방식, 대화에 임하는 모습을 결정한다. 대화의 방향을 자신의 가치와 조화롭게 맞추면, 대화가 시작되기 전부터 이미 목표를 달성할 준비가 된 것이나 마찬가지다.

가장 자신답다고 느꼈던 순간을 떠올려보라. 꼭 행복했던 기억일 필요는 없다. 누군가를 도와주었을 때일 수도 있고, 무언가를 위해 용기 내 맞섰던 순간일 수도 있다. 그 순간에 당신이 표현한 가치는 무엇인가? 배려? 정의? 공정함? 가까운 친구들과의 관계에서 중요하게 여기는 가치들도 떠올려보자.

자신이 중요하게 여기는 가치가 무엇인지 찾는 쉬운 방법이 있다. 친구, 배우자, 가족 등 당신을 가장 잘 아는 사람에게 물어보는 것이다. 다음 질문의 답변을 적어보라.

1. 일상적인 대화에서 가장 중요하게 여기는 것은 무엇인가?
2. 나를 전혀 모르는 사람에게 나라는 사람을 세 단어로 설명한다면?
3. 내가 가장 열정적인 태도를 보이는 대화의 주제는 무엇인가?
4. 친구 관계에서 가장 중요하게 여기는 것은 무엇인가?
5. 좀 더 자주 표현했으면 하는 감정이 있다면?

정답은 없다. 예상치 못한 답변이 돌아올 수도 있다. 이 질문은 당신이 현재 어떤 모습으로 비치고 있는지 분명하게 이해하는 과정일 뿐이다. 주변 사람들의 피드백을 바탕으로 잠시 시간을 내 곰곰이 생각해보자. 당신이 남기고 싶은 흔적에 대해 생각해보라. 어떤 사람이 되고 싶은가? 어떤 모습으로 알려지고 싶은가? 세상에 어떤 긍정적인 영향을 주고 싶은가?

이 과정에 몇 시간이 걸릴 수도 있다. 몇 주, 혹은 한두 달 정도 걸릴 수도 있다. 자신의 가치를 분명하게 파악하는 것은 충분히 시간을 들일 만한 일이다. 여기서 꼭 기억해야 할 게 하나 있다. 가치를 꼭 하나의 단어로 표현할 필요는 없다. 단어가 아니라 문장이나 구절로 표현할 수도 있다. 중요한 것은 당신에게 의미 있는 방식으로 표현하는 것이다. 예를 들어, 내가 중요하게 여기는 가치는 다음과 같다.

- 친절을 베풀 기회가 있으면, 나는 그 기회를 놓치지 않을 것이다.
- 내 이름을 말하지 않아도 내가 누구인지 알게 하겠다.
- 다리가 될 수 없다면 등대라도 되겠다.

내가 중요하게 여기는 가치는 내 인생에서 중요한 것이 무엇인지 보여준다. 친절은 나의 어머니를 떠올리게 한다. 어머니가 사람을 대하는 방식이 그랬다. 나 역시 상대의 태도나 행동과 관계없이 친절을 베풀고 싶다. 나는 말보다 행동으로 더 큰 울림을 주기를 원한다. 그리고 사람들에게 빛이 되고 싶다. 즉시 해결책을 제시해줄 수 없더라도 사람들이 언제든 찾을 수 있는 안전한 공간이 되고 싶다. 이러한 가치들이 내 대화의 모든 부분을 올바른 방향으로 이끌어준다. 물론 갈등 상황에서 어떤 말을 해야 할지 어떻게 행동해야 할지 고민될 때도 있지만, 나에게 중요한 가치에 따라 반응하다 보면 저절로 답이 나온다.

바로 그것이 핵심이다. 무엇을 말해야 할지 어떻게 행동해야 할지 고민할 필요가 없다. 상대가 나에게 한 대로 똑같이 갚아줄지 고민할 필요도 없다. 당신의 가치관이 어려운 결정을 대신 내려줄 것이다. 자신에게 중요한 가치에 대화의 초점을 맞추면 대화의 목표를 달성할 가능성이 높아지고, 어려운 순간이 닥쳐도 진정한 자신을 잃지 않을 수 있다. 이는 달리 말하면 입을 열기 전에 미리 준비되어 있어야 한다는 뜻이다. 알겠는가? 좋다. 이제 다시 처음으로 돌아가보자.

땡동. 당신은 핸드폰을 본다. 뜻밖의 메시지가 도착했다.
"이제 대화할 준비가 된 것 같아."

친구와 점심 약속을 잡은 후, 당신은 대화를 어떻게 이끌어갈지 고민한다. 막연히 대화가 원하는 방향으로 흘러가기를 바라거나 친구가 갑자기 마법처럼 깨달음을 얻기를 기대하지 않고, 주도적인 접근법을 고민하는 데 시간을 쓴다. 당신은 서로의 관점을 더 잘 이해하는 것을 목표로 정한다. 그리고 대화를 이끄는 기본적인 가치로 '감사'를 선택한다. 친구와 함께한 시간과 공유한 추억에 대한 고마움을 되새기며.

이제 대화를 시작할 준비가 됐다. 두 사람이 마주 앉자 당신이 먼저 말한다.

"시간 내줘서 고마워."

"나도 만나서 얘기하고 싶었어."

친구가 대답한다.

당신이 먼저 본론으로 들어간다.

"내가 좀 더 잘했어야 했는데…."

"나도 마찬가지야."

분위기가 약간 누그러진 상태에서 당신은 대화의 목표와 가치를 떠올리며 심호흡한 뒤 말한다.

"네가 저번에 했던 말을 좀 더 잘 이해하고 싶어. 내가 놓친 게 뭐였을까?"

20분 동안 친구는 당신이 전혀 알지 못했던 불안과 고민을 쏟아낸다. 예전에 알았더라면 이런 상황까지 오지 않았을 것이다. 당신은 친구의 말을 자르거나 끼어들지 않는다. 반박하지도, 변명하지도 않는다. 그저 귀 기울여 듣는다. 당신이 진심으로 들어주었기에 친구는 이해받고 존중받았다고 느끼며 마음이 한결 편안해진다. 당신은 그제야 조심스럽게 묻는다.

"내 입장에서 느낀 것을 이야기해도 될까?"

친구가 고개를 끄덕인다. 두 사람은 서로의 감정과 관점을 나눈다. 자연스럽게 갈등이 해소되어 과거의 문제는 더 이상 중요하지 않게 된다.

다음 대화를 앞두고 있다면 머릿속에서 시뮬레이션한 것에만 의존하지 마라. 현실적으로, 그리고 의도적으로 다음 대화에 접근하라. 다음 질문들이 도움이 될 것이다.

1. 이 대화에서 나의 목표는 무엇인가?
2. 그 목표를 달성하려면 어떤 가치가 필요한가?

대화의 목표와 가치를 마음에 새기면 진정한 연결이 가능해진다. 다음 대화를 나눌 사람은 누구인가? 아직 하지 않았지만 꼭 해야 할 대화는 무엇인가? 모든 문제를 한꺼번에 해결하려고 하기보다는 감당할 수 있는 작은 대화 하나에 집중하라. 그다음에 또 하나, 그다음에 또 하나, 이런 식으로 대화를 쌓아가며 상대와 진정으로 연결하라.

모든 튼튼한 관계의 기반은 마음가짐에서 시작된다. 이기는 것이 아니라 매일매일, 해가 지나도 서로 연결되고 공유하고 함께 성장하는 것이 목표라는 생각. 분명한 목표와 가치로 대화에 접근하라.

핵심 정리

- 대화가 머릿속에서 펼쳐진 그대로 진행될 것이라 기대하면 실망하게 될 뿐이다.
- 한 번의 대화에 모든 것을 걸지 말고 기대치를 낮춰라. 무언가를 증명하려 하지 말고 배우려는 마음가짐으로 대화하라.
- 빠르고 비현실적인 승리를 얻으려 하지 말고, 서로의 이해를 넓히는 현실적인 목표를 정하라. 자신에게 중요한 가치를 고려해 대화의 목표를 정하라. 가치는 진정한 자신으로 대화에 임하는 원칙이 된다.

3장

내 마음을
알아서 이해해 주는 사람은 없다

얼마 전 어머니에게 예상치 못한 문자 메시지를 받았다. 흰색 닛산 자동차에 관해 물으셨다. 내가 로스쿨에 다닐 때 몰다가 동생들이 물려받아 썼던 차로, 부모님 댁 진입로에 세워져 있었다. 내가 그 차를 쓰지 않은 지 이미 몇 년이나 됐다. 다음은 어머니와 주고받은 문자 메시지를 그대로 옮긴 것이다.

    어머니   흰색 닛산 주행거리가 얼마나 되는지 아니?
    나   아니요.
    엄마   대충도 몰라?
    나   네, 몰라요.

어머니   그래. 넌 알고 있을 줄 알았는데.

나   말했잖아요. 전 모른다니까요.

어머니   알겠다, 제퍼슨. 그런데 네 태도가 마음에 안 드는구나.

소통 과잉 시대의 오해들

솔직히 말하면 웃음이 났다. 어머니가 옆에 계시지 않은 게 다행이었다. 곧바로 전화를 걸었다. 문자 메시지로는 전할 수 없는 것을 전달해야 했다. 조금 전 기분 나빠서 한 말이 아니었음을 가볍고 유쾌한 말투로 이야기하고 사과도 드렸다.

   문자 메시지를 주고받다가 화를 낸 것도 아닌데 대화가 갑자기 언쟁으로 번진 적이 있는가? 혹은 이메일이나 SNS 메시지에서 상대방의 어조나 감정을 오해하거나 잘못 받아들인 적이 있는가? 세상에 의사소통을 쉽게 해주는 기술이 넘쳐나는데도 소통이 오히려 더 어려워진 것처럼 느껴지는 이유는 무엇일까?

   그 이유는 감정의 미묘한 뉘앙스까지 전달할 수 있는 깊이 있는 연결이 이루어지지 않기 때문이다. 그저 단어의 형태로 보이도록 배열된 픽셀을 전송하면서 뉘앙스까지 전달되기를 기대하고 있기 때문이다.

   우리는 연결이 아닌 전송의 세계에 살고 있다. 진정한 연결이란 깊이 있는 정보를 주고받는 것을 말한다. 진정한 연결은 전달과 맥락을 가능하게 한다. 또한 소속과 이해, 그리고 표현이라는 인간의 가장 근본적인 욕구를 반영한다.

그러나 문자 메시지나 이메일을 이용하는 전송은 차가운 매체를 통해 신호를 보내고 받는 데 초점을 맞춘다. 이런 대화는 거래적이다. 오직 데이터를 처리하고 전달하는 것만 중요하게 여긴다. 전송은 분명 효율적이지만, 이해나 진정성과는 상관이 없다.

우리는 전송이 초래하는 문제를 매일 목격한다. 사람들은 서로 얼굴을 본다면 절대 하지 않을 말을 소셜미디어의 댓글에는 아무렇지도 않게 쓴다. 문자 메시지나 이메일이 쉽게 오해를 불러일으키는 것은 바로 이런 이유 때문이다. 사람들은 키보드 뒤에 숨어 보호받는다고 느낀다. 이 모두가 전송에는 인간적인 연결이 존재하지 않기 때문이다.

어머니가 내 문자 메시지를 말소리처럼 들었을까? 읽긴 분명히 읽으셨다. 하지만 내 진짜 의도를 이해하려면 내 목소리가 필요했다.

그렇다고 오해하지는 마라. 오늘날 디지털 환경에서는 비대면 소통이 분명히 필요하고, 그 나름의 역할도 있다. 하지만 전송이 연결을 대체할 수 있다고 믿으면 문제가 발생한다. 전송은 연결을 대신할 수 없다. 이는 악보를 읽는 것만으로 교향악단의 연주를 듣는 것 같은 감동을 느낄 수 있을 거라고 기대하는 것이나 마찬가지다. 석양을 묘사한 글을 읽는 것만으로 실제로 보는 것과 같은 감동을 느낄 수 있을 거라고 기대하는 것이나 마찬가지다. 전송은 정보를 전달하고, 연결은 그 정보에 생명을 불어넣는다. 상대방의 웃음을 이모티콘으로 읽는 것이 아니라, 그 웃음의 따스함을 직접 느껴야 한다.

모든 대화의 목표는 연결이다

'연결'이라는 단어는 종종 과장되게 쓰인다. '마음 챙김'이라는 표현처럼 그럴듯하게 들리지만 정작 무슨 뜻인지 분명하게 와닿지 않을 때가 많다. 가장 기본적인 차원에서 보자면, 연결이란 결국 '이해'와 '인정'이라는 말에 근사한 옷을 입힌 개념에 불과하다. 마치 이중 인증처럼 둘 중 하나가 빠지면 진정한 연결은 이루어지지 않는다. 내가 당신을 이해하더라도 당신이 그것을 느끼지 못하면 우리 사이에 연결은 생기지 않는다. 반대로 내가 당신의 말을 인정하더라도 그것을 제대로 이해하지 못하면 당신과 연결될 수 없다. 진정한 연결은 내면의 과정인 '이해'와 외면의 표현인 '인정'이 함께할 때 비로소 가능해진다.

여기서 연결은 내가 원하는 방향으로 대화를 이끄는 것이 아니다. 있는 그대로 받아들일 마음으로 다가가는 것이다. 나는 당

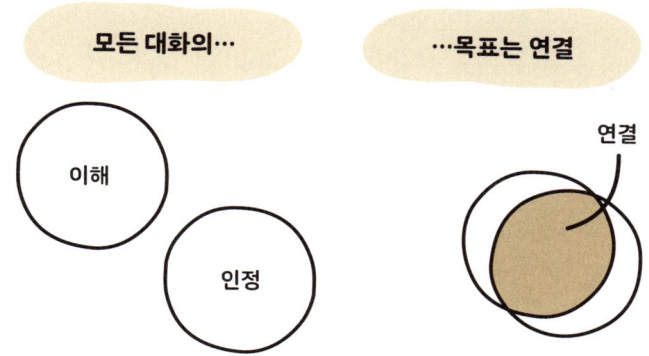

신의 말에 동의하지 않더라도 당신을 이해하고 인정할 수 있다. 당신에게 화가 나거나, 상처를 받거나, 슬퍼질 수 있지만, 그럼에도 불구하고 당신을 이해하고 인정할 수 있다.

10대 때 억울하고 속상한 마음을 털어놓을 때마다 아버지는 늘 이렇게 말씀하셨다.

"억울해하는 건 괜찮지만, 이해하려고 해보렴."

그 말은 어린 내게 전혀 와닿지 않았다. 하지만 시간이 지나면서 그 말에 담긴 아버지의 지혜를 조금씩 깨닫게 됐다. 아버지는 내가 반대할 수 있는 여지를 주셨던 것이다. 내가 이해할 수 있도록, 그리고 우리 사이의 연결을 단단히 다지기 위해 그렇게 말씀하신 것이었다.

사람들은 '연결'이라는 단어를 들으면 갈등을 떠올리고, 그것을 흔히 부정적인 것을 긍정적인 것으로 바꾸는 일과 연관 짓는다. 행복과 따뜻한 감동으로만 가득한 상황 말이다. 하지만 현실은 그렇지 않다. 연결은 긍정적인 것만이 아니라 부정적인 것도 포함한다. 기쁨과 슬픔, 쉬운 일과 어려운 일을 모두 전달하는 통로다. 긍정과 부정, 둘 다 포함하는 개념이다. 나와 당신, 우리 모두는 대화의 결과를 선택할 수 없다. 연결을 시도할 것인가 여부만 선택할 수 있을 뿐이다.

그리고 또 다른 진실이 있다. 때로는 연결하지 않는 것이 옳은 선택일 수 있다. 어떤 경우에는 단절이 정답이다. 모든 대화에 반드시 연결이 필요하지는 않다. '그 사람 수준에 맞춰' 또는 '그 사람이 있는 곳까지 가서' 만나야 한다는 식으로 연결을 이야기하는 것을 들어본 적이 있을 것이다. 하지만 나는 그것이 절대적인 규칙이라고 생각하지 않는다. 절대로 상대의 수준에 맞추면 안 되는 경우가 있다. 어떤 대화는, 상대가 있는 곳에서 1000킬로미터쯤 떨어진 곳에서 이뤄져야 한다. 어떤 사람들은 애초에 닿기를 원하지 않는다. 그렇다고 해서 당신이 실패한 것은 아니다. 오히려 이런 거리두기는 당신이 지혜롭다는 뜻인 경우가 많다.

오늘날 의사소통에 관한 담론은 대체로 대화를 원만하고 수월하게 이끌어야 한다는 고정관념에 사로잡혀 있다. 모두가 행복하고 편안한 기분으로 대화를 마무리해야 한다는 생각 말이다. 하지만 진솔한 의사소통은 그런 감정과는 별개다. 행복하거나 편안하지 않아도 진짜 소통이 가능하다. 오히려 연결이란 불편할 수도 있는 대화를 나눠야 한다는 뜻이다. 중요한 것은 그런 대화를 피하지 않고 마주할 수 있는 통제력과 자신감을 가지고 있느냐다.

연결이 끊기는 세 가지 이유

이론상 의사소통은 간단해야 한다. 내가 무언가를 말하면 당신이 이해하고, 당신이 무언가를 말하면 내가 이해해야 한다. 식은 죽 먹기 같지 않은가? 천만에. 일상적인 의사소통에는 온갖 문제가 넘쳐난다. 대표적으로 오해, 말 끊기, 방어적인 반응, 과잉 반응 같은 것들이 있다. 어떤 사람들은 이런 문제들이 자신의 삶에 영향을 미치고 있다는 사실조차 모른다. 단순히 소통의 기술이나 연습이 부족해서 문제가 지나치게 커지는 경우도 있다. 보통 당신의 의사소통이 실패하는 이유는 다음의 세 가지 요소가 연결을 끊어버리기 때문이다.

연결이 끊기는 첫 번째 이유: 인식 부족

대화가 점점 격해지다가 상대가 "지금 네가 무슨 말하는지 듣고는 있어?" 하고 비아냥거리듯 말한 적이 있는가? 이 질문에 대한 솔직한 대답은 "아니다"일 것이다.

정말 그렇다. 우리가 말할 때 머릿속에서 듣는 소리는, 뼈를 통해 전달되는 진동에서 비롯된다. 성대에서 나온 소리가 두개골을 거쳐 내이(귀의 안쪽에 단단한 뼈로 둘러싸인 부분)로 전달되면서 우리는 자신의 목소리를 더 깊고 풍성하게 인식한다. 반면 녹음된 목소리는 공기를 통해 전달되는 음파에 의해 형성된다. 그래서 실제로 들리는 목소리는 생각보다 더 얇고 '이상하게' 느껴진다. 영상을 보거나 녹음된 자신의 목소리를 듣고 나서 "잠깐만, 저게 내 목소리라고? 내 목소리가 사람들 귀에는 저렇게 들린단 말이야?"하고 놀라게 되는 것은 그 때문이다. 자신에게는 그렇게 들리지 않기 때문이다.

그러니 우리가 말할 때 다른 사람들이 무엇을 보고 듣고 느끼는지 제대로 알지 못하는 것은 전혀 이상한 일이 아니다. 우리는 자신의 목소리 크기나 말버릇, 불필요한 말 습관조차 제대로 인식하지 못한다. 자신의 말투에 아무 문제가 없다고 생각했는데, 상대가 어조를 문제 삼은 적이 있는가? 혹은 전혀 그럴 의도가 없었는데, 상대가 당신이 소리를 질렀다고 받아들인 적이 있는가?

다른 사람과 대화할 때, 자신이 처한 상황을 인식하는 감각(또는 그 부족함) 때문에 갈등 상황에 놓이는 경우가 많다. 이런 인식 부족은 의도치 않게 관계에 긴장을 불어넣는다. 사무실에서 스트레스 받는 통화를 끝낸 뒤, 자신도 모르게 미간을 찌푸리고 불편한 표정을 지은 채 복도를 지나다 동료에게 인사를 받았다고 하자. 그 이후 동료는 당신을 피하거나, 사람들에게 당신에 대해 부정적으로 말할 수 있다. 그 이유는 당신이 자신의 신호를 인식하지 못했기 때문이다. 분명 이런 말을 들어본 적 있을 것이다. "난 네가 나한테 화난 줄 알았어."

가장 도달하기 어려운 인식이 바로 자기 인식이다. 자, 지금 당신의 어깨를 무겁게 누르는 긴장감은 어디에서 비롯된 것인가? 숨은 깊게 쉬고 있는가? 왜 턱을 꽉 다물고 있는가? 자기 인식이 없으면 우리는 어둠 속을 비틀거리며 걷게 된다. 대화할 때 상대에게 상처를 주는지조차 알지 못하고, 자신을 돌볼 방법을 찾아보려 하지만 허공을 헛짚기만 한다.

인식은 지금 자신이 어떤 감정을 느끼고 있는지 알아차리게 해주고, 왜 그런 감정을 느끼는지 이해하게 해준다. 또한 자신의 감정 상태를 점검하고, 그에 따라 행동하게 해준다. 이 인식을 갈고닦으면 조율로 이어진다. 조율은 지금 이 순간 자신의 상태가 상황에 적합한지 끊임없이 알려주는 피드백 순환 고리다. 그리고 이 조율이야말로 우리에게 진정한 통제력을 선사한다.

연결이 끊기는 두 번째 이유: 이해 부족

문제는 당신이 자신의 관점으로만 세상을 보려고 고집할 때 발생한다. 상대가 당신의 관점으로 세상을 보게 만들려 할수록, 그들은 오히려 더욱 완강하게 저항한다. 전형적인 의견 충돌 상황에서 우리는 대부분 상대가 생각을 바꿀 것을 기대하지 나 자신이 바뀌어야 한다고 생각하는 경우는 거의 없다. 그러나 서로 이해하려는 노력을 기울이지 않으면 상처 주는 말들이 오가게 될 뿐이다. 예를 들면 다음과 같다.

"네가 그 사람한테 투표한다니 믿을 수 없어. 어떻게 그렇게 멍청할 수 있지?"

"넌 정말 아무것도 몰라!"

"난 널 안다고 생각했는데 착각이었어. 꼭 서로 외국어로 얘기하는 것 같은 기분이다."

문제는 믿음이나 의견의 차이 자체가 아닐 수도 있다. 문제는 서로의 관점 차이를 이해하지 못하는 데 있다. 상대의 생각이 자신과 다르다는 이유만으로 비난하기보다 왜 그런 생각을 갖게 됐는지 알아보려는 수고를 들일 때 비로소 타인의 관점을 이해할 수 있다.

다행히 의사소통과 관련해서 이해는 배우고 익힐 수 있는 기술이다. 필수적인 기술이기도 하다. 갈등 상황에서 상대의 관점을 이해하려는 능력이 없다면, 잠수함에 방충문을 설치한 것이나 다름없다. 절대로 관계에 진전이 일어날 수 없다. 이해하는 능력을 갖추면 오래도록 지속되는 돈독한 관계를 만들어갈 수 있다. 이해에 이르는 길은 일방적인 전달이 아니라 진정한 연결을 통해서만 가능하다.

연결이 끊기는 세 번째 이유: 자신감 부족

직접적으로 표현하는 것을 어려워하는 사람이 많다. 갈등이 초래할 두려움이나 불편함 때문이다. 이런 두려움은 대개 상대에게서 몸을 돌리거나, 눈을 마주치지 않거나, 팔짱을 끼는 모습으로 드러난다. 솔직한 감정을 부드럽게 포장하거나 모호하게 표현해 논점을 흐리기도 한다. 이런 소극적인 표현은 대화에 장벽이 된다. 예를 들면 다음과 같다.

"안녕하세요. 방해해서 죄송해요. 저기, 제가 좀 생각을 해봤는데, 물론 안 될 것 같으면 말씀해주셔도 되는데요, 그게…."

"그래서 제 생각에는 이게 가능할 것 같아요. 제 말 이해되시나요?"

"바보 같은 질문일 수도 있는데요…."

자신감 부족은 자존감을 무너뜨릴 뿐 아니라 개인적 성장까지 억누른다. 자신의 생각과 견해를 드러내는 일을 남에게 폐를 끼치는 것으로 생각하지 말자. 잠재력을 발휘하고 성장할 수 있는 소중한 상호작용이지 실례나 민폐가 아니다. 이런 상태에서는 당연히 원하는 곳으로 나아갈 수 없다. 꿈을 좇는 일, 원하는 커리어를 만드는 일, 사랑을 찾는 일 모두 마찬가지다. 소통에서 정직함을 보이려면 무엇보다 자신감이 있어야 한다. 연결과 자신감은 자신이 원하는 것을 분명히 밝히고 자기 생각을 제대로 표현하게 해준다. 그래야만 스스로 정한 경계를 존중받을 수 있고, 자신의 가장 강력한 조력자가 될 수 있다.

자신감에 대한 짧은 메모

자신감에 대해서는 7장에서 자세히 다루겠다. 하지만 지금 꼭 알아두어야 할 것이 있다. 이 책에서 '자신감'이라는 단어를 볼 때마다 그것이 무엇을 의미하는지 기억해두기 바란다. 당신에게 익숙한 자신감은 아마도 완벽함을 우선시하는 개념일 것이다. 그러나 앞으로 이 책에서 말할 자신감은 완벽함이 아니라 품위를 뜻한다. 자신감은 두렵지 않다는 뜻이 아니다. 두려워도 행동하는 것을 의미한다. 자신감은 항상 옳다는 뜻이 아니다. 자신이 틀렸을 때 솔직히 인정하는 것을 뜻한다. 자신감은 실수하지 않는 것이 아니다. 실수를 받아들이는 태도이다.

나는 매일 사람들이 자신감에 대해 얼마나 큰 오해를 하고 있는지 실감한다. "…할 수 있으면 좋겠어요"로 시작하는 메시지를 셀 수 없이 많이 받는다. 사람들은 자신감을 타고나는 특성인 것처럼 이야기한다. 키가 얼마나 큰지, 부모를 얼마나 닮았는지 같은 것과 비슷하게 여긴다. 또한 자신감을 완벽함의 기준으로 착각하기도 한다.

그러나 뒤에서 밝히겠지만 전혀 그렇지 않다. 내가 여기서 강조하고 싶은 것은 이것이다. 만약 당신이 '자신감'이라는 단어를 읽으면서 자신과 연결 짓기 어렵거나, 그 개념이 분명하게 와닿지 않는다면 당신이 지금까지 알고 있던 자신감의 개념부터 완전히 바꿔야 한다. 여기에 대해서는 7장에서 좀 더 상세히 설명하겠다.

핵심 정리

- 문자 메시지, 이메일에서 발생하는 오해는 단순한 전달과 진정한 연결이 같지 않다는 것을 알려준다.
- 연결은 무조건 동의하는 것도, 긍정적인 결과를 뜻하는 것도 아니다. 연결은 서로의 관점이 다를 때조차 이해하고 인정하는 두 단계로 이루어진 과정이다.
- 인식, 이해, 자신감이 부족하면 상대와의 연결이 끊어진다.

2부에서는 이런 문제를 극복하고 자연스럽게 연결을 만드는 쉽고 실용적인 방법들을 소개하겠다.

2부
상처 주지 않고 나를 지키는,

대화의 원칙

The Application

내 소셜미디어 콘텐츠를 본 적 있는 사람은 알겠지만, 나는 겉치레를 좋아하지 않는다. 또한 "적극적으로 경청하라"거나 "공감을 보여라", "마음을 열어라"처럼 옆에서 구경하듯 소통하라는 식의 조언은 절대 하지 않는다. 그런 식의 가르침은 말만 앞서는 책상머리 철학자들에게 맡기겠다. 의도야 좋을지 몰라도 실제로는 별 효과가 없기 때문이다. 게다가 정확히 무엇을 어떻게 하라는 것인지조차 모호하다. 당신에게 필요한 것은 당장 쓸 수 있는 구체적인 방법이다. 앞으로 이어질 페이지에선 바로 그런 내용을 만나게 될 것이다.

대화를 주도적으로 이끌 수 있도록 명확한 원칙을 준비했다. 내 클라이언트들에게 효과가 있었으니 당신에게도 효과가 있을 것이다. 원칙은 간단하다. 다음의 세 단계로 이루어진다.

1. 통제감을 가지고 말한다.
2. 자신감을 가지고 말한다.
3. 연결을 위해 말한다.

이 원칙들은 당신을 세상에 하나뿐인 존재로 만드는 자기표현의 핵심 요소들로, 당신 안의 단호한 목소리를 자연스럽게 끌어낼 것이다. 당신 자신조차 한 번도 들어본 적 없는 목소리일 수도 있고, 언젠가 알았던 것 같은 느낌이 드는 목소리일 수도 있다. 확실한 것은 이게 정말로 멋진 일이라는 점이다.

이 세 가지 방법은 문제 해결을 위한 인지적 접근 방식인 '함수적 사고functional thinking'를 따른다. 이 말이 약간 익숙하게 들린다면 아마 오래전 수학 시간에 들어본 적이 있기 때문일 것이다. 대수학을 기억하는가? 나도 까먹은 지 오래다. 하지만 한 번이라도 'x 값을 구하라'는 문제를 풀어본 적이 있다면, 기능적 사고를 해본 것이다. 간단히 말해, 기능적 사고란 입력이 출력에 어떤 영향을 미치는지 관찰하는 것이다.

짜증나겠지만 조금만 더 참고 집중해주길 부탁한다. 비록 수학 시간에 졸았더라도, 당신은 이미 함수를 이해하고 있다. 우리는 매일 함수를 사용하며 살아간다. 우리는 커피 메이커에 커피 가루를 넣으면 커피가 나올 거라고 기대한다. 온도 조절기에서 온도를 낮추는 버튼을 누르면 온도가 내려갈 거라고 기대한다. 할머니가 물려주신 케이크 레시피? 그것도 하나의 함수다. 레시피는 일련의 지침으로 구성되어 재료들(입력)을 케이크(출력)로 바꿔준다. 당신은 케이크를 만들 때 달걀이 왜 달걀인지 고민하지 않는다. 그저 레시피, 즉 함수를 따르면 할머니의 케이크가 만들어질 것이라는 사실을 알고 있을 뿐이다.

물론 내가 제시한 함수를 이용한다고 해서 케이크가 나오지는 않는다. 하지만 이 함수의 입력값을 따른다면, 그 출력값으로 더 대담하고 단호한 자신을 만나게 될 것이라는 점은 약속할 수 있다. 더 나은 소통을 목표로 한 이 레시피를 따르기만 하면 분명 대화에서 주도권을 손에 쥘 수 있다.

원칙 1.
통제감을 가지고 말하라
Say it with Control

4장

말이
칼이 되는 순간

릴리는 세 살이다. 그런데 2주째 잠자리에 들 시간이 되어도 자고 싶지 않다며 버티기 일쑤다. 정해진 시간이 훌쩍 넘도록 깨어 있으려 하거나, 침대에서 계속 빠져나오기를 반복하다가 겨우 잠이 들곤 한다.

　존은 서른세 살이고, 릴리의 아빠다. 그는 저녁 일과는 여유로워야 한다고 믿는다. 릴리가 잠잘 준비가 되지 않았다면, 졸릴 때까지 방에서 30분쯤 조용히 노는 것도 괜찮다고 여긴다. 그는 릴리가 몸이 보내는 피로의 신호를 스스로 알아차리고, 그에 따라 행동하는 독립성을 키우는 것 역시 중요하다고 생각한다. 지난 2주 동안 존은 참고 또 참았다.

그의 아내이자 릴리의 엄마인 그레이스는 규칙적인 일과를 무엇보다 중요하게 여기는 사람이다. 릴리의 취침 시간은 매일 저녁 8시. 예외는 없다. 그레이스는 일관된 일과와 정해진 구조가 아이가 깊이 잠들고 다음 날 차분하게 지낼 수 있도록 돕는 핵심 요소라고 생각한다. 지난 2주 동안, 그레이스 역시 화를 꾹꾹 눌러 참고 있었다.

저녁 8시. 릴리의 취침 시간이자, 매일 밤 반복되는 소동이 시작되는 시간이다. 사랑스러운 릴리는 자야 할 시간이 됐는지도 모른 채, 방에서 장난감을 가지고 신나게 놀고 있다. 에스프레소 두 잔을 연달아 마신 듯 기운이 넘쳐 보인다. 누가 봐도 잠들 기색이 없다. 엄마가 특유의 단호한 표정을 지어 보이자, 릴리가 선수를 친다. 아이들이 본능처럼 구사하는 간절한 눈빛으로 엄마를 바라보며 징징거린다.

"아직 안 졸린데…."

존은 누구에게도 좋지 않다는 걸 알면서도 또다시 같은 행동을 하고 만다. 아내가 방을 나서자마자 존은 릴리에게 조심스레 말한다.

"좋아. 조금만 더 놀아. 진짜 조금만. 조금만 더 놀고 꼭 자야 해. 알았지?"

존은 아내가 아무 말도 듣지 못했기를 바라며 거실 쪽으로 걸어간다. 그러나 거실에 들어서자마자 그레이스의 목소리가 터져 나온다.

"이게 대체 몇 번째야! 안 된다고 해야지! 릴리는 자야 해. 분명히 피곤할 거라고."

그녀는 잠시 숨을 고르더니, 릴리의 방을 향해 소리친다.

"릴리, 잘 시간이야! 장난감 치우렴!"

그러자 존도 목소리를 높인다.

"릴리는 로봇이 아니야, 그레이스. 몇 분쯤 늦게 자는 게 무슨 대수라고. 당신이 그렇게 통제하려는 게 릴리를 위한 건 아니잖아."

점화와 냉각, 모든 말다툼에는 두 단계가 있다

그레이스도, 존도, 릴리도 잠시 잊자. 어린 자녀를 둔 부모가 아니더라도 이런 감정을 느껴본 적 있을 것이다. 누구나 한 번쯤 이런 상황에서 존이었거나 그레이스였던 적이 있을 것이다. 인내심을 잃고 상대에게 날카롭게 말한 뒤, 곧바로 그렇게 말한 것을 후회했던 경험 말이다. 목소리를 높이는 순간, 잠시나마 대화에서 이겼다고 느낄지 몰라도, 결국 관계에 금이 가고, 그 결과는 둘 모두에게 상처로 돌아온다.

이런 상황에서 반드시 그렇게 흘러갈 필요는 없다. 자기 자

모든 말다툼에는 점화 단계와 냉각 단계가 있다

```
        점화    냉각
  대화 │ 논쟁 │ 대화
```

신을 조절하는 법을 익히면 된다. 어렵지 않다. 말, 감정, 몸짓. 이 모든 것이 대화에 영향을 미친다. 이것들을 잘 다루면, 논쟁이 격해지는 것을 막을 수 있다. 그러기 위해서는 무엇보다 먼저 소통에 관한 몇 가지 사실과 우리 몸이 어떻게 작동하는지를 이해해야 한다.

'점화'는 마찰이 계속 쌓이다가 생산적인 대화가 파괴적으로 변할 때 일어난다. 상대와의 상호작용 중 무언가가 거슬리기 시작한다. 어떤 말이 못마땅하게 느껴진다. 어조가 불쾌하게 들리거나, 표정이 신경 쓰인다. 시간은 흘러가고, 마찰은 계속 쌓인다. 그렇게 열이 올라가다 마침내 불이 붙는다.

점화는 보통 다음과 같은 순간에 일어난다.

- 성냥에 불이 붙을 때: 위협을 느낄 때

- 퓨즈가 끊어질 때: 방어적으로 반응할 때
- 핵폭발이 일어날 때: 인신공격이 시작될 때

점화되거나 과열되면 우리는 자신이 누구인지 잠시 잊어버린다. 심리학자들은 이런 상태를 '범람flooded'이라고 부른다. 마치 순간적으로 의식이 끊긴 것처럼 평소라면 절대 하지 않았을 말을 내뱉는다. 머릿속이 안개 낀 듯 흐려져 생각을 정리하거나 무슨 말을 해야 할지 결정하는 데 어려움을 겪는다. 결국 그 말이 상대에게 어떻게 들릴지, 어떤 결과를 낳을지, 심지어 그 말의 의미가 무엇인지조차 신경 쓰지 못한 채 말이 터져 나온다.

'냉각'은 대화 속 열기가 서서히 가라앉을 때 찾아온다. 냉각은 보통 다음과 같은 순간에 일어난다.

- 열을 식힐 때: 자리를 떠나 상황에서 벗어날 때
- 불을 끌 때: 상호 이해가 이루어질 때
- 더 이상 탈 것이 없을 때: 대화가 교착 상태에 이를 때

냉각 단계에 접어들면 온도가 더 이상 오르지 않고, 서서히 내려가기 시작한다. 연기가 걷히고, 답답했던 마음이 조금씩 가라앉는다. 그러면서 비로소 대화에 명료함이 생긴다. 당신은 관계의 중요성을 떠올리고, 그 사람이 당신에게 왜 (혹은 여전히) 소

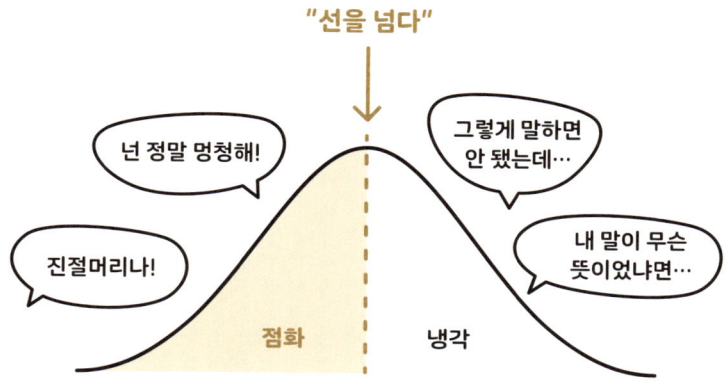

중한지 다시 한번 깨닫게 된다.

냉각 단계에선 목소리가 낮아지고, 어조가 한층 더 부드러워진다. 단어 하나하나에 신중함과 무게감이 담기기 시작한다. "그렇게 말해서 미안해", "그런 뜻으로 말한 건 아니야" 같은 말로 사과하거나 자신의 의도를 더 정확하고 차분하게 설명하려고 시도한다. 점화 상태의 대화가 폐쇄적이라면, 냉각 상태의 대화는 개방적이다. 때로는 눈물이 왈칵 터져 나올 수도 있고, 후회가 물밀듯이 밀려올 수도 있다. 확실한 건 지금 이 상황이 썩 좋게 느껴지지 않는다는 것이다.

언쟁이 격렬할수록 식는 데도 시간이 오래 걸린다. 가스레인지를 껐다고 해서 무쇠 프라이팬이 곧바로 식는 게 아닌 것처럼 때론 감정의 온도는 쉽게 내려가지 않는다. 결국은 '정도'의 문제다. 안타깝게도, 지금 존과 그레이스는 냉각되기엔 아직 한참 시간이 필요하다. 그레이스는 지난 2주 동안 쌓여온 분노를 한꺼번에 쏟아낸다.

"당신 때문이야! 당신이 자꾸 이러니까 애가 말을 안 듣잖아! 당신은 늘 제멋대로야! 항상 규칙을 어기지! 우리 둘 중에서 진짜로 애를 생각하는 사람은 나 하나뿐이야. 애가 짜증 내고 말 안 들을 때마다 감당하는 건 나야. 당신은 언제든 자기 하고 싶은 거 하러 아무렇지도 않게 나가버리잖아! 애랑 같이 있는 시간도 별로 없으면서, 도대체 뭘 안다고 그래?"

이때 잠깐 시간을 멈추고 그레이스의 몸 상태를 스캔해본다면, 이런 모습이 보일 것이다.

- 뇌에서 감정을 처리하는 편도체가 신경계에 위협이 있다고 경고한다. 즉, 그녀는 지금 자신이 존중받지 못하고 있다는 강한 위기의식을 느끼고 있다.
- 이에 따라 그녀의 몸은 에피네프린, 즉 아드레날린을 분비하며 싸우거나 도망치려는 반응 모드에 들어간다. 그녀는 그 반응을 따끔거리는 신체 감각으로 느끼며, 그 감각이 말투를 더욱 날카롭게 만든다.
- 동공이 확장되어 더 많은 빛을 받아들이고, 시야는 더욱 예민하게 주변에 집중한다.

- 호흡이 빨라지고 얕아지며 몸에 더 많은 산소를 공급하려 한다.
- 심장이 빨리 뛰기 시작하며 혈액이 몸 전체로 퍼져 근육을 움직일 준비를 한다. 동시에 덜 중요한 부위의 혈류는 줄어든다.
- 어깨, 목, 턱에 긴장이 쌓인다.

이 순간 가장 주목해야 할 변화는 전두엽의 기능이 억제되고 있다는 점이다. 전두엽은 이성적 사고, 의사 결정, 감정 조절 같은 고차원적 사고를 담당하는 영역이다. 이 순간에는 감정이 완전히 주도권을 쥐고 있어서 신중함이나 절제 같은 게 들어설 자리가 없다. 투쟁 또는 도피 반응은 본래 야생에서 곰을 피하거나 맞서 싸울 때 유용한 생존 시스템이지, 양육 방식을 두고 나누는 대화를 위해 설계된 것이 아니다. 그러나 지금 이 순간, 그레이스의 반응은 투쟁 쪽으로 완전히 기울어 있다.

설상가상으로, 존의 몸에서도 똑같은 흥분 반응이 일어난다. 그 역시 싸울 준비가 끝났다. 통제력을 잃어가던 그는 결국 싸움에서 이기기 위해 도화선에 불을 붙이고 만다.

"애를 진심으로 생각하는 사람이 당신뿐이라는 거야? 우리 애가 미친 당신 엄마처럼 되길 바라는 거야? 아니, 그것보다 더 나쁘지. 릴리도 당신처럼 되길 원해? 당신처럼 친구 하나 없는 외로운 인간이 되길 바라는 거냐고?"

상처 받았다는 사실이 한눈에도 역력하게 보이는 그레이스는 더 완강하게 다시 공격을 시도한다. 두 사람 모두 물러설 생각이 없다. 싸움은 계속된다. 서로를 위협으로 인식한 그들의 신체는 상대를 제거하고 싶어 한다.

언쟁이 계속되는 동안, 그레이스도 존도 자신이 무슨 말을 하고 있는지 제대로 인식하지 못한다. 왜냐하면 지금 대화를 나누고 있는 것은 진짜 그레이스와 존이 아니기 때문이다. 그들의 몸과 마음이 반응하고 있을 뿐이다. 불타오른 상태에서 오로지 위협 대상을 없애기 위해 말과 행동을 쏟아내고 있을 뿐이다.

점화 단계는 타오를 만큼 타올라야 끝난다. 두 사람 모두 지칠 대로 지친 뒤에야 싸움이 멈춘다. 그제야 둘은 자신들이 남긴 상처를 되돌아본다. 그때 존은 그레이스의 눈에 서린 고통을 본다. 자신이 선을 넘었다는 것을 깨닫는다. 그리고 마침내 냉각 단계가 찾아온다.

이 순간에 존의 몸을 스캔한다면 이런 모습이 보일 것이다.

- 육체적으로도, 정서적으로도 탈진한 상태다.
- 신경계의 흥분이 가라앉고 주의가 넓어진다.
- 심장 박동과 호흡 속도가 느려진다.
- 전두엽이 다시 활성화되어 객관적인 분석이 이루어진다.

자기 말과 행동을 되돌아보면서 곧 후회가 밀려온다. 존의 머릿속에는 이런 생각이 맴돈다. '내가 왜 그런 말을 했을까? 어떻게 이렇게까지 일이 커지게 놔둔 걸까?' 눈물을 꾹 참으며 그레이스 역시 같은 의문을 떠올린다. '왜 그렇게 폭발했지? 왜 그런 말까지 해야 했을까? 난 도대체 왜 이럴까?'

애초에 무슨 문제 때문에 시작된 싸움이었는지는 그렇게 잊힌다. 방에서 장난감을 가지고 놀던 릴리는 어느덧 바닥에서 잠들었다.

말에 찔렸을 때의 신체 반응들

대화 중 긴장감이 팽팽해지면 우리 몸의 생리적 시스템이 가장 먼저 반응한다. 자율신경계로 알려진 이 내부 시스템은 뇌, 척수, 그리고 모든 신경망을 포함한다.

이 신경계는 당신이 인지하고, 감각을 통해 외부 자극을 감지하고, 감정을 느끼고 표현하며, 행동하고, 사고할 수 있도록 해준다. 이것은 의식의 표면 아래, 곧 무의식적으로 일어나는 행동을 통제하는 영역에서 작동한다. 예를 들어, 별다른 지시가 없어도 눈은 지금 당신이 읽고 있는 페이지의 단어들을 따라 움직이고, 머릿속에서 단어들을 소리 내어 읽는다. 동시에 심장이 뛰고

숨이 쉬어지며 주위의 소리도 들린다. 갈등 상황에서 자신을 통제하려면, 자신의 몸 안에서 무슨 일이 일어나고 있는지 알아야 한다.

점화 단계와 냉각 단계를 가리키는 전문적인 용어는 자율신경계의 두 가지 작동 방식을 기반으로 한다. 당신은 언제나 이 두 가지 모드 중 하나로 상황에 반응하고 있다.

- 투쟁 또는 도피
  - 교감신경계가 담당한다.
  - 투쟁 반응은 공격이다. 주먹을 휘두르거나, 상처 주는 말을 하거나, 자신의 입장을 끝까지 고수한다.
  - 도피 반응은 벗어나려 한다. 방을 나가거나, 전화를 끊거나, 문자 메시지를 무시하려 한다.

- 휴식과 소화
  - 부교감신경계가 담당한다.
  - 휴식 반응은 회복을 원한다. 한 걸음 물러서 잠시 멈추고, 숨을 고르려 한다.
  - 소화 반응은 재충전을 원한다. 에너지를 비축하거나 연료를 채우고, 기분의 균형을 되찾으려 한다.

짐작했겠지만, 투쟁 또는 도피 반응은 점화 단계에 해당한다. 휴식과 소화 반응은 냉각 단계에 해당한다. 보통 이메일을 작성하거나 조용히 점심을 먹는 것처럼 개인적인 활동이나 혼자 하는 일을 할 때는 이러한 과정이 작동하는 것을 거의 느낄 수 없다. 이 과정들은 본능적으로 작동하기 때문이다. 하지만 다른 사람들과 함께 있고 소통이 필요해지면, 특히 갈등 상황에서는 이러한 내면의 신호들이 훨씬 더 뚜렷하게 드러난다. 이 사실이 의미하는 바는 무엇일까?

사소한 의견 충돌이나 논쟁이 일어날 때조차 우리 몸은 투쟁 또는 도피 모드에 들어간다. 우리가 생각하는 것보다 훨씬 더 자주 그렇다. 몸은 당신을 보호하기 위해 단 몇 초 만에 수백 가지 눈에 띄지 않는 변화를 일으킨다. 그 결과, 논리가 아닌 감정에 따라 행동하게 만드는 생물학적 반응이 일어난다. 일관된 사고는 억제되고, 감정은 우리가 너무도 잘 아는 방식으로 표출된다. 방어적인 발언, 비꼬는 말투, 분노 섞인 고함, 쾅 닫히는 문, 커다란 한숨, 좌절의 눈물 같은 것들 말이다.

중요한 전화를 앞두고 긴장할 때, 좋지 않은 소식을 들었을 때, 심지어 예상치 못한 칭찬을 받았을 때조차 뇌와 몸은 미세한 수준의 조정을 계속해나간다. 이러한 감정 상태의 변화는 신경계가 보내는 직접적인 반응이다. 신경계는 주변에서 감지되는 실제적인 위협이나 인지된 위협에 끊임없이 반응한다. 빠르게 뛰는 심장, 떨리는 손, 붉어진 얼굴. 이 모든 것은 몸이 밀리 초 단위로 정보를 분석하고, 그 순간 가장 적절하다고 판단한 방향으로 움직이고 있다는 신호다.

이 사실을 알고 나면 대화를 전보다 더 넓은 관점에서 바라볼 수 있다. 상대를 탓하는 대신 자신의 내면에서 일어나는 반응을 호기심 어린 시선으로 들여다보게 된다. 갈등은 성장의 기회를 제공한다. 우리를 자극하는 트리거(방아쉬)는 자기 자신을 더 깊이 이해하고 발전하도록 이끄는 배움의 출발점이 될 수 있다.

나를 아프게 하는 트리거는 무엇인가

"우리 얘기 좀 해."

이런 말을 읽거나 들었을 때, 가장 먼저 떠오르는 감정은 무엇인가? 솔직히 이런 말을 반길 사람은 없다. 이메일이든, 문자 메시지든, 직접 얼굴을 마주하는 상황이든 마찬가지다. 왜일까? 이런 말은 당신을 무엇이 기다리고 있을지 알 수 없는 불확실성 속에 빠뜨리기 때문이다.

이때 뇌는 무언가 이상이 있을 가능성이 있다고 경고하고, 그로 인해 점화 모드가 활성화된다. 최악의 상황을 예상하고 준비하는 것은 지극히 생물학적인 반응이다.

듣거나 보거나 느끼는 것 중 마음에 들지 않는 무언가를 경험할 때, 몸은 그 자극을 위협, 즉 '트리거trigger'로 인식한다. 여기서 트리거란 당신의 내면에서 강하고 부정적인 반응을 일으키는 무언가를 뜻한다. 트리거는 다양한 형태를 띠며, 개인의 성격과 어린 시절의 경험에 크게 영향을 받는다. 그러니 자신의 트리거가 다른 사람과 다르다는 이유로 문제가 있다고 생각할 필요는 없다.

트리거는 크게 신체적 트리거와 심리적 트리거로 나눌 수 있다.

1. 신체적 트리거

신체적 트리거는 의사소통을 방해하는, 가장 뚜렷하게 드러나는 트리거다. 눈에 보이는 신체적 위협이 따르므로 쉽게 알아차릴 수 있다. 누군가가 주먹을 쥐고 당신을 때리려고 하거나, 사나운 동물이 달려드는 모습이 이에 해당한다. 신체적 트리거는 환경에 대한 반응(절벽 가장자리 근처를 하이킹할 때 느끼는 긴장감), 몸이 보내는 신호(울렁거림, 탈수 상태, 극도의 피로함) 등으로 나타난다.

다른 사람과 소통할 때 몸은 본능적으로 신체적 안전에 대한 잠재적 위협을 감지하고 즉각적인 방어 반응을 끌어낸다. 다음과 같은 상황을 상상해보자.

- 부모가 당신에게 복종을 요구하며 목소리를 높이거나 날카로운 어조를 사용하는 경우
- 상사가 대화 중 당신의 코앞까지 불쑥 다가오는 경우
- 동료가 회의 중 화난 얼굴로 당신을 손가락질하는 경우
- 누군가가 갑자기 당신의 팔을 붙잡아 주의를 끄는 경우

신체적 트리거는 당신의 안전감과 안녕감에 영향을 미친다. 또한 논리적인 사고보다 즉각적인 보호 본능을 자극한다.

2. 심리적 트리거

심리적 트리거는 의사소통을 방해하는 일반적인 형태의 트리거로, 직접적이거나 예상할 수 있는 신체적 위협을 수반하지는 않는다. 쉽게 말해, 심리적 트리거는 '생각'이다. 현재 인식하거나 미래에 예상되는 생각 말이다. 이 트리거는 대개 사회적 평가, 개인 정체성, 상실 세 가지 형태로 나타난다.

사회적 평가 트리거

사회적 평가 트리거는 부정적인 평가, 거절, 굴욕에 대한 두려움과 관련 있다. 이 트리거는 사회적 상호작용을 하면서 스스로에게 던지는 질문 속에 숨어 있다.

이렇게 말하면…,
- 똑똑한 사람처럼 보일까?
- 상대가 기분 나빠하지 않을까?
- 나와 더 가까워지고 싶어 할까?

이렇게 행동하면…,
- 잘난 척하는 것처럼 보이지 않을까?
- 욕먹지 않을까?
- 관심을 받을 수 있을까?

이렇게 보이면…,
- 사람들과 잘 어울릴 수 있을까?
- 놀림거리가 되진 않을까?
- 잘나가는 것처럼 보일 수 있을까?

사회적 평가 트리거는 한마디로 다른 사람들이 나를 어떻게 생각하는지 신경 쓰는 마음이라고 할 수 있다. 사람은 누구나 호감을 얻고 인정받고 싶어 하는 본능적인 욕구가 있다.

누군가의 초대나 제안을 거절한 적이 있다면, 누군가에게 좋지 않은 소식을 전해야 했던 적이 있다면, 혹은 나만 무언가 놓치고 있는 듯한 소외감을 느껴본 적이 있다면, 당신은 이 트리거를 경험해봤다고 할 수 있다. 이는 모두 당신의 사회적 기여가 평가받는 상황이다. 타인이 당신을 어떻게 보고 판단하는지 직접적으로 마주하는 상황인 셈이다.

사회적 평가가 이루어지는 다양한 맥락을 살펴보면 빠지지 않고 등장하는 공통된 주제가 하나 있다. 바로 '취약성'이다.

개인 정체성 트리거

사회적 평가가 타인이 나를 어떻게 인식하는지에 관한 것이라면, 개인 정체성은 내가 나를 어떻게 인식하는지에 관한 것이다. 이러한 위협은 자신의 역량, 자율성, 목표, 또는 가치관에 대한 도전으로 나타난다. 이때 우리는 자신이 누구이고 무엇을 믿는가를 의심하게 된다.

- **역량 트리거**: 만약 실패하면 그것은 내가 무능하다는 뜻일까? 다른 사람에게 지적받으면 부족한 사람처럼 보일까? 예시: 늦은 나이에 다시 취직한 사람이 상사에게 업무 속도를 따라가지 못한다는 부정적인 말을 듣고 자신의 역량을 의심하게 된다.

- **자율성 트리거**: 내가 믿음직하지 못해서 일일이 간섭받는 걸까? 내 삶에 영향을 미치는 결정에 나는 아무런 발언권

이 없는 걸까?

예시: 경력이 오래된 간호사나 교사가 새로운 경영진이 자꾸 세세한 부분까지 지시하고 간섭하는 상황에서 점차 자율성을 잃어간다.

- 목적 트리거: 내 일은 과연 중요하고 의미가 있을까? 세상에 어떤 변화를 만들어내고 있을까? 아니면 그냥 아무런 목표도 방향성도 없이 그냥 시간만 보내고 있는 걸까?

    예시: 한때 일에 열정을 쏟았던 월스트리트 임원이 아이를 낳은 뒤 직장에 만연한 거칠고 천박한 대화에 불편함을 느끼며 자기 일의 의미를 고민하게 된다. 직업적 정체성과 부모라는 새로운 역할이 충돌한 것이다.

- 가치관 트리거: 내 신념이 도전받거나 무시당하는 걸까? 내가 중요하게 여기는 가치에 대해 타협하라는 압박을 받고 있는 걸까?

    예시: 남자 고위 임원이 여성 인턴에 대해 노골적으로 성적인 이야기를 하는 것을 들은 신입사원이 자신의 개인적 신념과 직장 환경 사이의 불협화음을 느낀다.

이런 상황은 '나는 어떤 사람이 되고 싶은가'라는 질문을 떠올리게 만들고, 자신의 정체성이 위협받고 있음을 자각하게 한다.

직접적인 비판이 아니더라도 자신과 깊이 연결되어 있다고 느끼는 사람이나 집단으로 인해 정체성이 흔들릴 수도 있다. 예를 들어, 자신이 지지하는 정치인을 향한 비판을 들었을 때가 그렇다. 비록 비판의 화살이 나를 겨냥한 것은 아니더라도, 그 정치인이나 정당과 자신을 동일시해왔다면 심리적 위협을 느끼게 된다. 마찬가지로 자신의 어머니를 두고 내가 농담하거나 불평할 수도 있지만, 다른 누군가가 자신의 어머니에 대해 부정적으로 말한다면 한 대 치고 싶을 정도로 화가 날 것이다. 당신의 정체성이 형성되는 데 어머니가 큰 영향을 끼쳤기 때문이다.

거절의 말도 개인의 정체성을 위협하는 것으로 받아들여질 수 있다. 누군가 당신에게 "안 돼"라고 말하거나 당신의 능력을 의심하는 말을 한다면 어떤 기분이 드는가? 이를 악물고 보란 듯이 잘 해내고 싶을 것이다. 누군가가 "왜 그렇게 했어?"라고 날카롭게 물을 때도 비슷한 반응이 나타난다. 당신의 뇌는 즉시 "내가 그렇게 하겠다고 했으니까!"라고 외치고 싶어 한다. 다른 사람이 당신의 선택이나 행동을 의심하는 게 위협적으로 느껴지는 이유는 당신의 자율성에 대한 감각 자체를 흔들기 때문이다.

개인 정체성에 대한 위협을 이야기할 때 빠지지 않고 등장하는 주제는 바로 '유능감'이다.

상실 트리거

상실 트리거는 소중한 무언가를 잃게 될지도 모른다는 두려움에서 비롯된다. 그 대상은 사람일 수도 있고, 일자리나 특정한 지위일 수도 있다. 의사소통 상황에서는 주로 관계나 지위를 잃을까 봐 느끼는 두려움과 관련이 있다.

예를 들어, 당신이 직장에서 어떤 제안을 발표하고 있는데 상사가 의문을 제기했다. 그 순간, 당신은 자신이 더 잘 알고 있다는 듯 반박하며 방어하는가? 아니면 상사의 지적을 인정하고 더 많은 비판을 받아들일 준비를 하는가? 이때 즉각적으로 떠오르는 두려움은 제안이 무산될지도 모른다는 것이지만, 그 이면에는 일자리를 잃을지도 모른다는 더욱 근원적인 두려움이 자리하고 있다.

이처럼 상실에 대한 심리적 위협은 의사소통에서 방어적이거나 지나치게 조심스러운 태도를 보이게 만든다. 또한 지나치게 설명하려 들거나, 자신의 의견을 표출하는 것을 주저하게 만들거나, 어려운 대화를 아예 피하게 만들기도 한다. 그 이유는 대개 예상되는 상실의 고통이 당장의 불편한 대립보다 더 크게 느껴지기 때문이다.

상실 트리거에서 반복적으로 나타나는 주제는 '분리'다.

트리거에 대해 읽으면서 이것들이 자신의 삶에서 어떤 모습으로 나타나는지 떠올려 보자. 만약 자신의 구체적인 트리거가 무엇인지 아직도 잘 모르겠다면, 친구나 가족에게 "내 트리거가 뭐라고 생각해?"라고 간단히 물어보면 된다. 좋은 친구이고 당신이 유머 감각을 갖추고 있다면, 기꺼이 솔직한 답을 들려줄 것이다. 이제 당신은 자신의 트리거를 알게 됐다. 의사소통을 개선하려면 이를 어떻게 활용해야 할까?

갈등 상황에서 자기 신체 반응의 변화를 알아차리는 것만으로도 매우 도움이 된다. 자신의 반응과 트리거에 대해 더 잘 이해할 수 있을 뿐 아니라, 상대가 보내는 신호도 포착할 수 있기 때문이다. 이를 '정서 지능'이라고도 하지만, 나는 '분별력'이라 부르고 싶다.

높아지는 목소리, 짜증 섞인 한숨, 굳어진 어깨 같은 미묘한 신호들을 감지하는 능력. 이는 마치 여섯 번째 감각 같다. 기분 나빠할 필요없다. 이런 신호들은 우리에게 중요한 정보를 전해준다. 상대의 감정 상태를 가늠하게 해주는 일종의 지표로 생각하자. 상대가 목소리를 높였을 때, 화를 내기보다 그 반응을 자신의 경험과 연결 지어볼 수 있다면, 우리는 몸이 점화 단계에 들어섰다는 신호를 감지하고 대비할 수 있을 것이다. 이는 당신이든 혹은 당신이 알지 못하는 어떤 상황이든 무언가가 그 사람에게 위협으로 느껴진다는 사실을 알려주는 정보인 셈이다. 그런 반응이 당신과 상대에게 불을 붙일 수 있다는 사실을 알기에 냉각을 유도하는 방향으로 대응하면 된다. 이런 접근은 대화의 온도를 더욱 정확히 파악하게 해준다. 이를 통해 자기 자신을 이해하는 만큼 상대도 더 깊이 이해하게 된다.

자신의 트리거가 어떻게 작동하는지 그 원리를 깨닫고 나면 타인의 트리거를 더 예민하게 감지할 수 있다. 상대가 목소리를 높일 때, 그것을 공격이 아니라 위협을 거둬달라는 절실한 요청임을 깨닫게 된다. 상대의 불을 끄고 싶다면, 먼저 그들의 트리거를 찾아라.

핵심 정리

- 당신 안의 트리거를 건드리는 상황은 중요한 배움의 기회가 된다.
- 모든 논쟁에는 점화 단계와 냉각 단계가 있다.
- 점화 단계에서는 투쟁-도피 반응의 신호가 활성화된다. 이를테면, 상대에게 상처 주는 말을 내뱉거나 갑작스럽게 자리를 떠나는 행동 등이 여기에 해당한다.
- 냉각 단계는 갈등의 온도가 서서히 내려가기 시작할 때 나타난다. 이를테면, 서로 이해에 이르거나 잠시 거리를 두는 행동이 여기에 해당한다.
- 우리가 알아야 할 핵심 트리거는 두 가지, 바로 신체적 트리거와 심리적 트리거다. 이 트리거들은 실제 위협이든 인지된 위협이든 신체에 영향을 미쳐 점화 상태를 유발한다. 자신의 트리거를 이해하면, 어떤 부분을 다듬어야 하고 어떤 부분을 피해야 할지 알 수 있다.
- 자신의 트리거가 어떻게 작동하는지 파악하면 타인의 트리거를 더 예민하게 감지할 수 있다. 상대가 목소리를 높일 때, 그것을 공격이 아니라 위협을 거둬달라는 절실한 요청임을 깨닫게 된다. 상대의 불을 끄고 싶다면, 먼저 그들의 트리거를 찾아야 한다.

5장

대화의 주도권을 선물하는, 잠시 멈춤의 힘

텍사스 동부 지역에는 키 큰 소나무들이 자란다. 수풀로 우거진 숲은 너무 빽빽해서, 몇 미터 앞조차 제대로 보이지 않을 정도다. 어릴 적, 친구들과 서바이벌 게임이라도 하듯 숲속에 길을 내고, 아지트를 만들고, 개울에서 놀았다. 그 숲에서의 추억은 지금도 소중하게 남아 있다.

키 큰 나무에 둘러싸여 사는 것이 가장 좋을 때는 비가 올 때다. 평평하고 탁 트인 곳과 달리 숲 속에서는 폭풍이 몰려오는 모습을 미리 볼 수는 없다. 눈에만 의존한다면, 폭풍이 다가오고 있다는 사실을 미처 알아채지 못할 수도 있다. 하지만 비가 곧 내릴 것임을 몸이 먼저 알아차린다.

시간이 멈춘 듯, 주변이 고요해진다. 숲과 동물들이 숨을 죽인다. 기온이 내려가고, 바람을 타고 나뭇잎 부스럭거리는 소리가 점점 가까워진다. 피부에 서늘한 기운이 스치고, 공기에 전기가 감도는 듯한 긴장감이 흐른다. 그리고 어디선가 비 냄새가 풍겨온다. 바로 이 순간, 폭풍이 닥치기 직전의 고요 속에서 세상은 마치 정지한 듯 멈춰 선다. 손에 닿을 듯 긴장감이 서서히 고조된다. 자연은 마치 폭풍을 쏟아낼 완벽한 타이밍을 기다리는 듯하다.

모든 말다툼에는 이 같은 팽팽한 침묵이 깃들어 있다. 갈등이 시작되기 직전, 감정의 기류는 분명히 달라진다. 침묵이 지나치게 길어지거나, 말투가 미묘하게 바뀐다. 단어의 선택이 문맥에 어긋난 듯 이질적으로 느껴진다.

갈등이 곧 터질 것임은 감각으로 안다. 자신이든 상대든 어느 한쪽이 곧 무너질 듯한 기운이 맴돈다. 마치 롤러코스터가 첫 번째 낙하를 앞두고 잠시 멈춰 있는 그 아슬아슬한 순간처럼. 이 순간이야말로 말다툼에서 가장 중요한 통제의 기회를 놓치게 되는 지점이다. 왜냐하면 당신은 상대를 어떻게 통제할지에 몰두한 나머지, 정작 자신을 통제하는 데에는 전혀 주의를 기울이지 않기 때문이다. 당신은 지금 어떤 말로 이야기를 시작할지 계산하느라 바쁘다. 당신은 지금 상대를 나무라거나 훈계할 준비에 열중하고 있다. 다가오는 갈등을 그저 전투 개시의 신호로만 인식한 탓에 그 갈등을 주도할 중요한 순간을 흘려보내고 만다. 그러나 바로 이 순간이야말로 어떤 말다툼에서도 주도권을 쥘 수 있는 결정적인 기회다. 잠시 멈춤이 필요한 순간이다.

사람들은 이 미묘한 순간을 자주 놓친다. 아니, 그런 순간이 있다는 것조차 인식하지 못한다. 이 순간을 인식한다면 갈등이 시작되기도 전에 보이지 않는 우위를 점할 수 있다. 폭풍이 닥치기 직전의 고요만큼 통제권을 쥘 수 있는 좋은 기회는 없다. 그러니 그 순간을, 상대를 겨냥한 말이나 전략을 준비하는 데 쓰지 말고 자신을 다잡는 데 사용해야 한다.

앞 장에서는 격한 말다툼 속에서 우리의 몸이 어떻게 반응하는지 살펴봤다. 이제 다음 단계는, 그런 신체 반응을 능동적으로 활용할 도구를 갖추는 것이다. 이 도구들은 누구나 곧바로 사용할 수 있다. 그리고 그 효과는 오래 지속된다. 게다가 이러한 전략을 자주 활용할수록 더 큰 주도권을 가질 수 있다.

혼란스러운 대화 속에서도 중심을 잃지 않기 위해 내가 개발한 가장 효과적인 도구는 다음 세 가지다.

- 첫 번째 말은 '호흡'이다.
- 첫 번째 생각은 '퀵 스캔'이다.
- 첫 번째 대화는 '가벼운 이야기(스몰 토크)'다.

비처럼 말다툼도 피하는 게 쉽지 않다. 하지만 빠르고 효과적인 세 가지 전략을 활용한다면 단지 갈등을 견디는 데 그치지 않고, 갈등이 점화되는 것을 막고 대화의 흐름과 결과까지 주도할 수 있다.

첫 번째 말은 '호흡'이다

얼마 전, 나는 교통사고 사건의 의뢰인 엘리자베스의 증언 녹취 절차에 변호인으로 동석했다. 상대 변호사는 사람들의 심기를 건드리기로 악명이 높았다. 나 역시 그의 도발에서 자유로울 수 없었다.

그와는 예전에도 여러 차례 부딪힌 적 있었기에 그의 전략을 잘 알고 있었다. 그의 목표는 엘리자베스의 신뢰도를 떨어뜨리는 것이었다. 그녀가 말실수를 하거나 엇나간 말을 하게 만들고, 감정적으로 격해져 부정적인 반응을 보이게 하는 것. 그렇게만 유도할 수 있다면 그녀를 훨씬 쉽게 통제할 수 있고, 결국 사건의 판도에 더 큰 영향을 미칠 수 있을 것이기 때문이다.

이런 상황을 잘 알고 있었기에 나는 엘리자베스와 몇 시간 동안 신문을 준비했다. 그녀를 훈련시키기 위해 말투를 바꿔 상대 변호사의 어조를 그대로 흉내 냈다. 질문을 빠르게 쏟아내고,

숨 돌릴 틈 없이 몰아붙이며 최대한 빠른 반응을 유도했다.

나는 거칠고 급한 목소리로 물었다.

"그러니까 다른 차를 볼 시간은 있었던 거죠?"

엘리자베스는 멍한 눈으로 나를 바라봤다.

나는 짜증 난 척하며 얼굴을 찌푸렸다. 그러곤 목소리를 높여 물었다.

"답하세요, 카슨 부인. 간단한 질문이잖아요. 예, 아니오로만 대답하세요. 그럴 시간이 있었습니까, 없었습니까?"

내가 거세게 몰아붙이자 그녀는 얼어붙었다. 점화 단계에서 흔히 나타나는 반응이다. 그녀는 자동차 불빛에 놀라 멈춰 선 사슴 같았다. 긴장한 탓에 목소리는 떨렸고, 눈에는 눈물이 맺혔다. 이 모든 것은 지극히 자연스러운 신체 반응이다. 나는 그녀에게 왜 그런 반응이 나타나는지, 그리고 몸이 공격적인 태도에 어떻게 반응하는지 설명했다. 그리고 그녀가 가장 자주 활용하게 될, 아주 중요한 개념 하나를 알려주었다.

"당신의 첫 번째 말은 '호흡'입니다."

지금 이 순간부터, 말을 꺼내기 전, 문장의 첫 단어를 말하기 전에 먼저 숨을 들이쉬어라. 즉, 말의 시작 자리에 호흡을 둬라. 잠시 멈춰라. 숨을 하나의 단어처럼, 대화의 일부처럼 의식적으로 떠올리는 이 연습은 조절된 호흡을 가능하게 한다. 호흡은 신체와 감정을 다스리는 마법이다. 첫 단어를 입밖으로 내기에 앞서 먼저 숨을 들이쉬는 것만으로도 대화의 시작부터 주도권을 쥘 수 있다. 가장 중요한 순간은 바로 처음 2초다. 이 짧은 시간이 점화 단계의 반응이 커지는 것을 막아준다.

'호흡 훈련', '호흡 조절', '의식적 호흡' 같은 표현들은 호흡에 의도를 담는다는 단순한 개념을 조금 근사하고 복잡하게 풀어쓴 말에 지나지 않는다. 예를 들어, 지금까지 이 글을 읽는 동안 당신은 아무 문제 없이 숨을 쉬어왔을 것이다. 숨이 폐 안으로 얼마나 들어오고 나가는지 의식할 필요조차 없었다. 그런데 내가 지금 숨을 들이마신 뒤 5초간 멈췄다가 내쉬라고 말한다면? 축하한다. 당신은 이제 '호흡 조절'을 시작했다. 몸을 통과하는 공기에 의식을 집중하기 시작했다.

자, 이제 나와 함께 깊게 숨을 들이쉬고, 최근에 스트레스를 받았던 대화를 떠올려보자. 그때 당신의 호흡은 어땠는가? 말다툼 중에는 보통 두 가지 호흡 반응이 나타난다. 빨라지거나, 아예 멎어버린다. 둘 다 바람직하지 않다.

호흡이 빨라지는 것은 점화 단계가 시작됐다는 신호다. 도망치거나 싸울 준비를 하면서 근육에 더 많은 산소가 필요해지므로, 몸은 자동으로 숨을 더 빠르게 쉬게 된다. 그렇게 들이마시는 산소가 많아지면, 심장은 그 산소를 온몸에 공급하기 위해 더 빠르게 피를 내보내야 하고, 그 결과 심박수가 올라간다. 이렇게 호흡이 가빠지면 사고력과 언어 능력 같은 인지 기능이 떨어진다.

호흡이 멎으면 질식하거나 물에 빠진 듯한 느낌이 밀려온다. 어떤 면에서는 실제로 그런 상태라고 할 수 있다. 빠른 호흡이 체내에 산소가 과도하게 쌓이게 만든다면, 거의 숨을 쉬지 않거나 멈춘 상태는 이산화탄소가 지나치게 축적되는 결과를 낳는다. 이는 숨을 제대로 내쉬지 못하기 때문에 발생하는 현상이다. 숨을 참거나 얕게 쉬는 것도 마찬가지로 해롭다. 긴장이 높아질수록 인지 기능은 점차 저하된다. 이런 악순환을 막으려면 호흡의 균형이 무엇보다 중요하다.

자, 다시 엘리자베스 이야기로 돌아가보자.

진술서를 작성하던 날, 엘리자베스는 훌륭하게 출발했다. 말투는 차분했고, 목소리에는 떨림이 없었다. 하지만 시간이 흐르면서 그녀가 점차 자신감을 잃고 있다는 게 느껴졌다. 목소리가 떨리기 시작했고, 대답은 점점 빨라졌으며, 표정에는 짜증이 서렸다. 점점 방어적으로 변했고, 대화의 주도권을 놓쳐버렸다. 그러던 중, 뜻밖의 일이 일어났다. 내가 5분간 휴식을 요청하려는데, 그녀가 먼저 움직였다.

상대 변호사가 고개를 앞으로 내밀며 몰아붙였다.

"그날 당신은 전혀 주의를 기울이지 않았다고 봐도 되겠죠?"

엘리자베스는 깊이 숨을 들이쉬고, 어깨를 축 늘어뜨린 뒤,

아주 짧은 순간을 스스로에게 허락하고는 침착하게 말했다.

"아니요."

그 순간, 나는 상대 변호사가 알아채지 못한 한 가지를 분명히 알 수 있었다. 그녀의 첫 번째 말은 "아니요"가 아니었다! 그보다 먼저 나온 것은, 그녀의 숨이었다. 상대의 질문과 자신의 대답 사이에 생긴 그 잠깐의 여백을 활용해 마음을 가다듬으면서 엘리자베스는 대화의 흐름을 다시 자신의 손에 쥐었다.

"왜요? 제 질문이 마음에 안 드십니까?"

상대 변호사가 다시 날카롭게 몰아붙였다.

엘리자베스는 차분하고 당당한 모습으로 미소를 지으며 고개를 저었다.

"아니요, 질문은 아주 좋았어요."

그녀는 또박또박, 천천히 말했다. 그 말을 들은 상대 변호사는 어리둥절한 듯 고개를 갸웃했다. 엘리자베스가 말을 이었다.

"명확하게 말할 기회를 주셔서 감사해요. 다시 말씀드리지만, 제 대답은 '아니요'예요. 그렇게 단정 짓는 건 옳지 않아요."

맥이 빠진 상대편 변호사는 다음 질문을 떠올리려 애쓰며 말을 더듬었다. 엘리자베스가 예상한 반응을 보이지 않자 그는 몇 가지 무의미한 질문을 던지고는 서둘러 대화를 마무리했다. 나는 엘리자베스를 보며 흐뭇하게 미소 지었다. 상대의 질문을 통제할 수 없자 그녀는 대신 자신을 통제하기로 선택한 것이다.

평정을 지켜주는 잠시 멈춤 호흡법

말문을 여는 숨을 나는 '대화 속 호흡'이라 부른다. '대화 속'이라는 표현을 쓰는 이유는, 이 호흡이 자연스러운 대화 흐름 속에서도 얼마든지 실행 가능하기 때문이다. 잘만 활용하면 이 호흡은 지극히 자연스러운 숨쉬기로 보인다. 상대에게 어색하게 비치지 않으면서도 언제든 쓸 수 있는 유용한 기술이다. 이 호흡이 가장 효과적인 순간은 상대의 말을 듣고 있을 때나 대답하기 직전이다.

그럼, 대화 속 호흡은 어떻게 하는 건지 알아보자.

1. 먼저 코로 천천히 2초 동안 숨을 들이쉰다.
2. 숨을 들이쉰 상태에서 다시 한번 코로 짧게 1초 동안 숨을 들이쉰다. 이렇게 총 3초에 걸쳐 숨을 들이쉰다.
3. 그런 다음, 코로 6초 동안 천천히 숨을 내쉰다. 이때는 들숨보다 날숨이 두 배 정도 길어야 한다.

이 호흡을 최소 두 번 반복하거나, 대화 중 필요할 때마다 반복한다.

대화 속 호흡은 다양한 효과가 있다. 이 효과들은 모두 과학적 연구와 극도로 스트레스가 심한 상황에서 호흡을 숙련된 방식으로 다루는 사람들의 실제 경험을 통해 증명된 바 있다. 대화 속 호흡에는 과학적으로 입증된 세 가지 핵심 요소가 함께 작용한다. 이에 따라 느리고 안정된 호흡을 일정한 리듬으로 반복할 수 있고, 그 결과 마음이 차분해지고 집중력이 유지된다.

당신의 첫마디가 '숨'일 때는, 다음과 같은 방식으로 호흡하자.

1. 호흡을 늦추려면, 코로 숨을 쉬어라

입으로 숨을 쉬면 공기가 거의 저항 없이 드나들기 때문에 들숨과 날숨의 횟수가 자연스럽게 늘어난다. 그 결과, 호흡이 점점 빨라진다. 알다시피 빠른 호흡은 신체가 점화 단계에 들어섰다는 신호다. 입으로 이루어지는 호흡을 그대로 두면, 만성적인 불안과 스트레스 상태에 머무르게 된다.

반면, 코로 숨을 쉬면 공기 저항이 훨씬 크기 때문에 호흡 속도가 느려진다. 간단한 실험을 해보자. 크게 숨을 들이쉰 뒤, 평소처럼 입으로 내쉬어보자. 이번에는 다시 숨을 들이쉰 다음, 입술을 살짝 모아 휘파람을 불 듯 천천히 내쉬어보자. 어땠는가? 두 번째 방식에서는 입구가 좁아졌기 때문에 공기가 훨씬 더 느리게 빠져나갔을 것이다.

코의 기도는 입보다 훨씬 좁아서 코로 숨을 쉬면 자연스럽게 호흡이 느려지고 깊어진다. 게다가 코 안의 구조는 들이마시는 공기를 걸러내고, 따뜻하게 데우며, 적절한 습도를 더해주는 역할을 하도록 만들어져 있다. 또한 코로 숨을 쉴 때는 횡격막이 더 많이 사용되어 공기가 폐 깊숙이 도달하게 된다. 이렇게 하면 숨이 더 깊고 풍성해지는데, 들숨이 깊어질수록 분당 호흡 횟수가 줄어들어 점화 반응의 징후를 미리 방지할 수 있다.

이제 몸이 산소로 충분히 채워졌으니, 목적과 의도를 담아 공기를 내보내보자.

2. 평정을 유지하려면, 숨을 더 길게 내쉬어라

스탠퍼드 의대가 2023년 발표한 연구 결과에 따르면, '생리적 한숨physiological sigh'이라 불리는 호흡법은 실시간으로 스트레스를 줄일 수 있는 가장 효과적인 방법이다. 이 호흡법은 평소의 호흡에 의도적이고 조절된 한숨을 더하는 방식으로 이뤄진다.

구체적으로 살펴보자. 먼저 두 번에 걸친 들숨으로 시작한다. 코로 자연스럽게 숨을 들이쉰 뒤, 한 번 더 짧고 날카롭게 들숨을 추가한다. 그다음에 입으로 길고 천천히 숨을 내쉰다. 숨을 내쉴 때는 들숨보다 두 배가량 길게 내쉰다. 두 번에 걸친 들숨은 폐를 완전히 팽창시키고, 이어지는 긴 날숨은 우리가 깊이 한숨을 쉴 때 나오는 "아—" 소리와 유사한 효과를 만들어낸다.

이처럼 숨을 길게 내쉬는 방식은 혈압을 낮추고, 체내 스트레스를 줄이는 데 효과적이다. 또한 날숨을 충분히 길게 내쉬면 다음 들숨에 더 많은 산소를 받아들일 수 있다. 또한 이산화탄소가 적절히 배출되어 호흡의 균형이 유지된다.

다른 호흡법과 비교한 결과, 생리적 한숨은 불안을 가장 크게 완화하고, 기운을 가장 크게 끌어올리며, 호흡수까지 낮추는 것으로 확인됐다. 이러한 효과를 직접 경험하려면 들숨보다 길게, 가능하다면 두 배 정도 길게 숨을 내쉬는 것이 핵심이다.

깊은 호흡을 마친 지금, 당신은 전보다 훨씬 차분해지며 몸과 마음을 더 안정적으로 다룰 수 있게 됐다. 그러나 호흡 이후에 내놓을 한마디까지 완전히 주도하려면, 반드시 거쳐야 할 마지막 단계가 하나 더 남아 있다.

3. 마음을 맑게 하려면, 규칙적인 리듬으로 호흡하라

호흡이 언어적 갈등을 다루는 데 별 도움이 되지 않는다고 여길 수도 있지만, 극한의 신체 상황을 견뎌내야 하는 이들이 이 방법을 어떻게 활용하고 있는지 알고 나면 생각이 달라질 것이다. 특수부대 네이비 실 대원들은 리듬 호흡의 중요성을 절감해 '전술적 호흡tactical breathing'이라 부르는 특별 훈련을 한다.

전투 중에는 아드레날린이 급격히 분비돼 심박수가 치솟는데, 이런 생리적 변화는 운동 능력을 순식간에 떨어뜨려 생사를 가를 수도 있다. 이런 반응을 억제하기 위해 네이비 실 대원들은 들숨과 날숨을 일정한 박자에 맞춰 반복하는 리듬 호흡을 활용한다. 대표적인 예가 '박스 호흡box breathing'이다. '숨 들이쉬기─멈추기─내쉬기─다시 멈추기'를 각각 4초씩 유지한다. 이렇게 호흡에 규칙성을 부여하면 심박수가 낮아지고 집중력이 높아진다. 군인들이 구보하며 "원, 투, 스리, 포"라고 구호를 외치는 것도 같은 이유다. 숫자를 세며 발걸음을 맞추면 보폭이 일정해질 뿐 아니라 호흡 역시 한 박자로 정돈된다. 이런 반복적 패턴은 폐에서 이산화탄소를 효과적으로 배출하게 해줘 과호흡이나 불규칙 호흡을 예방할 수 있다.

군인, 법 집행관, 구조대원, 권투 선수, 전투기 조종사, 무술가처럼 극한의 스트레스에 자주 노출되는 이들에게 호흡 기술은 임무 수행 능력과 생존을 좌우하는 핵심 역량이다. 당신도 예외가 아니다. '대화 속 호흡'을 활용하면 의도적 호흡이 주는 긍정적 효과를 극대화할 수 있다. 이 호흡법은 다음 행동을 준비할 발판을 마련해주며, 몸과 반응을 더욱 주도적으로 다룰 수 있게 해준다.

감정을 다독여주는, 퀵 스캔

방 안은 어둡고 차분했다. 어머니가 쓰시던 에센셜 오일 디퓨저 향이 은은히 퍼져 있었다. 로스쿨 동기들과 내가 조용해지자, 요가 강사는 짧은 명상으로 시작하겠다고 말했다. 나는 눈썹을 치

켜올렸다. '명상? 그 명상이라고? 그러니까 '음—' 하고 허밍하는 거?' 속으로 중얼거리며 고개를 갸웃했다. 요가는커녕 명상을 해본 적도 없으니 당황스러울 만했다. 텍사스 시골 마을에서 명상이 유행할 리 없으니까.

　우리는 매트 위에 앉아 눈을 감고 깊이 숨을 들이쉬고 내쉬는 데 집중하며 수업을 시작했다. 생각보다 쉬워 보여서 나도 할 수 있겠다 싶었다. 몇 분간 호흡을 이어간 뒤 강사는 '보디 스캔 body scan'이라는 동작을 알려주며 눈을 감은 채 발끝에서 머리 꼭대기까지 몸을 천천히 마음속으로 훑어보라고 지시했다.

　강사의 말대로 따라 해봤지만 어색할 뿐이었다. 내가 뭔가 잘못하고 있는 걸까? 나는 한쪽 눈을 살짝 뜨고 방 안을 둘러봤다. 다른 사람들은 모두 잘 따라가는 듯했다. 그때 강사가 몸의 소리에 귀 기울이려면 아주 고요해야 한다고 말했다. 솔직히 그 말이 무슨 뜻인지조차 알 수 없었다. 나는 다시 눈을 감고 깊게 숨을 들이쉬며 마음을 가라앉힌 뒤, 무언가 찾아보려 애썼다. 그리고 기다렸다.

　천천히 몸을 머리부터 스캔해가자, 이전에는 느끼지 못했던 몸속 감각들이 하나둘 감지됐다. 얼굴과 귀 뒤에 맺힌 긴장, 잔뜩 올라간 어깨, 굳게 다문 턱, 얕고 고르지 못한 호흡. 이런 신호를 지금까지 어떻게 놓쳤을까? 내 몸이 스트레스를 이만큼이나 고스란히 품고 있었는데도 전혀 자각하지 못했다.

나는 곧바로 얼굴과 어깨 근육을 이완시키고 자세를 바로잡았다. 폐를 가득 채우도록 깊게 숨을 들이쉰 뒤, 강사의 인도에 따라 가장 먼저 떠오른 감정에 이름을 붙였다. 머릿속에 선명하게 떠오른 단어는 '압박감'이었다. 순간, 큰 안도감이 밀려왔다. 동시에 모든 것이 내 통제 아래 있다는 확신이 들었다. 변호사 자격 시험을 앞두고 있었지만 마음이 훨씬 가벼워졌고, 불안도 눈에 띄게 줄어들었다.

수업이 끝난 뒤에도 보디 스캔이라는 개념은 내 머릿속을 떠나지 않았다. 요가 수업을 거듭할수록 스캔 실력은 눈에 띄게 늘었다. 스트레스가 숨어 있는 방식에 놀라워하며, 스캔할 때마다 몸과 마음이 한결 가벼워지는 재미를 느꼈다.

금세 속도가 붙었다. 들숨이 최고점에 이르면 잠깐 눈을 감아 전신을 재빨리 스캔하고, 날숨에 맞춰 눈을 뜨는 것까지 익숙하게 진행할 수 있었다. 몸이 스트레스가 숨어 있는 지점을 더 빨리 알려주자, 이를 해소하는 속도도 한층 빨라졌다. 감정에 이름을 붙이는 일 역시 훨씬 쉬워졌다. 요가 스튜디오에서 연습할 때는 5분이나 걸렸는데, 이제는 2초면 몸과 마음을 재설정하는 '퀵 리셋'이 가능해졌다.

나는 이 과정을 '퀵 스캔'이라 부르며 지금도 다양한 상황에서 활용하고 있다. 수업이나 시험 중 자리에 앉아 있을 때는 '걱정', 빨간 신호에 멈춰 섰을 때는 '초조', 집 부엌 식탁에서 공부할 때는 '압도감'처럼 그때그때 느껴지는 감정에 이름을 붙였다. 긴장감이 고개를 들 때마다 퀵 스캔이 그것을 스르르 녹여준다.

나는 곧 깨달았다. 어려운 대화를 시작하기 전이나 대화 도중에 퀵 스캔을 하면, 대화가 훨씬 부드럽게 흘러갈 뿐 아니라 상대가 그 사실조차 눈치채지 못한다는 것을. 그 결과, 내 반응을 훨씬 더 주도적으로 조절할 수 있게 됐다. 내 몸이 보내는 감각과 신호에 세심하게 귀 기울이고 조율하는 능력은 내 소통 방식을 근본적으로 바꾸어놓았다. 논쟁이나 갈등 속에서 내 몸이 트리거를 감지할 때마다 나는 퀵 스캔을 통해 그 긴장을 풀고 침착함을 유지하도록 훈련해나갔다.

물속에 있으면서도 산소가 끊임없이 공급되는 듯한 느낌이었다. 숨을 쉬기 위해 수면 위로 올라갈 필요가 전혀 없었다. 퀵 스캔 덕분에 대화가 요구하는 목표와 가치에 내 마음을 한층 더 정확하게 맞출 수 있었다.

퀵 스캔 방법

퀵 스캔은 네 단계로 이루어진다. 하지만 자주 연습할수록 그 단계를 하나하나 따로 의식하지 않게 되고, 결국 몸에 자연스럽게 배게 된다.

　1. 호흡: 대화 속 호흡으로 시작한다. 숨을 들이쉴 때 복부까

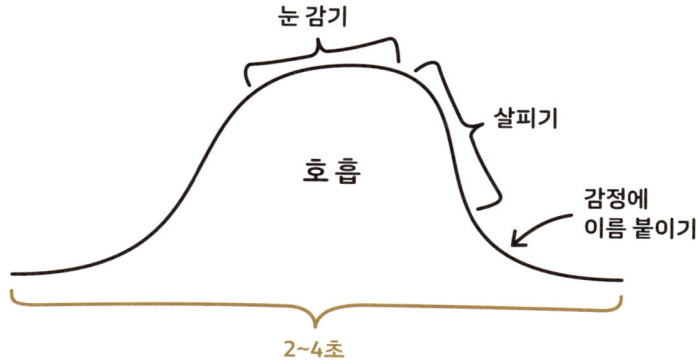

지 넓게 확장되도록, 마치 배꼽에 실이 매달려 바깥에서 부드럽게 당겨지는 듯한 느낌에 집중한다.

2. 눈 감기: 들숨이 정점에 이르러 폐가 가득 찼을 때, 1~2초 동안 눈을 감는다. 천천히 눈을 깜빡이는 것처럼 보이면 된다.

3. 살피기: 숨을 길게 내쉬면서 몸 어딘가에 숨어 있는 긴장의 흔적을 느껴본다. 뻣뻣하거나 불편한 부위가 있다면 그곳에 의식적으로 날숨을 보내며 긴장을 풀어준다. 이때 눈은 뜬 상태를 유지한다.

4. 감정에 이름 붙이기: 그 순간 마음에 떠오르는 감정을 조용히 말로 옮긴다. 가능하면 한 단어로 표현하는 것이 좋다. 정답도 오답도 없으니, 직감에 따라 이름 붙이면 된다.

퀵 스캔의 목적은 두 가지다.

- 대화 속 호흡과 함께할 때, 퀵 스캔은 머리를 맑게 하고 사고력을 높여준다.
- 동시에 감정을 스스로 조절할 수 있도록 해준다.

퀵 스캔에 익숙해지면, 운동 중 물을 한 모금씩 마시는 것처럼 자연스럽고 익숙한 습관이 된다. 퀵 스캔을 하면서 집중력과 마음의 여유를 유지할 수 있게 된다. 이는 자신을 중심에 두고 내면을 들여다보는 작지만 강력한 마음 챙김 연습이다. 신체 감각에 대한 인식이 높아지면 감정 조절 능력도 함께 향상된다. 감정에 휩쓸리지 않고 한 걸음 물러나 자신의 상태를 차분히 관찰할 수 있기 때문이다.

퀵 스캔에 익숙해지면 실제 대화에서도 이를 자연스럽게 활용할 수 있다. 이때 4단계에서 마음속으로 이름 붙인 감정을 말로 풀어내는 열쇠가 바로 "~느껴져"이다. 예를 들어, '나는 화가 났다'고 속으로만 되뇌는 대신 "내가 분노를 느끼고 있다는 게 느껴져"로 바꿔 표현한다. 감정을 안에 가두고 있으면 스트레스가 쌓여 점화 단계로 이어지지만, "~느껴져"라고 말로 표현하면 감정을 외부로 흘려보낼 수 있게 된다. 화가 났을 때는 이렇게 소리 내어 말해보자. "지금 내 기분이 상한 게 느껴져." 혹은 다음과 같이 바꿔 말할 수도 있다.

- 불쾌함: "지금 내 기분이 썩 좋지 않은 게 느껴져. 이 얘기는 나중에 다시 하면 어때?"
- 위협감: "지금 압박감을 느끼고 있어. 조금 가라앉힐 시간이 필요해."
- 좌절감: "점점 답답해지고 있어. 잠깐 쉬는 게 좋을 것 같아."
- 초조감: "아직 이 대화를 할 마음의 준비가 안 된 것 같아."
- 불안정함: "대화하는 것 자체는 고맙지만, 아직 내가 더 곱씹어봐야 할 부분이 있는 것 같아."
- 압도당함: "지금 좀 벅차다는 게 느껴져. 하나씩 차근차근 이야기해도 될까?"
- 혼란스러움: "아직 네 말이 좀 헷갈려. 다른 방식으로 설명해 줄 수 있을까?"
- 긴장감: "결정을 앞두고 약간 긴장되는 게 느껴져. 세부 사항을 다시 한번 살펴보고 싶어."
- 우울함: "지금 마음이 조금 가라앉아 있어. 잠시 혼자만의 시간이 필요해."
- 피로감: "지금은 내 컨디션이 최상이 아니야. 잠깐 쉬었다가 다시 이야기하자."

퀵 스캔을 통해 발견한 내용을 말로 표현하면, 지금 자신에게 무슨 일이 일어나고 있는지, 감정의 나침반이 어디를 향하고 있는지 선명하게 알 수 있다. 그만큼 또렷이 자각하게 된다. 동시에 솔직하고 직접적으로 자신의 필요를 드러냄으로써 대화에 투명함과 진정성을 더할 수 있다.

퀵 스캔은 자신을 붙잡고 내면을 빠르게 훑어보는 최고의 방법이다. 여기에 스캔 결과를 소리 내어 말하는 과정을 더하면, 불안은 자신감과 강인함으로 바뀐다. 주체적으로 감정을 드러내는 순간, 통제력은 자연스럽게 따라온다.

몇 초 사이에 대화 속 호흡과 퀵 스캔을 마쳤다면, 이제 마지막 단계에 단 1초만 더 투자하면 된다. 그 1초가 바로, 해야 할 말을 정확히 꺼낼 수 있는 용기를 선물한다.

타인은 통제하지 못해도 순간은 통제할 수 있다

신참 변호사 시절 이야기다. 나는 첫 재판을 앞두고 상대 변호사에게 완전히 압도당했다. 예의 바르고 적당히 친절한 그는 경력이 30년도 넘는 베테랑이었다. 그는 자신이 유능하다는 사실을 잘 알고 있었다. 나 역시 변론 실력에 자신이 있었지만, 첫날 변론에서는 정신을 또렷하게 유지하는 데 애를 먹었다. 긴장한 탓에 말이 빨라지고 호흡도 가빠졌다. 반대 신문 때는 증인의 말 속에 숨어 있는 유익한 정보를 듣기보다 내가 다음에 무슨 말을 해야 할지에만 몰두한 나머지 그 순간을 제대로 살리지 못했다.

나는 자책했다. 그 순간 내가 무엇을 하고 있는지 분명히 알고 있었지만, 생각을 가다듬기 위해 잠시 숨을 고르거나, 지금 이 순간에 집중하려는 의식적인 노력이 부족했던 탓에 상황을 주도하지 못했다. 집으로 돌아오는 길에 하루를 되짚으며 혼잣말을 내뱉었다. 그렇게 말을 이어가다 보니, 유독 또렷하게 귀에 남는 짧은 문장 몇 개가 머릿속에 맴돌았다. 나는 그 말들을 반복했다.

"그냥 나답게 하는 거야."

"결정적인 순간이 올 때까지 기다리자."

"사실이 진실을 말하게 하자."

내가 '스몰 토크'라고 부르는 것은 이렇게 시작됐다. 이 짧은 문장들은 나에게 스스로를 잊지 말라고, 증언 속 빈틈이 드러날 때까지 차분히 기다리라고, 그리고 지나치게 나서기보다 사실이 스스로 말하게 하라고 일깨워주었다.

다음 날 아침, 나는 그 문장들을 노트 맨 위에 적어두었다. 실제로 그 스몰 토크들을 떠올리며 재판에 임하자 내 태도와 마음가짐은 그야말로 확연히 달라졌다. 불안감은 줄어들고, 자신에 대한 확신은 훨씬 커졌다. 조급하지 않았고, 흐름에서 어긋난다는 느낌도 들지 않았다. 지금도 나는 노트 맨 위에 스몰 토크 한

줄을 적지 않고는 결코 재판에 들어가지 않는다.

마음가짐은 말에서 시작된다. 입 밖으로 꺼내는 순간, 그 말은 상대에게만 영향을 주는 것이 아니라 나 자신에게도 그대로 되돌아온다. 최근의 신경과학과 심리학 연구에 따르면, 우리가 생각을 구성할 때 사용하는 언어, 즉 머릿속에 떠올리는 실제 단어들은 감정과 태도에 깊은 영향을 미치며, 결국 우리의 현실까지도 바꾸어놓는다.

나는 의뢰인들에게 자신감 있는 마음가짐을 심어주기 위해 스몰 토크를 활용해보라고 권한다. 눈치챘겠지만 여기서 말하는 스몰 토크란, 자기 자신과 나누는 짧은 대화를 의미한다. 자신에게 힘을 실어주는 한 문장, 마음의 균형이 흔들릴 때 중심을 잡아주는 한 문장이다. 스몰 토크는 긍정 확언과 비슷하지만, 차이가 있다. 긍정 확언은 "나는 사랑받는 사람이다", "나는 이대로 충분한 존재다"처럼 정체성이나 자기 확신에 대한 추상적인 진술이다. 반면 스몰 토크는 보다 구체적이고 실제 상황과 밀접하게 연결되어 있다. 예를 들어 "호흡부터 시작하자" 같은 말이 그것이다.

또한 스몰 토크는 강력한 기억 회상 도구다. 더 큰 자신감을 느끼고 싶을 때든, 방어적인 반응을 피하고 싶을 때든, 사소한 일에 얽매이지 않겠다고 다짐할 때든 원하는 마음가짐으로 자신을 연결해준다. 스몰 토크는 현실이라는 '경기장'에 나서기 전, 스스로에게 건네는 짧은 한마디이자 마음을 가다듬고 전략을 세우는 내면의 작은 작전 회의다.

나만의 스몰 토크 만드는 법
스몰 토크를 만드는 방법은 생각보다 간단하다. 몇 가지 기본 원칙만 기억하면 된다.

목표와 연관 지어라
2장에서 살펴봤듯, 어려운 대화를 시작하기 전에는 대화의 목표와 가치를 분명히 파악해둬야 한다. 스몰 토크를 그 목표와 연결하면 원하는 상호작용의 결과를 더욱 확고히 지지하고 흔들림 없이 이끌 수 있다.

스몰 토크는 대화를 원하는 방향으로 이끌겠다는 결심을 더욱 굳히고, 그 방향에 힘을 실어준다. 목표가 자신감 있게 의견을 표현하는 것이라면, 그 다짐을 떠올리게 해줄 자신만의 스몰 토크를 만들어보자. 예를 들면, "당당하게 말하자" 같은 문구가 될 수 있다. 논쟁 없이 대화를 마무리하는 것이 목표라면, 그 결과를 이끌어낼 수 있도록 돕는 스몰 토크를 만들어야 한다. "이해하려고 노력하자" 같은 문구가 될 수 있다. 이 말은 적극적인 경청과 공감을 북돋아 갈등에 휘말리는 대신 상대의 관점을 이해하는 데 집중하도록 이끌어준다.

이처럼 목표에 맞춰 설계된 스몰 토크는 대화에서 이루고자 하는 바를 끊임없이 되새겨주는 개인적인 신호이자 명령어 역할을 한다. 덕분에 대화의 핵심 목표에 끝까지 발을 맞추며, 특히 감정이 격해지거나 반대 의견에 흔들리기 쉬운 순간에도 중심을 잃지 않고 방향을 유지할 수 있게 해준다.

동사로 말하라

일반적인 정체성 진술, 예를 들어 "나는 강하다"나 "감정은 내가 아니다" 같은 문장 대신 동사로 스몰 토크를 시작해보라. "일어서라"나 "느껴라, 집착하지 말고"처럼. 동사는 행동을 유도하고 능동적인 사고방식을 이끌어낸다.

동사를 사용하면 스몰 토크는 훨씬 더 날카롭고 실용적인 형태가 된다. 동사는 행동을 촉구하며, 수동적인 사고를 능동적인 실행으로 이끈다. 예를 들어, "내 진실은 가치 있다" 같은 확언은 다소 수동적이다. 반면, "내 진실을 말하라"는 지금 당장 행동에 나서서 자신의 생각과 신념을 표현하라고 행동을 촉구한다. 마찬가지로 "어려움을 환영하라"는 표현은 앞으로 나아가게 만들며, 시련을 정면으로 마주하려는 회복 탄력성과 준비된 태도를 북돋운다. 만약 내가 보비와의 대화에서 스몰 토크를 찾았더라면, "그의 고충을 찾아라"라는 말이었을 것이다.

이처럼 동사로 시작하는 문구는 구체적인 행동을 이끌어내

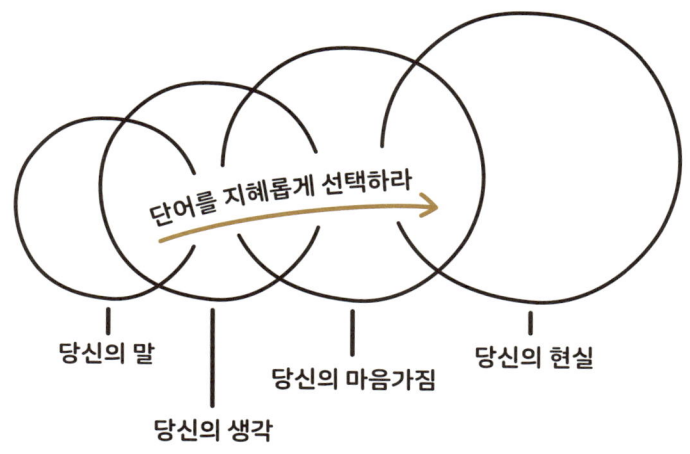

는 신호가 된다. 사고방식을 바꾸는 데 그치지 않고, 실제 행동으로 이어지게 만든다. 긴박감과 즉각적인 실행 의식을 일으켜, 스몰 토크가 행동 변화를 촉진하고 자기 확신을 키우는 강력한 도구로 작동하게 만든다.

짧게, 나만의 의미를 담아라

당신의 스몰 토크는 광고판에 걸릴 문구가 아니다. 누군가에게 울림을 주거나 공유할 필요가 없다. 오직 당신만을 위한 것이다. 가장 효과적인 스몰 토크는 개인적인 경험 혹은 그 순간 떠올리고 싶거나 되살리고 싶은 기억과 연결되어 있다. 예를 들어, 한 의뢰인은 직장에서 자신의 생각을 표현할 때마다 자신감 있게 말하라는 다짐을 떠올릴 수 있는 문구가 필요했다. 그녀가 선택한 스몰 토크는 바로 이것이었다. "말해, 도리스."

이 말은 그녀의 할머니가 어떤 주제에 열정을 쏟으며 이야기하기 시작할 때마다 할아버지가 장난스럽게 건네던 말이었다. 단순한 문장이지만, 내 의뢰인에게는 깊은 의미와 응원의 메시지가 담겨 있는 말이었다. 그 말은 할머니의 강인함과 당당함을 떠올리게 해주었고, 의뢰인 역시 그 같은 에너지를 자신 안에서 불러낼 수 있도록 북돋워주었다.

몇 마디 짧은 말이라도 나의 역사에 깊이 뿌리내리고 있다면, 자신감이 흔들리거나 주저하는 순간에 흔들림 없이 잡아주는 든든한 중심축이 되어줄 수 있다. 스몰 토크는 오직 자신에게만 울려 퍼지는 응원과 회복 탄력성의 메아리다.

마음가짐을 바꾸는 일은 더 나은 말을 선택하는 것에서 시작된다. 자신을 더 존중하고 아껴주는 말을 골라라. 과거의 경험에 얽매이지 않고 앞으로 나아가게 힘을 실어주는 말을 선택하라. 당신의 스몰 토크가 "휩쓸리지 말고 굳건하게 서자"라면, 갈등 상황에서도 스스로를 깎아내리거나 좌절시키는 대신 자율성과 존엄을 지켜주는 긍정적인 말을 선택하게 될 것이다. 그 차이는 다음과 같은 방식으로 드러난다.

- 부정적인 표현: "넌 정말 답이 없어."

- 긍정적인 표현: (휩쓸리지 말고 굳건하게 서자) "난 해결책을 원해. 그게 불가능하다면 지금 말해줘."

- 부정적인 표현: "감당 못 하겠어."
- 긍정적인 표현: (휩쓸리지 말고 굳건하게 서자) "이 문제는 나중에 다루기로 하자."

- 부정적인 표현: "애써봤자 소용없어."
- 긍정적인 표현: (휩쓸리지 말고 굳건하게 서자) "그 얘긴 더 이상 하지 않을게."

긍정적인 표현은 자신을 존중하고 자존감을 북돋는 방향으로 말과 문장을 선택하게 만든다. 잠시 시간을 내서 나만의 스몰 토크를 만들어보자. 목표와 연관 있고 행동을 촉구하며 개인적인 의미가 있는 문구여야 한다. 내 의뢰인들에게 효과가 있었던 스몰 토크를 몇 가지 소개한다.

- 자신감: "고개를 들어." "그래도 빛나보자."
- 당당함: "당당하게 요구해." "자극하지 말고, 분명히 말해."
- 자기 보호: "내려놔, [이름]." "다가서라."

- 명확함: "숨 들이쉬고, 내쉬어." "가장 중요한 걸 찾아."
- 침착함: "서두르지 마, [이름]." "마음을 다잡아."

타인을 통제할 수는 없지만, 순간은 통제할 수 있다. 대화가 시작되기 직전의 찰나, 그 짧은 순간이면 충분하다. 어쩌면 그 찰나는 대화 전체에서 가장 강력한 순간일지도 모른다. 하지만 대부분의 사람들은 그런 순간이 존재한다는 것조차 눈치 채지 못한다. 그 순간을 활용해야 한다. 호흡으로 대화를 시작하고, 퀵 스캔으로 나를 점검하고, 나만의 스몰 토크를 떠올려 보자. 이렇게만 해도 대화가 얼마나 자연스럽게 흘러가는지 놀라게 될 것이다.

핵심 정리

- 의사소통에서 주도권을 쥘 수 있는 세 가지 도구가 있다. 바로 대화를 시작하는 호흡, 퀵 스캔, 그리고 나만의 스몰 토크다.
- 대화를 시작하는 호흡은 느리고 조절된 리듬을 통해 말다툼 중에도 마음을 맑고 차분하게 유지할 수 있도록 돕는다. 코로 숨을 들이쉰 뒤, 한 번 더 짧고 날카롭게 들이마시고, 이어서 길게 내쉬며 일정한 호흡 리듬을 유지하라.
- 퀵 스캔은 신체적·정신적 상태를 빠르게 점검해 긴장을 풀고, 침착함과 집중력을 유지하는 데 도움이 된다. 대화 전에 숨을 고른 뒤, 눈을 감고 몸 어디에 스트레스가 쌓여 있는지 살펴보고, 느껴지는 감정에 이름을 붙여라.
- 스몰 토크는 자신의 반응을 주도할 수 있는 마음가짐을 길러준다. 이때 "선택하라"처럼 행동을 촉구하는 동사로 시작하며, 자신에게 의미 있고 가치관에 부합하는 짧은 문장을 만들어보라.
- 이 세 가지 도구는 모두 당신이 무심코 점화 단계에 빠져드는 것을 막아 갈등 상황에서도 주도권을 잃지 않게 해준다.

6장

속도를 조절하는 주인공은 당신이다

"선생님, 사고가 났을 당시 대략 시속 몇 킬로미터로 달리고 계셨는지 아—"

"시속 60킬로미터쯤 됐을 겁니다."

내 의뢰인 척이 상대의 말을 끊고 답했다.

"—셨습니까?" 상대 변호사가 말을 끝맺으며, 미묘한 만족감을 드러냈다. "제가 질문을 끝낼 때까지 기다렸다가 답변해주셔야 합니다. 아시겠습니까?"

"네." 척이 고개를 끄덕이며 동의했다.

"사고가 났을 당시 대략 시속 몇 킬로미터로 달리고 계셨는지 아—"

"시속 60킬로미터쯤요." 척이 다시 말을 끊고 답했다.

상대 변호사는 다시 한번 질문이 끝날 때까지 기다렸다가 답해달라고 요청했다. 나는 점점 불안해졌다. 변호사들은 상대가 빠르게 대답하길 원한다. 빠르게 대답한다는 것은 충분히 고민하지 않고 답한다는 뜻이기 때문이다. 그렇게 되면 상대의 통제에 쉽게 휘말리거나 의도하지 않은 말을 하게 될 위험이 있다.

척은 상황을 잘 알고 있었다. 우리는 증언 준비를 하면서 상대 변호사가 질문을 끝낼 때까지 반드시 기다려야 한다는 것을 충분히 연습했다. 그런데도 척의 답변 속도는 점점 빨라졌다. 그를 진정시킬 필요가 있었다. 다음 질문과 답변이 오간 뒤, 척과 복도에서 이야기를 나누기 위해 휴식 시간을 요청했다. 나는 구석에 놓인 의자들을 가리켰다.

"저쪽에 가서 잠깐 앉죠."

척이 숨을 몰아쉬며 대답했다.

"그러죠."

자리에 앉자 나는 아무렇지 않은 듯 물었다.

"이번 주말에 뭐 하세요? 계획 있으세요?"

척은 어리둥절한 표정으로 나를 바라봤다. 나는 사탕 포장을 벗기며 다시 물었다.

"이번 주말이요. 특별한 계획이라도 있으세요?"

"아, 음, 잘 모르겠어요. 잠깐만요."

척은 생각에 잠기며 조용해졌다. 나는 그의 어깨가 내려가고, 숨결이 한결 느려지는 모습을 지켜봤다. 7초쯤 지난 뒤, 척이 대답했다.

"아이들과 말하는 동물들이 나오는 영화를 보러 갈 거예요."

"아, 이번에 개봉한 그 영화 말이죠?"

척은 다시 잠시 멈췄다가 말했다.

"네, 맞아요."

"재미있겠네요. 아이들이 몇 살이었죠?"

"다섯 살하고 일곱 살이에요."

척이 미소를 지으며 대답했다. 이제 완전히 긴장이 풀린 모습이었다. 리셋이 효과를 본 것이다. 내가 말했다.

"한창 예쁠 때네요."

우리는 앉은 지 얼마 되지 않아 자리에서 일어섰다. 척도 따라 일어섰다.

"잘 들으세요. 이제 다시 들어가면, 상대 변호사가 질문할 때마다 이번 주말에 뭐 할 거냐고 묻는다고 생각하세요. 방금 저한테 대답했던 것처럼 하면 됩니다. 잠깐 생각하고 답하세요."

척은 고개를 끄덕였다. 비유가 제대로 통했다.

"알겠어요. 잠깐 멈췄다가 답하란 말이죠. 잠깐 숨 돌릴 시간을 갖는 거네요."

"바로 그거예요. 이제 척이 속도를 조절하는 겁니다. 상대 변호사가 아니라."

　우리가 다시 증언실에 들어선 뒤, 분위기는 완전히 달라졌다. 척은 더 이상 질문을 끊지 않았다. 매번 잠시 멈춘 뒤, 곰곰이 생각하고 나서야 입을 열었다. 당황해서 서두르던 태도는 사라지고, 침착하고 신중한 모습을 보였다. 상대 변호사도 그의 변화를 눈치챈 듯했다. 척이 침착함을 유지하자 상대 변호사의 리듬이 흐트러졌다. 빠르게 질문을 쏟아내며 척을 몰아붙이려 했지만, 이제는 통하지 않을 것임을 깨달은 것이다. 척은 훌륭히 해냈다.

결정적인 순간, 잠시 침묵

불안하거나, 두렵거나, 화가 났을 때 우리는 말을 빠르게 할까, 느리게 할까? 빠르게 한다. 이는 점화 단계가 작동하고 있다는 신호로, 매우 자연스러운 반응이다. 심박수가 빨라지면서 사고 과정이 가속화된다. 몸은 순식간에 반응할 준비를 마친다. 반사 신경이 빨라지고, 속도가 최우선 과제가 된다. 그 결과, 입으로 말하기도 전에 머릿속에서는 이미 생각이 앞질러 달리기 시작한다. 그래서 평소보다 훨씬 빠른 속도로 말을 쏟아내게 된다. 서두르고 싶은 마음이 커지면서 논리적으로 반응하기보다는 감정적으로 반응하게 된다. 그러다 보면 말실수로 이어지기 쉽다.

서두르면 말을 더듬거나 할 말을 다 하지 못하는 것처럼 눈에 띄는 문제만 생기는 게 아니다. 자신의 요지를 제대로 전달할 기회까지 놓치게 된다. 서둘러 말하려다 보면 핵심을 충분히 다듬어 전할 수 없다. 또한 서두르는 태도는 상대의 말을 제대로 듣고 있지 않다는 신호를 보낸다. 상대가 말을 끝내기도 전에 이미 자기 할 말을 준비하고 있었다는 인상을 주게 되는 것이다. 그 결과, 정말 중요한 내용을 놓치게 된다.

이렇게 말하는 속도가 빨라지는 상황에서는, 자신에게 통제권이 없다고 착각하기 쉽다. 그저 흐름에 휩쓸려 갈 수밖에 없다고 느낀다. 하지만 사실 당신은 내내 브레이크 위에 발을 올려두고 있었다. 단지 누르기만 하면 된다.

앞 장에서 살펴본 도구들에 더해 당신의 소통을 다른 사람들과 확연히 구별해줄 또 하나의 방법이 있다. 바로 타이밍을 잘 맞춘 '멈춤'이다.

침묵은 소리가 없는 상태일 뿐, 소통이 없는 상태가 아니다. 이 말은 결코 과장이 아니다. 침묵은 당신이 사용할 수 있는 도구 가운데 가장 효과적인 소통 수단이다. 그렇다면 왜 사람들은 침묵을 활용하지 않는 걸까? 이유는 두 가지다.

첫째, 많은 사람들이 침묵을 긍정적으로 받아들이지 않고, 가능한 한 피하려 하기 때문이다. 이러한 인식에는 현대 미디어가 만들어낸 빠른 소통이 큰 영향을 미쳤다. 팟캐스트나 소셜미디어

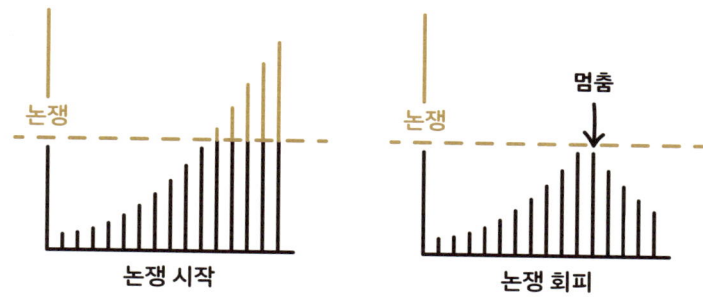

클립은 대부분 침묵을 없애는 쪽으로 편집된다. 영화나 TV 프로그램 역시 빠른 대사를 통해 극적인 효과를 강조하는 경우가 많다. 마치 모두가 할 말을 미리 준비해놓고 있는 것처럼 보이지만, 이는 대본을 기반으로 배우가 연기하고 편집자가 다듬은 결과일 뿐이다.

현실의 대화와는 전혀 다르다. 저녁 뉴스에 등장하는 패널 토론도 비슷하다. 언론은 정치든 스포츠든 서로 다른 관점을 가진 사람들의 발 빠른 반박을 강조하며, 그것이 지적 승리의 정점인 것처럼 포장한다. 이런 방식은 속도가 내용보다 중요하다는 인식을 퍼뜨리고, 결과적으로 우리의 소통 감각을 왜곡한다. 그러나 현실 세계의 논쟁은 미디어에서 보이는 것처럼 빠르게 전개되지 않는다. 그런 방식은 결코 건강한 소통의 기준이 될 수 없다.

둘째, 많은 사람들이 침묵은 약함의 증거라 여기며 두려워한다. 특히 업무 등 공식적인 자리에서는 이메일이든 대면이든 질문에 즉각 답하지 않으면 지식이나 준비가 부족해 보일 거라고 착각한다.

이런 두려움은 사람들이 신중함과 정확성을 포기하면서까지 즉각적인 반응을 우선시하게 만든다. 일상적인 대화에서도 침묵을 견디지 못해 말을 채우려는 모습을 쉽게 볼 수 있다. "있잖아" 같은 말을 덧붙이거나, "음", "어" 같은 소리로 어색한 정적을 메우려는 식이다.

많은 사람들이 침묵을 무능함의 증거라고 오해하지만, 사실 침묵은 응답을 준비하는 지혜로운 자세다. 말을 서두르는 것이야말로 약함을 드러내는 증거이며, 침묵을 견디며 천천히 말하는 것이야말로 강함을 대변한다.

멈춤을 이해하고 적절히 활용하면, 당신은 유능하고 신뢰할 만한 사람이라는 인상을 심어줄 수 있다. 침묵을 불확실함의 표시로 받아들이지 말고, 이어질 말을 더욱 확실하게 다지는 과정으로 생각하라. 전략적으로 침묵을 사용하는 것은 망설임의 증거가 아니라 당신의 의도를 분명히 드러내는 무기다. 타이밍을 잘 맞춘 멈춤은 자신감과 자기 통제력을 보여주는 강력한 신호다. 대화의 속도를 조절할 줄 아는 사람이야말로 자기 자신을 가장 잘 통제하는 사람이다.

멈춤은 당신에게 시간을 통제하는 힘을 준다. 시간을 통제할 때 얻게 되는 것은 단순한 침묵 이상이다.

첫째, 멈춤은 '곰곰이 생각할 시간'이다. 멈춤은 선택할 여유를 준다. 원치 않는 말을 강요당하지 않겠다는 확고한 마음가짐을 갖게 해준다. 원한다면 대답할 수 있다. 하지만 아무 말 하지 않기로 선택할 수도 있다. 대답하지 않는 것 역시 하나의 대답이다. 선택은 당신에게 달려 있다. 멈춤은 단지 어떤 말을 할지 고르는 시간을 주는 데 그치지 않는다. 그 말을 온전히 자신의 것으로 만들 수 있는 시간을 준다. 멈추는 순간, 당신은 대화의 속도뿐만 아니라 흐름 전체를 주도할 수 있다. 그리고 그 안에서 당신은 분명한 존재감을 드러내게 된다.

잠시 멈추는 시간은 망설임이 아니다. 당신이 자신을 잘 알고 있다는 의식적인 확인이다. 대답하기 전에 멈추는 것은, 당신이 자신의 감정과 생각을 스스로 통제하고 있다는 신호이다. 멈춤을 통해 당신은 충동에 휘둘리는 사람이 아니라 깊이 생각하는 사람이라는 메시지를 상대에게 전할 수 있다. 말을 아끼는 순간마다 당신은 자신의 가치와 자신감, 그리고 내면의 힘을 드러낸다. 멈춤은 당신에게 선택하고 결정하는 힘을 부여한다.

- 이 사람이 과연 내 마음의 평온을 포기할 만큼 가치 있는 사람인가?
- 내가 하려는 말은 정말 필요한가? 반드시 지금 해야 하는가? 그 말을 해야 할 사람이 과연 나인가?

- 내 말이 대화를 돕는가 아니면 해치는가?
- 나는 가치를 더하기 위해 말하려는 것인가 아니면 단지 내 목소리를 듣고 싶어서 말하려는 것인가?
- 내 말은 내가 추구하는 목표와 가치에 한 걸음 더 가까이 다가가게 해주는가?
- 답하기 전에, 내가 이해해야 할 것이 아직 남아 있지는 않은가?

의도적인 침묵 끝에 나오는 말은 큰 울림이 있다. 충분히 숙고한 결과임을 드러내기에 당신의 말이 지닌 의미는 한층 더 깊고 무겁게 전달된다.

둘째, 멈춤은 '다시 생각할 시간'이다. 멈춤은 대화 속에서 숨을 고르고, 빠르게 상황을 살피며, 스몰 토크를 나누는 것처럼 당신의 행동을 정리할 여유를 준다. 또한 지금 이 순간에 제대로 집중할 준비가 되어 있는지 점검해준다. 뿐만 아니라, 힘든 운동 중 세트 사이에 잠시 쉬듯 에너지를 회복할 수 있게 한다.

침묵을 활용하는 것은 주변 세계를 살피는 데도 매우 유용하다. 침묵을 통해 분위기를 읽을 수 있다. 상대의 반응, 표정, 몸짓을 세심하게 관찰할 기회가 주어진다. 멈춤은 상대의 분위기를 살피는 순간이다. 하고 싶은 말에 몰두하는 대신, 다섯 가지 감각을 총동원해 상대가 전하려는 메시지를 먼저 읽어내게 한다.

멈춤은 갈등에 무턱대고 뛰어들 것인가 아니면 '잠깐. 지금 내가 하려는 말이 정말 필요한가?' 하고 스스로에게 되묻는 여유를 가질 것인가의 차이를 만든다. 멈춤은 한 걸음 물러나 대화의 흐름이 자신의 목표와 가치에 부합하는지 성찰할 기회를 마련해주며, 이렇게 확보한 외적 시각은 다음 행보를 조율하는 나침반이 되어준다. 이를 통해 접근 방식을 완화할지, 입장을 더욱 단단히 할지, 혹은 새로운 관점을 제시할지 명확히 결정할 수 있다.

셋째, 멈춤은 '나를 조율할 시간'이다. 대화가 격렬해지기 시작하면 침묵은 젖은 담요처럼 자극과 반응 사이에 완충 지대를 형성해 치밀어오르는 감정을 가라앉힌다. 불길이 자연스레 사그라지도록 돕는 것이다. 이렇게 침묵은 대화를 차분하게 만드는 핵심 장치이며, 당신이 하고 싶은 말을 다시 정돈할 여유를 준다. 멈춤은 사태를 악화시킬 수 있는 말을 삼가려는 전략적 선택으로, 성숙함과 통찰을 드러내 당신을 한 단계 더 성장하게 한다. 할 말을 충분히 했는지, 언제 대화를 매듭지을지는 오롯이 당신의 판단에 달려 있다. 침묵을 잘 활용하면 상대의 방식이 아닌 당신의 방식으로 대화를 마무리할 수 있다.

멈춤은 자신의 감정을 다스릴 뿐 아니라 상대가 자신의 감정을 돌아볼 수 있는 시간을 준다. 성급한 반응이 초래하는 악순환을 끊어 양쪽 모두에게 진정할 틈을 마련해주므로 대단히 중요하다. 또한 논쟁이 가열되는 속도를 늦춰 갈등이 빠르게 가라앉도록 돕는다. 불필요하게 상황이 격화되는 것을 막아 갈등을 조각내듯 흩어지게 한다. 대화 도중 멈춤을 통해 대화 사이사이 숨 고르는 여유를 두면 감정의 홍수에 휩쓸리지 않고 맑은 정신을 유지할 수 있다.

침묵을 둘러싼 오해 때문에 머뭇거리지 말고 멈춤의 힘을 적극 활용하라. 시간을 자신의 편으로 만들고, 모든 대화에 깊은 사고와 성찰의 순간을 불어넣어라.

침묵을 언제, 어떻게 사용할 것인가

더 큰 통제력을 발휘해 말하고 싶다면 침묵에 능숙해져야 한다. 다른 선택지는 없다. 그렇다면 침묵으로 무엇을 전할 수 있을까? 멈춤 속의 침묵은 분명한 메시지를 담고 있다. 소리는 없지만 소통이 끊긴 것은 아니다. 다음 사례처럼, 멈춤은 상황마다 서로 다른 신호를 보낸다.

- 그가 처음 "사랑해"라고 고백한 뒤 찾아온 침묵
- 그녀가 "내 새 드레스 어때?"라고 묻고 난 뒤의 침묵
- 모두가 "서프라이즈!" 하고 외친 뒤 흘러나오는 침묵
- 그녀가 "어젯밤 어디 있었어?"라고 추궁한 뒤 이어지는

침묵

멈춤이 전달하는 메시지는 그 길이에 달려 있다. 당신이 보낸 문자 메시지에 내가 5분 안에 답하지 않아도 대개 문제가 되지 않지만, 5일 동안 답이 없다면 그때는 전혀 다른 의미가 전달된다.

침묵의 길이에 따라 어떤 차이가 생기는지 살펴보고, 그에 맞춰 침묵의 고유한 힘을 어떻게 극대화할 수 있는지 설명하겠다. 나아가 침묵의 모든 순간을 강력한 소통 도구로 바꾸는 구체적인 전략을 제시하겠다.

짧은 멈춤은 돋보기

짧은 멈춤은 대개 1초에서 4초 사이를 뜻한다. 짧은 멈춤은 특정 단어에 강조와 집중을 더한다. 마치 작은 글씨를 읽기 위해 돋보기를 들이대는 것처럼, 말의 의미를 더욱 도드라지게 해준다. 또한 곧 이어질 말이 신중한 생각을 거쳐 나온 것이라는 인상을 준다. 말을 고르고 가늠하는 데 시간을 들였음을 자연스럽게 드러내는 것이다. 직장에서 누군가 "오늘 오후까지 보고서를 제출할 수 있나요?"라고 물었다고 가정해보자. 이런 경우, 짧은 멈춤만으로도 당신이 느끼는 통제감은 눈에 띄게 달라질 수 있다.

- 멈추지 않고 바로 답하면, "안 된다고 이미 말씀드렸잖아요." 하고 날카롭게 반응하게 된다.
- 4초쯤 멈춘 뒤 천천히 답하면, "안 된다고 이미 말씀드렸잖아요." 하고 차분하게 말할 수 있다.

같은 말이지만 두 번째 문장이 확연히 다르게 들리지 않는가? 단 몇 초간의 침묵만으로도 당신의 말은 훨씬 단호하고 자신감 있게 전달된다.

더 단순한 예를 들어보자. 친구가 "요즘 어때?"라고 묻는다. 다시 한번 말투의 차이에 주목해보자.

- 멈추지 않고 바로 답하면, "좋아" 하고 툭 내뱉게 된다.
- 3초쯤 멈춘 뒤 답하면, "좋아" 하고 차분하게 말할 수 있다.

차이가 느껴지는가? 즉각적인 대답은 별다른 생각 없이 내뱉은 듯 들린다. 무심하거나 가볍게 넘기는 듯한 인상을 줄 수도 있다. 심지어 진심이 아닌 것처럼 받아들여질 위험도 있다. 반면 잠시 멈춘 뒤에 대답하면, 곰곰이 생각한 듯한 인상을 줄 수 있다. 이 경우, 당신의 대답은 훨씬 더 힘 있고 울림을 갖게 된다. 정말로 잘 지내고 있다는 확신마저 느껴진다.

짧은 멈춤은 일상적인 질문에 답할 때 빛을 발한다. 인터뷰나 증언처럼 긴장감이 높은 상황에서는 그 중요성이 더욱 커진다. 나는 의뢰인들에게 질문을 받으면 반드시 몇 초간 침묵하라고 조언한다. 기억하라. 당신의 첫 번째 단어는 숨이다. 숨을 고르는 일은 질문을 마음속에서 곱씹고 되새길 시간을 줄 뿐만 아니라, 대답을 한층 더 절제되고 안정감 있게 다듬어준다.

짧은 멈춤은 강조 효과도 강력하다. 이를테면 농담의 결정적인 한마디를 던지기 직전이나 꼭 맞는 단어를 고르기 위해 잠시 멈출 때를 떠올려보라. 이 순간의 짧은 침묵은 긴장감을 높이며, 사람들의 관심을 단단히 붙잡는다. 다음에 어떤 말이 나올지 자연스럽게 기대감을 불러일으킨다.

대화 속 호흡이 중요한 또 다른 이유도 바로 이 짧은 멈춤에 있다. 우리는 대개 말을 시작하기 전에 숨을 들이쉬고 내쉬면서 말을 이어간다. 숨을 들이쉬는 데 걸리는 평균 3초 남짓의 시간은, 숨을 내쉴 때 차분하고 안정된 어조로 말할 준비를 하는 데 충분한 시간이다. 교실이든, 회의실이든, 거실이든 대답하기 전에 잠시 멈추는 사람은 언제나 더 침착하고 자신감 있어 보인다.

긴 멈춤은 거울

긴 멈춤은 보통 5초에서 10초 사이를 뜻한다. 그 이상 길어지면 그것은 멈춤이 아니라 일종의 타임아웃이다.

짧은 멈춤이 집중을 위한 시간이라면, 긴 멈춤은 성찰을 위한 시간이다. 마치 양면 거울처럼 긴 멈춤은 자신의 반응을 비춰보고 돌아볼 기회를 준다. 더 중요하게는 상대 역시 자신을 들여다보게 된다는 점이다.

누군가 무례하게 굴거나, 모욕하거나, 얕잡아볼 때, 긴 멈춤은 당신이 사용할 수 있는 가장 강력한 무기다. 그 이유는 다음과 같다.

- 5~10초간의 침묵은 상대가 자신의 말을 돌아보게 만들기에 충분한 시간이다. 그들이 던진 말이 허공에 머물면서, 자신이 한 말을 의심하거나 불편하게 느끼게 한다. 그래서 종종 당신이 반응하기도 전에 상대가 먼저 "미안해" 혹은 "그런 말은 하지 말았어야 했어"라고 사과하는 일이 벌어진다.
- 침묵은 결코 잘못 전달될 일이 없다. 상처 주는 말을 남겨 관계의 역사 속에 오랫동안 각인되어 문제가 생길 때마다 끄집어내져 상처가 반복되는 것보다는 차라리 아무 말도 하지 않는 편이 낫다.
- 종종 마지막에 말하는 사람이 지게 된다. 협상에서는 먼저 말하는 쪽이 불리하다고 하지만, 격한 논쟁에서는 오히려 그 반대다. 왜일까? 상대가 상처 주는 말을 던질 때, 그것

을 이기려면 결국 더 상처 주는 말을 해야 하기 때문이다. 누군가의 날카로운 말을 꺾으려 들면 더 깊게 베어야 하는 악순환에 빠질 수밖에 없다. 마지막 말을 하겠다고 억지로 끼어드는 순간, 사과해야 할 사람은 당신이 될 가능성이 크다. 긴 침묵을 선택하고 마지막 말을 삼가라. 그러면 상대의 말이 민낯을 드러내게 된다.

긴 멈춤은 특히 진실을 말하지 않는 사람에게 강력한 효과를 발휘한다.

변호사로서 나는 증인들이 거짓말하는 모습을 수도 없이 봐왔다. 너무 자주 접하다 보니, 이제는 사람들이 거짓말을 해도 별로 놀랍지 않다. 심지어 법정 선서까지 한 상태에서도 마찬가지다. 한번은 내 의뢰인의 상대측이 거짓말하고 있다는 사실을 알게 됐다. 그가 거짓말을 하고 있다는 것을 확신할 수 있었던 이유는 명확한 증거가 있었기 때문이다. 그는 대형 트럭 운전사로, 내 의뢰인을 들이받은 사고의 책임을 다른 차량에 떠넘기려 했다. 그러나 그의 휴대전화 기록을 확인한 결과, 정확히 사고가 발생한 시각에 문자 메시지를 보낸 사실이 드러났다. 사고가 일어나기 직전에도 여러 건의 문자 메시지를 주고받은 기록이 남아 있었다. 하지만 그는 내가 그 기록을 확보했다는 사실을 알지 못했다.

나는 단도직입적으로 물었다.

"운전 중 문자 메시지를 보내고 있었습니까?"

그는 단호하게 대답했다.

"아니요, 저는 운전 중에는 절대로 문자 메시지를 보내지 않습니다."

그가 저지른 첫 번째 실수는 '절대'라는 단어를 사용한 것이다. '절대'라는 표현은 우리를 궁지로 몰아넣는 경우가 많다. '절대'라고 말했으면, 정말 단 한 번도 예외가 없어야 한다.

나는 그의 말이 허공에 맴돌도록 약 8초간 길게 침묵했다. 그의 눈이 불안하게 테이블 위를 헤매기 시작했다. 그는 자리에서 몸을 뒤척이며 안절부절못했다. 허공에 울려 퍼진 자신의 말을 들은 그는 결국 침묵을 견디지 못하고 방금 한 말을 바꾸기 시작했다.

"절대 안 한다고는 했지만, 가끔은 하기도 해요. 상황에 따라 다를 때도 있고요. 솔직히 잘 기억이 안 나네요."

그가 저지른 두 번째 실수는 자신의 답변을 슬그머니 뒤집기 시작한 것이다. 텍사스에서는 이런 행동을 '슬쩍 말바꾸기 crawfishin'라고 부른다. 나는 다시 한번 긴 침묵을 선택했다. 이번에는 10초. 불편함이 뚜렷하게 느껴질 만큼 충분히 긴 시간이었다.

정직한 사람은 침묵의 불편함에 개의치 않는다. 그런 상황에 놓이더라도 자신의 진실을 숨길 필요가 없다는 것을 알고 있기

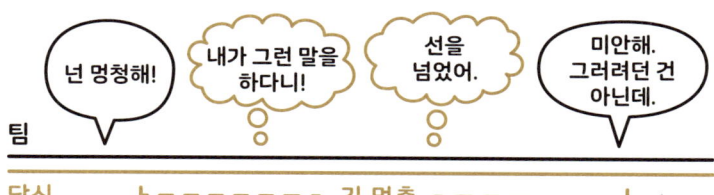

때문이다. 반면 부정직한 사람은 대개 침묵을 견디지 못한다. 마치 자신의 진실을 증명하지 않으면 안 되는 것처럼 느끼기 때문이다. 그래서 침묵을 메우기 위해 머릿속으로 상대가 무슨 생각을 하는지, 무슨 말을 할지 끊임없이 생각하며 대화를 이어간다. 그러다 보면 침묵을 메우려는 조급함에 스스로 자신의 거짓말을 무너뜨리게 된다.

트럭 운전사가 물러서는 기색을 보이자, 나는 그에게 선택지를 던졌다. 진실을 털어놓거나 아니면 끝까지 벼랑으로 걸어가거나. 나는 그에게 처음 했던 질문을 다시 했다.

"운전 중 문자 메시지를 보내고 있었습니까?"

"그랬을 수도 있어요."

그가 거의 안도하는 듯한 목소리로 답했다. 나는 테이블 옆에 놓여 있던 서류철에 손을 얹었다. 사실 그 안에는 전혀 상관없는 서류들만 들어 있었다. 휴대전화 기록은 여전히 내 가방 안에 있었다. 나는 여전히 서류철 위에 손을 얹은 채 그를 몰아붙였다.

"당신은 동료에게 문자 메시지를 보내고 있었나요?"

그는 고개를 끄덕이며 말했다.

"네."

단 몇 분 만에 그는 완전히 말을 바꿨다. 논쟁도 없었고, 큰 소리도 없었으며, 진실을 감당할 수 있겠냐고 다그치는 일도 없었다. 나는 단지 긴 침묵의 힘을 이용했을 뿐이다. 거울처럼 반사된 자신의 말을 마주한 그는 스스로 무너졌다.

8장에서는 당신을 상처 주려는 사람들에게 가장 효과적으로 대응할 수 있도록 멈춤 기술을 더욱 세밀하게 다듬는 방법을 살펴볼 것이다. 지금은 상황에 따라 필요한 멈춤의 방식이 다르다는 것만 기억하자. 직접적인 대립 상황에 대처할 때든, 직장에서 까다로운 대화를 풀어나갈 때든, 중요한 개인적 대화를 나눌 때든 적절한 순간에 올바른 멈춤을 사용하는 것만으로도 대화의 흐름을 완전히 바꿔 주도권을 쥘 수 있다.

멈춤은 단순한 침묵이 아니다. 시간을 통제함으로써 반응을 늦추고 성찰과 재고, 그리고 조절을 위한 여유를 만들어내는 방법이다.

핵심 정리

- 적절한 순간의 멈춤은 당신에게 시간이라는 강력한 힘을 부여한다. 성찰하고, 다시 생각하고, 조절할 수 있는 여유를 갖게 해준다.
- 논쟁 중 멈추는 것은 결코 주저함의 표시가 아니다. 오히려 의도적이고 자기 통제적인 확실한 신호다. 대화의 속도를 조율하는 사람이야말로 자신을 가장 잘 다스리는 사람이다.
- 의도적으로 선택한 침묵 뒤에 이어지는 말은 한층 깊은 울림이 있다. 신중하게 고른 말이라는 인상을 줘 그 의미에 더욱 단단한 무게를 실어준다.
- 멈춤의 길이는 상황에 따라 달리 활용할 수 있다. 질문에 답하거나 반응하기 전에 1~4초 정도 짧게 멈추면, 말이 더욱 강단 있고 단호하게 들린다. 5~10초 정도의 긴 멈춤은 기대감을 불러일으키고, 상대가 스스로를 돌아보게 하는 진정 단계로 이끈다.
- 멈춤의 침묵을 활용하면 갈등의 속도를 통제할 수 있다. 이는 자동차 브레이크를 사용하는 것과 같다. 상호작용의 속도를 조절함으로써 상황을 더욱 안전하고 건설적인 방향으로 이끌 수 있다.

원칙 2.
자신 있게 말하라
Say it with Confidence

7장

자신감은
습관이다

당신은 감정에 관한 연구에 자원자로 참여했다. 의사들이 당신의 머리와 가슴에 끈적한 패드와 전선을 덕지덕지 붙인 뒤 생체 신호를 관찰하고 있다. 그때 한 과학자가 클립보드와 수첩을 들고 다가오더니 명령조로 말한다.

"지금 당장 행복한 기분을 느껴보세요."

당신은 어리둥절한 표정으로 그를 바라본다. '행복한 기분을 느끼라고? 지금, 여기서? 무엇을 보고 행복해하라는 건가?' 당신은 억지로 웃어보고, 가짜 웃음소리도 흘려보지만, 그것이 진짜 감정이 아니라는 걸 잘 안다. 행복해질 만한 일을 떠올리려고 애써보지만, 마음이 전혀 움직이지 않는다.

그런 당신을 지켜보던 과학자가 조용히 수첩에 뭔가를 적는다. 그리고 다시 똑같이 명령한다.

"지금 당장 무서운 감정을 느껴보세요."

당신은 또 무서운 감정을 느껴보려 애쓴다. 머리와 가슴에 붙어 있는 패드와 전선, 거기 연결된 모니터가 조금 이상하게 느껴지긴 하지만, 그렇다고 무서운 건 아니다. 최근에 본 공포 영화를 떠올려보지만 생각은 금세 다른 데로 흘러간다. '요즘은 오히려 영화보다 현실이 더 무서운 게 아닌가?'

과학자는 또다시 조용히 수첩에 메모를 한다. 그러곤 크게 숨을 들이쉰 뒤, 또다시 명령한다.

"지금 당장 화난 감정을 느껴보세요."

그런데 그가 "당장"이라는 말을 입에 올리면서 클립보드로 당신의 머리를 퍽 하고 내리친다. 당신은 놀라움과 분노가 뒤섞인 표정으로 그를 노려본다. '지금, 진짜 나를 친 거야?' 믿을 수 없다는 표정이 절로 나오는 가운데, 충격과 모욕감이 뒤따른다. 그리고 무엇보다 순식간에 분노가 치밀어 오른다.

과학자는 빙그레 웃으며 이렇게 말한다.

"이제, 용서의 감정을 느껴보세요!"

자신감은 단호한 말과 행동에서 태어난다

"제퍼슨, 어떻게 하면 자신감을 느낄 수 있나요?"

내가 가장 자주 받는 질문이다. 직장에서 능숙하게 대처하기 위해, 면접을 잘 보기 위해, 자신의 목소리를 내기 위해 등 이유는 각양각색이다. 하지만 이 질문은 처음부터 잘못됐다.

감정은 전등 스위치를 켜듯 단번에 켜거나 끌 수 없다. 감정은 나쁜 기억, 즐거운 생각, 스트레스를 주는 환경처럼 어떤 원인에서 비롯된다. 이유가 있어서 생겨난다. 앞서 소개한 실험에서 머리를 한 대 얻어맞은 경우처럼 말이다.

자신감도 마찬가지다. 자신감은 하나의 감정이다. 결심한다고 해서, 혹은 마음먹었다고 해서 언제든 불러낼 수 있는 게 아니다. 필요할 때 벤치에 대기 중인 선수를 바로 투입하듯 쉽게 끌어낼 수 있는 것도 아니다. 그래서 꼭 필요한 순간에 없을 때가 많다. 하지만 자신감이 생기면 우리는 곧바로 알아차릴 수 있다. 자신감이란, 자신의 강점은 물론 한계까지도 이해하고 받아들이는 태도에서 비롯된, 능동적으로 행동할 수 있는 힘이다.

그러니 "어떻게 하면 자신감을 느낄 수 있을까요?"라는 질문은 "어떻게 하면 화를 느낄 수 있을까요?"라는 질문과 다르지 않다. 접근 방식이 잘못됐다. 자신감을 느끼는 유일한 방법은, 그것을 실제 행동 속에서 실현해내는 것이다. 자신감은 특정한 행동

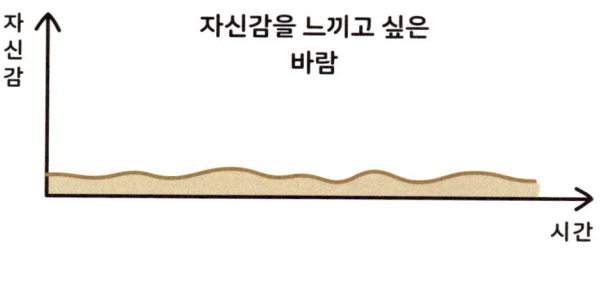

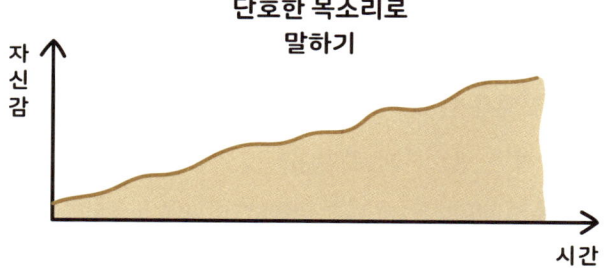

을 통해 쌓이고 축적되는, 능동적인 경험의 결과물이다.

문제는 "어떻게 하면 자신감을 느낄 수 있을까?"가 아니다. 당신이 던져야 할 질문은 "어떻게 하면 내 자신감을 키울 경험을 만들어낼 수 있을까?"이다. 자신감은 행동 속에서 발견된다. 그 행동은 '단호함'이라 불린다. 자신감은 단호한 행동에서 태어난다.

단호함은 자신감을 표현하는 방식이다. 자신감이 감정이라면, 단호함은 행동이다. 자신감이 내면의 것이라면, 단호함은 외면에 드러나는 것이다. 스스로를 드러낸다는 것은 움직이는 자신감이다. 단호함은 당신이 말을 전하는 방식, 그리고 그 말에 실린 힘에서 드러난다.

자신감과 단호함은 서로에게 힘을 보탠다. 이 둘은 함께 긍정적인 피드백 루프를 만들어낸다. 단호하게 말하면 자신감이 생기고, 자신감이 생긴 덕분에 단호하게 말할 용기가 더 커진다. 이 둘의 관계는 인생을 바꿀 수 있는 강력한 조합이다. 자신의 입장과 뜻을 흔들림 없이 지키면서도 신뢰를 얻는 것, 그것은 말로 다 할 수 없는 강력한 힘이다.

어떻게 하면 단호하게 말할 수 있을까? 지금부터 설명하겠다. 하지만 이 내용을 한 번 읽는 것만으로 필요할 때 자연스럽게 써먹을 수 있을 거라고 기대해서는 안 된다. 그보다는 다음에 소개할 열 가지 연습 중 하나를 골라 곧바로 당신의 다음 대화에 적용해보라. 지금부터 단호함 훈련을 시작해보자. 내가 클립보드를 드는 일이 없기를 바란다.

단호함을 내 것으로 만드는 열 가지 연습

먼저 공격적이지 않으면서도 자신감을 전달할 수 있는 단호한 단어와 자주 쓰이는 표현부터 익혀보자. 그다음에는 자신에 대한 존중을 담은 말투와 억양 패턴을 연습해보자. 그러다 보면 대화,

이메일, 문자 메시지, 화상회의 등 다양한 상황에서 단호하면서도 친절하게 자신의 입장을 지킬 기회를 발견할 수 있다. 당신은 곧 단호함의 언어에 자연스럽게 익숙해지고, 어느새 어떤 대화에서도 저절로 자신감을 느끼게 될 것이다. 자, 이제 시작해보자.

연습 1. 모든 단어는 중요하다

당신이 선택하는 언어는, 사소한 단어 하나까지도 당신의 단호함을 표현하는 능력에 직접적인 영향을 미친다. 당신이 쓰는 모든 이메일, 보내는 모든 문자 메시지에서 그렇다.

모든.
단어가.
중요하다.

이 책의 서두에서 던진 질문을 다시 떠올려보자. 당신의 말은 당신이라는 사람을 어떻게 보여주는가? 행동이 말보다 더 크게 다가오는 경우가 많지만, 그렇다고 해서 말을 대신할 수 없다. 당신의 말에는 고유한 힘이 있다. 당신의 말은 곧 당신의 개성이며, 평판이며, 인격이다. 말과 표현에 투자하는 것은 미래의 자신에게 투자하는 일이다. 자존감, 그리고 자신이 되고자 하는 사람이 되기 위한 투자다. 동료에게 보내는 간단한 이메일을 생각해보자.

- 진행 상황을 잠깐 확인하고 싶어요.
- 진행 상황을 확인하고 싶어요.

차이가 느껴지는가? 하나는 조심스러운 신호를 보내고, 다른 하나는 자신감을 표현한다. 한 단어를 빼는 것만으로도 문장의 어조가 달라진다. '잠깐'이라는 표현이 들어간 첫 번째 문장은, 마치 상대를 방해하려는 의도가 없다는 듯 망설이는 느낌을 준다 (비록 실제로는 방해할 생각이 있었더라도). 반면 두 번째 문장은, 자신이 하려는 일을 정확하고 단호하게 표현한다.

다음은 몇 가지 비슷한 예시다.

- 확신 없는 표현: "팀에 물어봐야 할까 싶기도 해요."
- 단호한 표현: "팀에 질문하겠습니다."

- 확신 없는 표현: "그냥 당신이 기대하는 바를 좀 더 명확히 알고 싶을 뿐이에요."
- 단호한 표현: "당신이 기대하는 바를 명확하게 파악할 필요가 있습니다."

단호함을 실천하는 것은 어렵지 않다. 당신도 할 수 있다. 방법은 이미 알고 있다. 당신 안에는 새로운 목소리를 끌어낼 모든 능력이 갖춰져 있다. 일상에서 자신의 말과 다른 사람들의 말에 섞여 있는 불확실한 표현을 알아챈다면, 쓸모없는 단어들이 눈에 띄게 드러나 보일 것이다. 그리고 한번 눈에 들어오기 시작하면 다시는 모른 척할 수 없을 것이다.

연습 2. 스스로에게 증명하라

자신감은 행동 속에서 발견된다는 것을 기억하는가? 자신감을 느끼려면 자신이 한 말을 실제로 지킬 것임을 스스로에게 증명해야 한다. 상대에게 다음에 할 행동을 알리고, 실제로 그 행동을 실행해야 한다. 핵심은 소리 내 말하는 데 있다. 하고 있는 일이나 앞으로 할 일을 현재 시제로 또렷하게 말하라. 예를 들면, 다음과 같다.

- "이 대화는 여기서 끝내겠습니다."
- "허락을 구합니다."
- "알림을 설정하겠습니다."

"~같아요"나 "~하려고 했어요" 같은 주저하는 표현은 쓰지 않는다. 행동과 의도를 분명하게 소리 내어 표현해야 한다. 이메일에서도 자주 볼 수 있는 또 다른 예가 있다.

- 첨부 파일 확인 부탁드립니다.

　도대체 이게 무슨 뜻일까? 상대는 당연히 파일을 확인할 것이다. 이메일에 첨부했으니 말이다. 첨부했다는 사실은 이미 눈에 보인다. "부탁드립니다"라는 말은 여기에 아무런 가치도 더하지 못한다. 이런 표현은 전혀 주도권이 없는 것처럼 수동적이고 힘이 없다. 어쩌면 이런 부분이 크게 신경 쓰이지 않을 수도 있다. 하지만 의사소통, 신뢰, 평판을 쌓을 작은 기회를 왜 그냥 흘려보내는가? "계약서를 첨부합니다" 또는 "계약서를 첨부했습니다"라고 쓰면 더 직접적이고 적극적이며 단호한 인상을 준다. 자신이 무엇을 할 것인지 분명하게 밝히고 실제로 행동에 옮김으로써 자신감을 드러내는 표현이기 때문이다.

　의도를 분명히 하고, 그 말을 행동으로 실천하는 순간, 당신은 스스로에게 '그래, 나는 할 수 있어'라고 다짐하면서 강한 자신감과 주도권을 쥐게 된다. 자신의 능력을 믿는다는 것을 스스로에게 증명하는 행동이다.

　자신이 무엇을 할 것인지 명확히 밝히고, 그 말을 행동으로 옮김으로써 당신은 자신이 한 말은 반드시 지키는 사람임을 입증하게 된다. 그렇지 않다면 다른 사람들에게 만만한 존재로 인식되고, 쉽게 짓밟히게 된다. 이처럼 작고 단호한 행동들을 하면서 당신은 자신감을 키우는 소중한 경험을 쌓아가게 된다. 이 작은 걸음들은 특히 경계를 세우고 지킬 때 훨씬 더 큰 힘을 발휘한다. 이에 대해서는 9장에서 자세히 살펴볼 것이다.

　누군가와 한창 격렬한 논쟁을 벌이고 있다. 말다툼이 격해지다가 인신공격으로까지 번져 당신은 대화를 끊고 싶다는 강한 충동을 느낀다. 당신은 날카로운 목소리로 외친다.
　"한 번만 더 그런 말을 하면 그냥 갈 거야! 진짜 질렸어. 이번에는 정말이야!"
　하지만 상대는 주저 없이 다시 같은 말을 뱉는다. 그러나 당신은 그 자리를 떠나지 않고 계속 언쟁을 벌이고 고성을 지른다. 상황은 더욱 악화된다.
　당신은 신뢰를 쌓은 것일까 아니면 깎아 먹은 것일까? 문제는 당신이 스스로 자신의 입지를 약하게 만들었다는 데 있다. 상대는 당신의 말에 진심이 담겨 있지 않다는 사실을 알게 됐다. 당신은 말만 번지르르하고 행동은 따르지 않는 사람이라는 인상을 확실히 심어주고 말았다.
　단호한 언어로 통제권을 되찾고 주도적으로 나아가라. 무엇을 할 것인지 먼저 말하고, 그 말을 그대로 행동으로 옮겨라.

- 문을 쾅 닫고 나가버리는 대신, "나는 여기서 나갈 거야"라고 말한 뒤 나가라.

- 전화를 갑자기 끊어버리는 대신, "통화를 끝내겠다"라고 말한 뒤 실제로 끊어라.

당구 경기에서 다음 샷을 미리 선언하는 것과 같다고 생각하면 된다. 목표를 미리 밝히고 그대로 행동하는 것은 강한 자기 확신을 보여준다.

위의 예시는 자신의 의도를 밝히는 것을 두려워하지 않는다는 메시지를 전해준다. 또한 그 의도를 실천할 능력이 있음을 믿고 있다는 것도 보여준다. 말을 실제 행동으로 옮길 때, 그 믿음은 더욱 확고해진다. 이런 일관성은 긍정적인 피드백 순환을 만든다. 무엇을 할 것인지 말하고 실제로 행동에 옮김으로써 다음 번에는 더 큰 자신감을 갖게 된다.

자신감은 무언가를 하겠다는 약속을 행동으로 증명하는 것이다. 스스로에게 한 약속을 지키고, 자신의 기대를 충족시키며, 단호한 언어를 사용하면 자신을 믿고 의지할 수 있는 능력도 향상된다.

연습 3. 원하는 바를 당당하게 표현하라

당신이 세계 최고의 변호사라고 상상해보라. 직업에 걸맞은 복장을 갖추고 자신감 있게 행동한다. 당신의 의뢰인은 바로 평상복을 입은 '진짜 당신'이다. 또 하나의 자신을 현재 시점에 복제해

놓기라도 한 것처럼 당신과 똑같은 욕구, 필요, 걱정을 지닌 사람이다. 당신과 의뢰인은 큰 회의실에 있다. 테이블 맞은편에는 다른 사람들이 앉아 있다. 당신은 의뢰인의 어깨를 가볍게 두드리며 자리에 앉으라고 한 뒤, 자신은 계속 서 있다.

순간, 당신은 깨닫는다. 당신이 나서서 의뢰인을 위해 말하지 않는다면, 아무도 대신 말해주지 않으리라는 사실을. 당신은 의뢰인의 유일한 희망이다. 당신은 철저히 준비되어 있다. 의뢰인이 원하는 바를 정확히 이해하고 있다. 회의가 시작되자 당신은 의뢰인을 대신해 목소리를 낸다.

당신은 의뢰인을 대신해 이렇게 말한다.

- "제 의뢰인은 그것을 받아들일 수 없습니다."
- "제 의뢰인은 공정한 대우를 원합니다."
- "제 의뢰인은 이런 일이 다시는 일어나지 않을 것이라는 보장이 필요합니다."

의뢰인을 대신해 발언하는 당신의 목소리는 강단 있고 단호하다. 그저 대화에 참여하는 데 그치지 않고, 자신감을 가지고 대화를 주도하며, 의뢰인의 필요와 권리를 힘 있게 대변한다. 당신이 선택하는 모든 단어에는 분명한 의도가 담겨 있다. 의뢰인의 이익을 보호하고 증진하기 위해, 그리고 의뢰인이 마땅히 받아야 할 존중을 보장받게 하기 위해 말을 이어간다. 그리고 그렇게 하는 동안, 당신은 목소리가 지닌 힘을 깨닫는다.

이제 같은 힘과 같은 어조, 같은 정의감으로 '의뢰인'을 '나'로 바꿔보자.

- "나는 그것을 받아들일 수 없습니다."
- "나는 공정한 대우를 원합니다."
- "나는 이런 일이 다시는 일어나지 않을 것이라는 보장이 필요합니다."

이것이 바로 자신을 대변하는 말이다.

더 단호해지기 위해서는, '자신의 필요를 말하는 것'이 기본 설정이 되어야 한다. "나는 ~이 필요합니다"로 말을 시작하라. 이 간단한 변화만으로도 자신의 욕구를 주체적으로 인식하고 명확히 전달할 수 있다.

- "잠깐 시간이 필요합니다."
- "당신과 대화할 필요가 있습니다."
- "그 일이 나에게 어떤 영향을 미쳤는지 알아주었으면 합니다."
- "당신의 도움이 필요합니다."

요구를 주장할 줄 모르면 단호하게 말할 수 없다. 당신은 자신의 대변인이 되어야 한다. 그 말은 곧 과도하게 사과하는 버릇을 그만둬야 한다는 뜻이다. 물론 진심 어린 사과가 필요한 때가 있다. 여기서 말하는 것은 의미 없는 사과, 불필요한 사과, 의미 자체가 없는 사과다. 당신이 요청이나 질문, 설명에 무심코 덧붙이는 "죄송해요" 같은 표현을 말하는 것이다. 예를 들면 다음과 같다.

- "저기, 정말 죄송한데요, 잠깐 시간 괜찮으세요?"
- "오늘은 안 될 것 같아요. 죄송해요!"
- "방해해서 죄송합니다."
- "죄송한데, 제가 이해하지 못했어요."
- "죄송하지만, 다시 한번 말씀해주실 수 있을까요?"

"미안하다"라고 말하면 안전하게 느껴질 수 있지만, 실제로는 당신의 자존감을 해치는 경우가 더 많다. 진짜 필요한 상황에만 사과하라. 잘못에 대한 용서를 구할 때, 실수를 인정할 때, 다른 사람의 아픔에 공감할 때처럼 정말 의미 있는 순간에만 사과의 표현을 사용해야 한다. 과도한 사과 대신 감사의 말을 사용하거나 아예 아무 말도 하지 않는 편이 차라리 낫다.

- 이전: "늦어서 죄송합니다."
- 이후: "기다려주셔서 감사합니다." (단, 정말 많이 늦은 경우라면 사과하는 것이 맞다)

- 이전: "방해해서 죄송합니다."
- 이후: "도와주셔서 감사합니다."

- 이전: "질문이 많아서 죄송해요."
- 이후: "자세히 설명해주셔서 감사합니다."

자각하든 자각하지 못하든 과도한 사과는 당신의 사고방식에 부정적인 영향을 미친다. 당신은 자신을 점점 더 성가시거나 짐스러운 존재로 여기게 된다. 꼭 기억하자. 당신의 자존감은 타인에게 얼마나 적게 폐를 끼치는지에 달려 있지 않다. 존중과 신뢰를 유지하면서 자신의 요구를 주장하는 것은 결코 폐를 끼치는 일이 아니다. 오히려 꼭 필요한 일이다.

연습 4. 중요한 순간에 말하라

내가 예전에 다녔던 로펌에서는 파트너 회의가 열릴 때마다 연말 상여금, 연봉 인상, 다음 해 주요 과제 같은 주제를 놓고 격렬하게 토론이 벌어졌다. 치열한 토론 끝에 모두가 합의에 도달했다고 생각할 때쯤 꼭 한 사람이 나서서 의견을 내거나 제안된 안건에 흠집을 냈다. 그 사람은 관련 있든 없든 상관하지 않고 끼어들어 발언했고, 결국 결정 과정을 방해하고 회의 시간을 길어지게 했다. 아이디어에 반대 의견을 제시하는 것은 꼭 필요한 일이지만, 그 사람은 대안을 제시하려는 의지 없이 "그런데 만약 ~하면 어떨까" 하는 식으로 문제를 지적하는 데만 열을 올렸다.

어떤 유형인지 짐작할 수 있을 것이다. 그 사람은 일은 가장 적게 일하면서도 스트레스를 많이 받는다고 일부러 큰소리로 불평을 늘어놓곤 했다. 그가 회의에 참석한 사람 중 가장 근무 시간이 짧고 실적이 저조하다는 사실은 모두가 아는 이야기였다. 회사 전체의 방향성이나 흐름에 대한 이해도도 가장 낮았다. 텍사스식 표현을 빌리자면, 그는 "모자만 번드르르하고 소는 없는" 사람이었다. 말은 그럴듯하지만, 실제 행동은 따르지 않는 사람이었던 것이다. 그가 말을 보탤 때마다 그에 대한 존중과 신뢰는 점점 더 무너졌다. 여기저기서 한숨 소리와 눈을 굴리는 소리만 났다.

반면 사람들의 존경을 받는 시니어 파트너는 좀처럼 말을 하지 않았다. 그가 간혹 입을 열면 사람들은 즉시 말을 멈추고 귀를 기울였다. 그가 침묵하는 것은 관심이 없기 때문이 아니며, 필요한 순간에는 목소리를 낸다는 사실을 모두가 알고 있었다.

다른 사람보다 아는 것도 적고, 이바지한 것도 적고, 의견의 중요성도 낮은 사람이 가장 말이 많은 경우를 흔히 볼 수 있다. 분명 당신도 회의에서 이런 사람이 사소한 문제에도 굳이 의견을 보태려고 하는 모습을 본 적 있을 것이다.

자신감 있어 보이는 사람과 그렇지 못한 사람의 가장 큰 차이는 말해야겠다는 충동을 얼마나 자주 느끼느냐에 있다. 이는 너무나 명확한 신호다. 그렇다고 해서 의견을 보태거나, 우려를 표현하거나, 팀워크를 발휘하지 말라는 뜻은 아니다. 핵심은 불안한 사람일수록 말을 많이 하려는 충동을 느낀다는 것이다.

그들은 불안감 때문에 자신을 증명하지 않으면 안 된다고 믿는다. 자신이 얼마나 똑똑한지, 얼마나 옳은지, 얼마나 '너보다 나은지' 모두가 알아야 한다고 생각한다. 자신에 대한 불확실함은 다른 사람들이 그렇게 느끼지 않도록 만들려는 욕구를 부추긴다. 이러한 불안은 사람들의 눈에 쉽게 보이기 마련이다. 흔히 자신의 평판을 올려줄 만한 사람의 이름을 들먹이거나, 상대보다 우위에 서려 하거나, 마지막 말은 꼭 자기 몫으로 남기려는 집착으로 나타난다.

반면, 자신감 있는 사람들은 오히려 아무 말도 하지 않으려고 한다. 그들의 침묵에는 지혜가 깃들어 있다. 귀 기울여 듣고, 관찰하고, 정보를 받아들인다. 자신감 있는 사람들은 자신의 능력과 지식에 대한 확신이 있기 때문에 굳이 이를 증명할 필요가 없다는 것을 알고 있다. 외부의 인정에 의존하지 않고, 스스로를 신뢰한다. 자신에 대한 확신이 있으므로 주목받을 필요도 느끼지 않는다.

불안한 사람은 자신의 능력과 기여에 확신을 가질 수 없을 때에, 비판하는 데서 자신감을 얻으려 한다. 그런 사람이 되지 마라. 다음에 그런 사람을 보게 되면, 내면의 불안을 해소하려 애쓰는 것임을 이해하라. 진정한 자신감은 언제 말을 보탤지 신중히 고르는 것이라는 사실을 기억하자.

연습 5. 의식적으로 말을 줄여라

말이 적을수록 요점은 더 명확해진다. 대화를 수요와 공급의 시각에서 생각해보자. 경제학에서는 무언가가 지나치게 많으면 사람들의 관심이 줄어든다고 한다. 공급이 과잉되면 가치는 떨어진다. 반대로, 어떤 것이 부족하면 사람들은 더 원하게 된다. 수요가 높아지면 당연히 가치는 올라간다. 이 원리는 의사소통에도 그대로 적용된다.

당신이 말을 많이 할수록 사람들은 당신의 말을 덜 듣고 싶어지고, 당신의 말은 그만큼 가치가 떨어진다. 말을 적게 할수록 사람들은 당신의 말에 더 주의를 기울이게 되고, 한마디 한마디의 가치도 커진다. 그 결과, 단어 하나하나가 강한 울림을 지니게 된다. 대화라는 시장에 불필요한 말을 쏟아내면, 결국 사람들의 주의력을 고갈시키는 결과를 낳을 뿐이다. 이것은 과도한 설명이 자신감을 깎아 먹는 이유이기도 하다.

　말을 많이 할수록 실질적인 내용은 줄어든다. 얼마 되지도 않는 내용을 전하기 위해 지나치게 많은 말을 쏟아내면, 오히려 큰 문제가 생긴다. 과잉 설명은 상대가 자신을 믿지 않을까 하는 두려움(사회적 평가 트리거)에서 비롯된다. 하지만 말을 많이 할수록 오히려 신뢰도는 떨어지는 법이다. 말이 길어질수록 진실조차 거짓말처럼 느껴진다. 말이 길어질수록, 말하는 내용에 대해 잘 모르는 것처럼 보인다.

연습 6. 군더더기 말을 없애라

'음', '아', '어'처럼 아무런 의미 없이 말을 늘어뜨리기만 하는 것이 바로 군더더기 말이다. 이는 자연스럽고 흔히 나타나는 현상으로, 대부분의 사람들이 무의식적으로 침묵의 공백을 메우고 대화의 흐름을 유지하기 위해 군더더기 말을 사용하고 있다. 이런 말을 쓰는 건 친구나 가족처럼 편안한 사람들이 모인 자리에서는 전혀 문제가 되지 않는다. 때론 군더더기 말이 대화의 흐름을 매끄럽게 만들기도 한다. 편안하고 깊은 교감이 이루어지는 분위기에서는 거의 인식조차 되지 않아 문제 삼을 일도 없다. 하지만 업무와 관련 있거나 격식을 차려야 하는 자리에서는 이런 말은 말하는 사람이 주저하고 자신감이 없는 것처럼 보이게 한다. 준비가 덜 되어 있거나, 자신이 하는 말에 확신이 부족하다는 인상을 줄 수 있다.

우리가 자신도 모르게 사용하는 군더더기 말에는 다음과 같은 것들이 있다.

- "그러니까"
- "있잖아?" 또는 "무슨 말인지 알지?"
- "그렇지?" 또는 "맞아, 그렇지?"
- "그래서, 음"

군더더기 말을 침묵으로 바꿔라. 그러면 다음과 같은 차이가 생긴다.

- 수정 전: "그러니까, 음, 어, 그러니까, 있잖아, 이렇게 대화할 때 군더더기 말들이, 그러니까, 메시지에서, 음, 집중을 흐트러뜨리잖아, 그렇지?"
- 수정 후: "군더더기 말을 사용하면 메시지의 집중력이 흐트러진다."

어떤가? 수정 전 문장은 무슨 말을 하려는 것인지 쉽게 파악할 수 없다. 이 문제를 고치려면 침묵을 편안하게 받아들일 줄 알아야 한다. 처음에는 말하는 속도가 느려져 답답할 수 있다. 군더더기 말이 끼어들지 않도록 다음 단어를 의식적으로 선택하기 때문이다. 괜찮다. 그렇게 해도 된다. 침묵의 공간을 소리로 채우려는 충동을 참아내자. 침묵에 익숙해져야 한다.

6장에서 배운 것처럼, 침묵은 멈춤을 만들어 당신이 대화를 더 잘 통제할 수 있게 해준다. 필요한 부분을 강조할 기회도 준다. 침묵하면서 어색하거나 이상하게 느껴질 수도 있다. 하지만 듣는 사람에게는 당신이 의도적이고 자신감 있게 말하는 것처럼 보인다.

군더더기 말은 듣는 사람에게 아무런 가치도 더해주지 않는다. 불필요한 단어는 메시지의 힘을 떨어뜨릴 뿐이다. 문장을 약하게 만드는 단어들을 제거하라. 단호하게 말하고 싶다면 군더더기 없이 깔끔한 말을 사용하라.

연습 7. 자신을 깎아내리지 마라

내가 나의 말에 가치를 두지 않는데, 상대가 존중할 리 없다. 자신을 깎아내리는 표현을 사용하면, 그것이 서서히 나의 자신감을 무너뜨린다. 예를 들면 다음과 같은 표현들이 있다.

- "폐를 끼쳐서 죄송해요."
- "좀 바보같이 들릴 수도 있는데요."
- "멍청한 질문이라면 용서해주세요."

- "제가 뭔가를 놓치고 있을지도 몰라요."
- "당신이 저보다 더 잘 알 거예요."

물론 좋은 의도로 이런 표현을 사용할 것이다. 겸손하고 자기를 낮추는 말투로 부드럽게 접근하려고 말이다. 그 마음 자체는 충분히 존중할 만하다. 하지만 듣는 사람은 그렇게 받아들이지 않는 경우가 많다.

실제로 이런 표현은 자신을 낮게 평가하고 있다는 인상을 준다. 자신에 대한 기대치를 낮추려는 것처럼 들리기도 한다. 제대로 보여주기도 전에 자기 능력을 의심하게 만들어버리는 셈이다.

결국 상대는 당신의 자신 없는 말버릇을 당신의 영향력과 기여도에까지 연결해 당신이라는 사람 자체를 판단하는 자료로 삼게 된다. 당신이 "폐를 끼쳐서 죄송해요"라고 말하면 상대는 "내가 하려는 말이 당신을 귀찮게 할 거예요"라는 의미로 받아들인다. 또는 당신이 하려는 말이 어리석을 것 같다거나 당신이 하려는 질문이 멍청한 질문일 거라는 인상을 준다. 이 메시지들에는 단호함이 전혀 담겨 있지 않다. 앞에서 말한 지나친 사과와 비슷하다. 마치 당신이 이 자리에 존재하는 것 자체를 사과하는 것처럼 들린다.

이런 표현을 사용하면 상대에게도 사회적 의무를 지우게 된다. "아니에요, 전혀 폐가 아니에요"라든가 "바보 같은 질문 아니에요" 같은 말로 당신을 안심시키거나 용서해야만 하는 상황이 만들어진다. 결국 당신은 본론에 들어가기도 전에 상대와 자신의 불안을 다루는 짧은 대화를 해야만 한다. 이렇게 대화의 시작을 자신을 깎아내리는 방식으로 구성하면, 의도치 않게 자신의 목소리가 들을 가치가 없거나 다른 사람보다 덜 중요하다는 인식을 강화하게 된다.

문장 끝에 "이해되실까요?" 같은 말을 덧붙이는 것도 자신을 깎아내리는 행동이다. 물론 당신이 한 말이 제대로 전달됐는지 확인받고 싶은 마음, 다시 말해 자신이 한 말이 정말로 이치에 맞는 것인지 인정받고 싶다는 욕구는 충분히 가질 수 있다.

하지만 이런 표현을 사용하면 당신을 곤란한 상황으로 몰아넣을 뿐이다. 확신이 없는 사람이라는 인상을 주거나 자신이 한 말을 당신 스스로도 믿지 않는 것처럼 보일 수 있다. 예를 들어, "내일 날씨와 교통 상황 등을 고려해서 회의 시간을 옮기면 어떨까 하는데요, 이해되실까요?"라고 말하면, 최악의 경우 상대방을 불쾌하게 만들 수도 있다. 상대가 분명히 이해했는데도 마치 이해하지 못했을 것으로 가정한 것 같은 느낌을 주기 때문이다. "여기 두 부분을 이렇게 연결하면 작동하기 시작할 거예요. 이해되시나요?"라고 말하는 것과 같다. 이런 바람직하지 않은 결과를 막기 위해서는 아예 그런 표현을 사용하지 않거나 "어떻게 생각하세요?" 같은 표현으로 바꿔 말하는 것이 좋다.

스스로 존재감을 깎아내리려는 순간을 알아차릴 때마다 잠시 멈춰 서서 다시 생각해보자. 어떻게 하면 자신에 대한 의심이 느껴지지 않도록, 더 단호하고 명확하게 생각을 표현할 수 있을까? 당신의 기여는 소중하다는 사실을 잊지 말자. 자신의 생각과 의견을 자신 있게 표현하면 사람들이 당신을 바라보는 시선뿐만 아니라 당신이 자신을 바라보는 시선까지도 바꿀 수 있다. 그러니 문제를 더 넓게 보거나 분석적으로 접근해 표현하는 데 집중해보자.

예를 들면 이런 식이다.

- "당신이 말한 내용을 좀 더 확장해보고 싶습니다."
- "조금 더 깊이 들어가보고 싶습니다."
- "그 주제를 조금 더 발전시켜도 될까요?"
- "가치를 더해줄 만한 통찰이 있습니다."

이런 표현들은 질문이나 관점을 회피하려는 것이 아니라 오히려 적극적으로 파고들겠다는 의지를 드러낸다.

연습 8. 불필요한 부분을 걷어내라

당당한 말을 사용하는 가장 효과적인 방법은 문장에서 부사를 없애는 것이다. 부사는 동사나 형용사를 수식하는 단어로, 대개 정도를 나타내는 의미를 갖는다.

- 그냥, 단지, 막
- 정말, 아주, 너무, 매우
- 사실은, 실제로, 사실상
- 본질적으로, 기본적으로, 문자 그대로

이런 단어들이 나쁘다는 뜻은 아니다. 일상적인 대화에서 사용하기에는 전혀 문제가 없다. 그러나 중요한 순간에 단호하게 말하고 싶고, 한마디 한마디가 모두 중요한 상황이라면 부사는 과감히 덜어내는 게 좋다. 예를 들어, "그러니까 본질적으로 부사는 정말로 문장을 희석할 수 있다"보다 "부사는 문장을 희석한다"라는 표현이 훨씬 힘이 있다.

이외에도 단호함을 흐트러뜨리는 표현들은 많다. 자신이 평소 사용하는 표현이 있는지 살펴보자.

- "제 말은…" 또는 "제가 하고 싶은 말은…"
- "그냥 웃긴 게…"
- "기분 나쁘게 할 생각은 없지만…"
- "그게 그냥…"
- "그러니까 내 말뜻은…"

- "그냥 내가 꼭 할 말은…"
- "솔직히…"
- "오해는 하지 마시고…"
- "그냥 정말…"
- "그냥 궁금해서 그런데…"
- "음, 제 생각에는 어쩌면…"

이런 표현은 아무리 좋게 봐도 신뢰도를 깎아내린다. 최악의 경우, 불성실하게 들린다. 그러니 과감히 빼자. 필요하지 않은 말들이다. 본론만 깔끔하게 말하라.

연습 9. 확신이 서지 않을 때는 경험을 활용하라

직장에서 답을 모르는 질문을 받는 경우가 많다. 그런 상황을 단호한 언어를 연습하고 활용할 좋은 기회로 삼아보자. 당황해서 얼어붙은 표정을 짓지 말고 과거의 경험을 활용하라.

- "이런 상황은 처음 겪어봅니다."
- "제 경험상…"
- "과거에 제가…"
- "지금까지 봐온 바로는…"

과거의 경험을 활용하면 답을 모르더라도 탄탄한 기반 위에서 답할 수 있다. 참고로, "모르겠습니다"라고 말하는 것 자체는 전혀 문제가 없다. 모른다고 사실대로 인정하는 태도는 오히려 정직함과 겸손함의 표현으로, 신뢰를 쌓는 데 도움이 된다.

모른다고 인정한 뒤, 답을 알아보겠다고 약속하거나 관련 경험을 말한다면 당신이 가치를 제공하려는 의지가 있음을 분명히 보여줄 수 있다. 당황한 나머지 그냥 포기해버리지 말고 과거의 경험을 활용하자. 당신이 주도적으로 행동하고 있으며, 불확실한 상황을 헤쳐 나가기 위해 자신의 지식을 적극적으로 활용하고 있다는 인상을 줄 수 있다.

연습 10. "자신한다"라고 말하라

이번 내용은 간단하다. "자신한다"라는 말로 문장을 끝맺어라. 앞에 어떤 말을 하든 중요하지 않다. 듣는 사람은 "자신한다"라는 말을 듣고 자신 있는 행동을 당신과 연결 지어 기억하게 될 것이다.

- 수정 전: "제 능력이 귀사에 도움이 되리라 생각합니다."
- 수정 후: "제 능력이 귀사에 도움이 될 것이라 자신합니다."

- 수정 전: "제가 도움을 드릴 수 있을 거라 믿습니다."
- 수정 후: "제가 도움을 드릴 수 있다고 자신합니다."

- 수정 전: "질문이 생기면 어디서 답을 찾아야 하는지 알고 있습니다."
- 수정 후: "질문이 생기면 어디서 답을 찾을지 안다고 자신합니다."

생각해보라. "제 생각에는"이라고 말하는 사람과 "자신한다"라고 말하는 사람 중에서 당신은 어느 쪽을 더 신뢰할 것 같은가?

억양, 눈맞춤, 리듬으로 말하는 법

이 책의 서두에서 말했듯, 중요한 것은 무엇을 말하느냐가 아니라 어떻게 말하느냐다. 어떤 단어를 사용해야 하는지만 알려주고 그 단어들이 어떻게 들려야 하는지는 알려주지 않는다면, 이 책은 약속을 지키지 않는 셈이다. 그렇다면 자신감 있는 말투란 정확히 어떻게 들릴까?

답은 균형이다. 헤드폰으로 음악을 들을 때 양쪽 귀 중 어느 한쪽도 지나치게 크지 않고 소리가 고르게 들리는 상황을 떠올려

보면 이해하기 쉽다. 단호한 소통에서 균형은 "나는 당신을 존중하고, 나 자신도 존중합니다"라는 메시지를 전달한다.

여기에 단호함과 공격성의 차이가 있다. 공격적인 소통은 상대방에 대한 존중을 담고 있지 않는다. 단호한 소통은 존중을 신경 쓴다. 단호한 소통의 어조는 일정하고 균형 잡혀 있다. 단어들 자체에 힘을 실어 문장을 전달하며, 그 안에 확신과 기대를 함께 담는다.

여기서 중요한 점은 '업토크'를 피하는 것이다. 업토크란 말끝을 올리는 말투를 뜻한다. 쉽게 말해, "확실한가요?"처럼 질문할 때 사용하는 상승 억양이다. 이렇게 말끝을 올리면 평서문도 불확실하거나 상대의 승인이나 확인을 구하는 것처럼 들린다. 자신감 있게 들리려면 내림 억양이나 평평한 억양으로 끝내야 한다.

저녁 식사 중 가족에게 소금을 건네달라고 부탁하는 상황을 떠올려보라. 그럴 때 "소금 좀 줘"라고 말끝을 올리는 억양을 사용하지는 않을 것이다. 마치 소금이 무엇인지 모르는 것처럼, 혹은 상대가 소금을 건네줄지 의심하는 것처럼 들리게 하고 싶지는 않을 테니까. 대부분 이런 상황에서는 말끝을 올리지 않고 평평한 억양으로 평서문에 가까운 어조를 사용한다.

단호한 소통에서 또 중요한 요소가 있다. 바로 '눈 맞춤'이다. 눈 맞춤은 당신이 대화에 몰입하고 있으며, 진지하고 자신감 있

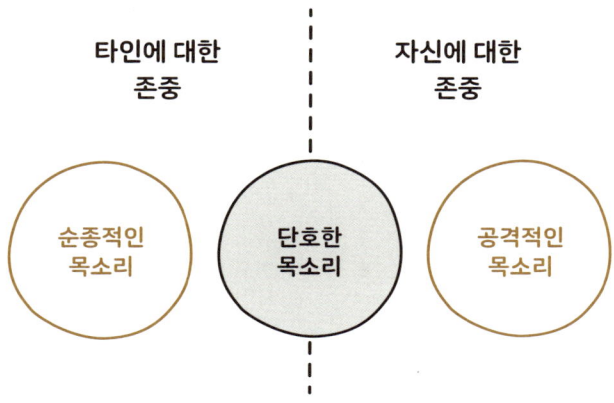

다는 신호를 보낸다. 회의 중 아이디어나 피드백을 공유할 때, 사람들과 적절한 수준의 눈 맞춤을 유지하면 자신이 말하는 내용에 자신이 있다는 인상을 줄 수 있다. 이는 "나는 내가 말하는 내용을 믿고 있으며, 이 대화에 집중하고 있다"는 메시지를 전달한다. 눈을 피하면 자신 없거나 무관심한 것처럼 보일 수 있다. 그리고 눈을 지나치게 응시하면 공격적으로 느껴질 수 있다.

눈 맞춤을 어려워하는 사람들을 위해 내가 사용하는 방법 하나를 소개하겠다. 문장의 마지막 몇 단어를 말할 때 눈을 맞춰보라. 말의 끝을 눈 맞춤으로 마무리하면 된다. 눈 맞춤을 내내 유지해야 한다고 생각하기 쉽지만, 꼭 그럴 필요는 없다. 오히려 눈 맞춤을 지나치게 오래 지속하면 강압적으로 보이거나, 심할 경우 불편하고 거북한 인상을 줄 수 있다. 따라서 문장을 마칠 때쯤 상대와 시선을 마주쳐보자. 그러더라도 전달력은 전혀 떨어지지 않는다.

말할 때의 리듬과 속도도 중요하다. 단호한 리듬은 적절한 속도로 또렷하게 말하는 것이다. 서두르거나 머뭇거리지 않고, 말하는 단어 하나하나를 충분히 전달하는 것이다. 이는 당신이 말의 내용을 신중히 생각했고, 진심으로 의미를 담고 있다는 인상을 준다. 예를 들어, 새로운 전략을 제안할 때 말을 지나치게 빠르게 하면 긴장했거나 자신의 아이디어에 자신 없다는 인상을 줄 수 있다. 반대로 지나치게 느리게 말하면 확신이 부족해 보일 수 있다.

조절된 어조, 적절한 눈 맞춤, 신중한 말의 리듬, 이 세 가지가 갖춰지면 당신의 소통은 훨씬 더 설득력 있고 강력해진다. 단호함이 들리는 것에 그치지 않고 상대가 직접 느끼고 볼 수 있게 된다. 승진을 요청하든, 관계에서 경계를 설정하든, 단순히 의견을 표현하든 메시지를 어떻게 전달하느냐는 그 내용만큼이나 큰 영향을 미친다. 존중심과 명확함이 담긴 언어와 함께 이 요소들을 갖추면, 단호한 소통이 완성된다. 이는 개인적 성장과 직업적 성공 모두를 이끄는 강력한 도구다.

이 장에서 다룬 열 가지 연습을 빠르게 다시 훑어보라. 그중에서 가장 어렵게 느껴지는 한 가지를 골라보자. 오늘, 내일, 또는 이번 주 동안 그 한 가지를 집중적으로 연습해라. 다음 대화를 하거나 문자 메시지를 보낼 때 기회가 오면 그 단호한 단어와 표현들을 사용해보라. 그리고 어떤 기분이 드는지 주의 깊게 살펴보라. 상대가 어떻게 반응하는지도 살피자. 분명 앞으로 더 단호하게 표현하고 싶은 마음이 들 것이다.

단호한 표현을 사용하면 자신감이 쌓이고, 자신감이 커질수록 더 단호하게 말하게 된다. 긍정적인 피드백 순환이다. 이런 순환을 만들어라. 열 가지 중 하나를 골라 연습하고 자신이 붙으면 다른 것도 하나씩 추가해 연습한다. 나중으로 미루지 말고 지금 바로 쓸 수 있도록 단호한 어휘를 구축하라.

핵심 정리

- 자신감은 무언가를 억지로 끌어내는 것이 아니라 자연스럽게 느끼는 감정이다.
- 자신감은 단호한 행동을 통해 쌓인다. 이 둘은 긍정적인 피드백 순환을 만든다. 단호할수록 자신감이 커지고, 자신감이 커질수록 더욱 단호해진다.
- 단어 선택은 매우 중요하다. 일반적으로 단어를 적게 사용할수록 더 자신감 있게 들린다. 불필요한 사과나 군더더기 표현을 제거하면 문장의 힘이 강해진다.
- 단호한 목소리를 찾으면 자신 있게 표현하는 힘이 생긴다.

8장

나를 지켜주는 마법의 문장,
"방금 한 말 다시 해보세요"

당신과 가까운 사람들은 당신에 대해 이미 많은 것을 알고 있다. 당신이 무엇에 기뻐하고, 무엇에 상처받는지 잘 안다. 그래서 가까운 사람들과의 관계가 틀어지면, 내면에 숨겨져 있던 최악의 모습을 끌어내는 추악한 갈등으로 번지기 쉽다. 가족이나 오랜 시간을 함께한 사람들이 가장 다루기 힘든 사람인 이유다. 힘든 대화가 몇 배나 더 힘들어진다. 변호사의 입장에서는 가족끼리 벌이는 법적 분쟁처럼 최악인 경우는 없다. 그다음은 친구 사이의 분쟁이다. 실제로 중년의 두 자매가 얽힌 사건을 맡은 적이 있는데, 짐작하듯 조금도 유쾌한 경험이 아니었다.

내 의뢰인은 자매가 함께 상속받은 사업체를 계속 운영해서 성장시키기를 원했다. 다른 자매는 사업체를 팔아 수익을 나누기를 원했다. 두 사람은 삶의 목표가 달랐다. 이들은 끊임없이 불화를 일으키는 사업체 문제를 깔끔하게 정리할 필요가 있었다. 내 의뢰인은 다른 자매의 지분을 사들이고 싶어 했다.

여러 차례 협상을 시도했지만, 내 의뢰인의 관대함과 인내는 안타깝게도 상대의 고집과 노골적인 적대감으로 응답받았다. 다른 자매는 내 의뢰인을 끊임없이 악역으로 몰아갔다. 의뢰인이 합리적인 해결책을 제시할 때마다 어떻게 해서든 그 말을 왜곡하고, 어린 시절까지 거슬러 올라가 상처 주는 말과 모욕을 퍼부었다. 상대를 아프게 할 수 있는 말만 골라서 했다.

"언제까지 착하게 굴어야 하나요?"

의뢰인이 전화 통화를 하다가 내게 물었다.

"항상 착하게 행동해야죠. 그렇다고 물러서야 한다는 뜻은 아닙니다. 밀어붙일 필요는 없지만, 밀려서는 안 됩니다."

내 의뢰인은 부모님을 생각해 자매 간의 우애를 지키려고 최선을 다했다. 그러나 이제는 한계에 다다른 것 같았다. "잘 해결해보자"라는 식의 접근은 더 이상 통하지 않았다. 이제는 다른 전략이 필요했다. 이번 장에서 다룰 내용들을 이용해 내 의뢰인은 자매와의 대화에서 자신을 지켜냈다.

두 자매는 마지막으로 (변호사들을 대동하고) 직접 만나 대화를 나눠보기로 합의했다. 만나기로 한 장소에 들어설 때 내 의뢰인은 긴장한 기색이었지만, 대화를 시작하자 예전과 달리 자신감을 드러냈다. 협상이 순조롭게 흘러가는 듯했지만, 이내 다른 자매가 분위기를 격하게 만들기 시작했다. 그녀가 폭탄 같은 한마디를 던졌다.

"난 지금까지 네가 좋았던 적이 한 번도 없어. 넌 나한테 죽은 사람이나 마찬가지야."

내 의뢰인은 말문이 막혀버렸다. 여러 차례 대화를 나누면서 알게 된 사실인데, 다른 자매의 이런 말은 칼처럼 내 의뢰인의 마음에 깊은 상처를 냈다. 긴 침묵 끝에 내 의뢰인은 마침내 단호하게 그러나 차분히 한마디를 건넸다.

"방금 한 말 다시 해봐."

다른 자매는 순간 당황한 듯 보였다. 예상치 못한 반응이었다. 다시 말할 것처럼 보였지만, 결국 입을 떼지 못했다.

"두…두 번…말 안 해."

그녀가 거의 떨리는 목소리로 말했다.

"나도 한 번만 말할게. 난 이 롤러코스터에서 내릴 거야. 너도 함께 내리고 싶으면 지금 내려. 그리고 난 항상 널 사랑했어."

다른 자매는 눈물을 글썽이며 변호사와 단둘이 이야기할 시간을 요청했다. 몇 분 뒤, 사건은 합의로 마무리됐다. 이렇게 어려운 상황에서는 상대에게 공감하고 공통점을 찾으려 노력해야 한다는 조언을 들어본 적 있을 것이다. 물론 옳은 말이고 가치 있는 조언이다. 하지만 그 조언이 현실적이지 않을 때도 많다. 연민이 바닥났다고 느껴지면 어떻게 해야 할까? 당신의 공감이 악용당하거나 이용당하고 있다고 느낄 때는 어떻게 소통해야 할까?

때론, 자리를 박차고 일어나야 한다

친절만으로 해결되지 않는 상황이 있다. 아무리 인내심을 가지고 부드럽게 설명해도 소용 없는 경우가 있다. 상대가 무슨 일이 있어도 당신을 오해하기로 굳게 마음을 먹었다면 말이다. 이런 상황이 닥치면, 당신은 두 가지 중 하나를 선택하고 싶어질 것이다.

    첫째, 마치 살얼음판 위를 걷듯 조심스럽게 말과 행동을 끊임없이 조정하며 갈등을 피하려 한다. 그러나 그렇게 하면 결국 내 자신의 진정성과 마음의 평화를 희생하게 된다.

    둘째, 상대의 부정적인 에너지에 맞서 똑같이 감정적으로 대응하며 끝없는 공방을 벌인다.

    나는 당신이 그 어느 쪽도 선택하지 않기를 바란다. 여기 세 번째 방법이 있다. 당신이 새로 익힌 단호한 목소리를 활용해 오해의 여지를 남기지 않는 답변을 하는 것이다. 공격성의 대담함은 지니되 무례함은 전혀 담겨 있지 않은 답변 말이다.

갈등 상황이 극한으로 치달으면 자신을 위해 목소리를 내야만 하는 순간이 온다. 이때 불만을 분명히 표현해야 한다. 물론 품위를 지키고 상대에 대한 존중도 보여주어야 한다. 하지만 무엇보다 자신을 중요하게 생각하는 마음을 바탕으로 상대의 언행을 더 이상 용납할 수 없음을 분명히 밝혀야 한다.

이렇게 자신을 지키기 위한 목소리를 낼 때 가장 먼저 알아야 할 것은 언제 그렇게 해야 하는가이다. 모든 사람이 굳이 자리를 박차고 일어나 대응할 만큼 가치가 있는 것은 아니다. 자신의 가치를 아는 마음가짐이 필요하다. 내 마음의 평화를 희생하면서까지 상대할 가치가 있는 사람은 많지 않다. 눈앞에 있는 사람이 당신에게 의미 있는 사람인지 판단하고 의식적으로 결정해야 한다.

단호하게 반대 의사를 표시하고 자신을 지키는 일은 예술이자 기술이다. 다음은 누군가 도를 넘었을 때 당신이 활용할 수 있는 고급 도구들이다.

모욕, 깎아내리기, 무례함을 받아치는 방법

누군가 무례하거나 모욕적인 말을 할 때, 그 사람이 당신에게서 무언가를 얻으려 한다는 사실을 반드시 기억하라. 그들이 원하는 것은 바로 도파민이다. 기분을 좋게 만들고, 동기를 부여하며, 보상감을 주는 '행복 호르몬'말이다. 그들이 도파민을 얻고자 하는 이유는 당신과 큰 관련이 없다. 대개는 그들의 개인적인 불안감이 반영된 결과일 뿐이다. 다른 사람을 깎아내리는 행동은 무력한 이들에게는 권력을 쥔 듯한 착각을, 무시당한 이들에게는 주목받는 듯한 만족감을, 질투하는 이들에게는 무언가를 얻은 듯한 위안을 준다. 타인에게서 받는 관심이나 타인의 부정적인 반응을 통해 느끼는 통제감에서 그들은 도파민을 얻는다.

또한 상대는 당신에게서 보이거나 스스로 투사한 약점에 집중함으로써 자신의 약점을 외면하려 한다. 이는 당신이 때때로 무심코 다른 사람을 재단하는 것과 비슷한 심리다. 상대는 당신에게 불안감을 심어줄 수 있다는 사실을 알아차리면 비록 잠시일지라도 자신의 불안이 줄어드는 것을 느낀다. 또한 당신이 불편해하는 모습을 보면서 자신은 덜 괴롭다고 위안을 삼는다. 한마디로 당신의 자신감을 희생양 삼아 잠깐 나아진 기분을 느낀다. 이것은 끊어내야 할 악순환이다.

이런 발언의 본질을 제대로 파악하는 것이 중요하다. 결국 당신에게서 반응을 끌어내려는 시도일 뿐, 절대로 당신에게 문제가 있다는 뜻이 아니다. 그들이 필요로 하는 것은 바로 당신의 반응이다. 그러니 그들이 도파민을 얻으려고 말을 휘두를 때, 당신이 절대로 하지 말아야 할 일은, 절대로 그들이 원하는 반응을 보이지 않는 것이다.

상대가 당신을 모욕하거나 불쾌하게 할 때

"넌 바보야."

"넌 패배자야."

"넌 못생겼어."

인신공격이든 당신의 성격, 외모, 능력, 정체성에 대한 비난이든, 그 목적은 상처를 주는 데 있다. 상대가 당신의 나이, 인종, 성별, 배경을 겨냥할 수도 있다. 이런 말들은 깊은 상처를 남기려는 의도로 던져지며, 대개 매우 직접적이기 때문에 더 아프다.

물론 모욕을 당했을 때 그대로 되갚아주어야 속이 시원할 수 있다. 하지만 그렇게 하면 상황이 악화될 뿐이다. 되갚아주는 것이 정의라고 스스로 합리화할 수도 있지만, 그렇게 하면 이번에는 당신이 도파민을 갈구하는 쪽이 되어버린다. 둘 중 한 명이 물러서거나 일시적인 승리를 거둘 때까지 공격은 멈추지 않고 계속된다. 그런 일에 시간을 낭비할 필요는 없다. 당신은 그런 저급한 행동에 신경 쓰기에는 너무나 가치 있는 사람이다.

누군가 당신을 모욕하거나 불쾌하게 할 때는 다음 단계를 시도해보라.

1단계. 길게 멈춰라

긴 멈춤은 상대가 내뱉은 말이 메아리가 되어 돌아가게 해준다. 또한 그 말이 당신에게 닿기도 전에 떨어져 방어적으로 반응하는 것을 막아준다. 이 부분에 대해서는 11장에서 자세히 다룰 것이다.

긴 멈춤은 상대로 하여금 자신의 말에 대해 다시 생각하게 만들고, 그 말을 그대로 밀고 나갈지 취소할지 고민하게 한다. 어색한 침묵에 상대가 당황할 수도 있는데, 괜찮다. 가장 중요한 것은 그 침묵이 상대에게서 도파민을 빼앗는다는 점이다.

2단계. 상대의 말을 천천히 반복하기

대부분의 경우, 침묵만으로도 충분하다. 그 이상이 필요한 경우에는 상대가 한 말을 천천히, 아주 천천히 반복해 말한다. 당신이 메아리가 되어 상대가 한 말을 한마디도 빠뜨리지 않고 들을 수 있도록 해주는 것이다.

3단계. 숨을 계속 내쉬어라

상대가 한 말을 천천히 반복하면 오해가 풀릴 수도 있고, 상황이 더 나빠질 수도 있다. 그럴 때는 다시 호흡에 집중해야 한다. 호흡을 조절하는 데 집중하면서 몸이 경직되거나 생각이 흐려지지 않도록 한다. 얕은 호흡 상태에 빠지면, 감정이나 분노가 뒤늦게 터져 나와 주도권을 잃을 위험이 커진다. 필요하다면, 다음 장에서 배울 방법을 통해 경계를 단호하게 설정하라.

상대가 당신을 깎아내리거나, 깔보거나, 얕잡아볼 때

"네가 이해할 수 있을 만한 수준으로 설명해줄게."
"와, 드디어 살 좀 뺐네. 잘했어."
"자기가 잘한 줄 알다니, 진짜 귀엽다."

이런 발언은 당신의 노력, 지능, 지위를 깎아내리려는 의도를 갖고 있다. '거들먹거리는' 태도로 당신이 이미 알고 있는 것을 굳이 설명하려 든다. 좀 더 노골적인 모욕과 달리 이런 발언은 대개 간접적이다. 겉으로는 칭찬인 척하고 친근한 척 굴지만, 그 이면에는 당신의 가치를 깎아내리려는 의도가 숨어 있다. 상대가 당신을 깎아내리거나 깔보거나 얕잡아볼 때는 다음 단계를 시도해보라.

1단계. 다시 말하게 하라

상대에게 방금 한 말을 다시 해달라고 한다. 그것만으로 충분하다. 다시 말해달라고 하는 순간, 상대가 노리는 재미, 즉 도파민이 증발해버린다. 마치 상대가 던진 말에 젖은 담요를 덮어버리는 것과 같다. 게다가 상대는 이런 반응을 전혀 예상하지 못했을 것이다. 누군가를 깎아내리는 발언을 하는 사람들은 당연히 그 말을 듣는 사람에게 관심이 향하기를 바란다. 그러나 당신이 방금 한 말을 다시 해보라고 하면, 곧바로 말한 사람에게 관심이 돌아간다. 당연히 상대는 불편함을 느끼게 된다. 그러면 대개 "됐어", "아니, 그게 아니라…"처럼 서둘러 말을 바꾸려고 하기 마련이다. 이렇게 간단하게 말하면 된다.

- "방금 한 말 다시 해봐."
- "다시 말해봐."
- "잘 못 들었어. 다시 말해줄래?"

2단계. 결과를 묻는 질문을 던져라

상대가 그 말을 다시 할 배짱이 있든 없든, 당신은 결과를 묻는 질문으로 대응해야 한다. 이 질문은 상대가 당신에게서 끌어내려 했던 반응을 거울로 비추는 데 목적이 있다. 다시 말해, 상대가 반드시 듣고 깨달아야 할 메아리를 당신이 말로 표현하는 것이다.

- "그 말로 나를 상처 주고 싶었던 거야?"
- "그 말로 나를 창피하게 만들고 싶었던 거야?"
- "나를 초라하게 만들려고 한 말이야?"
- "그걸 입 밖으로 내니까 기분이 좋았어?"

3단계. 침묵으로 답하라

상대가 어떤 대답을 하든 침묵으로 응답하라. 차라리 아무 반응도 하지 않는 편이 좋을 때도 있다. 아마도 상대는 형편없는 변명을 늘어놓거나, 농담이었다고 둘러대거나, 말을 더듬으며 수습하려 할 것이다. 그런 서투른 행동이 그대로 드러나게 내버려두어라. 당신의 침묵은 당신이 상황을 통제하고 침착함을 유지하고 있음을 보여줄 것이다.

상대가 무례하게 굴거나 무시할 때

"너 아직도 말하고 있니?"

"아무도 너한테 안 물어봤어."

"네 얘기 듣고 있자니 나까지 멍청해지는 것 같아."

이런 말들은 흔하게 행해지는 무례한 발언으로, 사회적 규범에 어긋나고 상대에 대한 존중도 찾아볼 수 없다. 직접적으로 말할 수도 있고 간접적으로 전달될 수도 있는데, 어떤 경우든 매우 거칠게 들린다. 이런 말의 목적은 당신의 생각이나 신념을 무효화하려는 데 있다. 누군가 당신에게 무례하게 굴거나 당신의 의견을 깎아내리려 할 때는 다음 단계를 시도해보라.

1단계. 잠시 멈춰라

상대의 말을 곱씹을 만큼 짧게 멈춘다. 침묵을 저울처럼 활용한다. 상대의 말을 저울질해 그것이 당신의 시간과 노력을 들일 가치가 있는지 판단하라.

2단계. 의도를 묻는 질문을 던져라

이 질문은 결과를 따지는 질문과 비슷해 보이지만, 결과가 아니라 상대의 말투와 표현에 주목하고, 그 이면의 의도를 파헤치는 데 초점이 맞춰진다. 예를 들면 다음과 같은 질문이다.

- "무례하게 들릴 거 알고 하신 말씀이죠?" (또는 '불쾌하게', '무시하는 말처럼')
- "못되게 들릴 거 알고 하신 말씀이죠?"
- "그 말을 한 의도가 뭔가요?"
- "내가 그 말을 듣고 어떤 반응을 보이길 기대했나요?"
- "도와주려고 한 말인가요, 상처 주려고 한 말인가요?"

3단계. 기다려라

대부분의 경우, 상대는 해명하거나 사과하며 말을 바꾸려 할 것이다. "세상에, 전혀 그런 뜻이 아니었어요. 내가 말하려던 건…" 같은 식으로 말이다. 이렇게 됐다면 축하할 일이다. 상대의 말을 개인적인 공격으로 받아들이지 않았고, 관계에 불필요한 갈등을 일으킬 위험도 막았다는 뜻이기 때문이다. 하지만 상대의 의도가 악의적이라면, 변명을 받아주지 말고 계속 침묵을 지켜라.

이 방식은 말로 하는 대화에만 효과가 있는 게 아니다. 글로 주고받는 소통에도 똑같이 유용하다. 예를 들어, "퉁명스럽게 들리라고 한 말인가요?"라는 짧은 이메일이나 문자 메시지를 보내는 것만으로도 표현이 서툴거나 경솔하게 쓰인 메시지를 대부분 바로잡을 수 있다.

사과 같지 않은 사과에 대응하기

상대도 자신이 잘못했다는 걸 알고, 당신도 알고 있다. 그런데도 상대가 솔직히 사과하지 않을 때가 있다. 당신에게 상처를 준 일에 대해 사과를 받아내려는 일은 고통스러울 수 있다. 때로는 상처를 후벼파기도 한다. 상대가 사과하지 않으면, 감정과 경험 자체가 부정당한 듯한 느낌을 받을 것이다. 진심 어린 사과도 없고, 상처는 인정받지 못한 채 남으며, 문제 해결은 멀어지고, 갈등의 골은 점점 깊어진다. 그렇게 치유가 늦어지면서 결국 신뢰와 존중은 무너져버린다.

사과를 아예 거부하는 것과 변명을 그럴듯하게 포장해 마치 사과인 듯 내미는 것 사이에는 본질적인 차이가 없다. 따지고 보면, 사과를 가장한 변명이 더 나쁘다. 당신이 무엇을 원하는지 정확히 알면서도 의도적으로 외면했기 때문이다. 상대는 사과해야 한다는 것도 알고, 사과할 수 있다는 것도 알지만, 끝내 사과하지 않는다. 그 밑바탕에는 '잘못을 인정하는 것'에 대한 두려움이 자리하고 있다. 자기 잘못이나 책임을 인정하는 일은 자존심에 상처를 주고, 스스로의 결점을 마주하게 만들기 때문이다. 그래서 실수를 인정하고 진심으로 사과하는 것은 결코 쉬운 일이 아니다.

당신도 그런 경험이 있을 것이다. 사과하고 싶지 않았던 순간 말이다. "난 잘못한 게 없는데, 왜 사과해야 하지?"라고 느꼈던 때. 하지만 상대가 소중한 존재이고, 실제로 당신이 상처를 주었다면, 사과하지 않는 것은 그 관계를 조금씩 갉아먹는 일이 된다. 생각해보라. 솔직한 사과가 당신에게 대체 어떤 대가를 요구하는가? 전적으로 동의하지 않더라도, 사과한다고 해서 당신이 잃을 것은 없다.

여기서 잠깐. 사과를 받아내기 위해 피해자인 척하며 당신을 조종하려는 사람들에게는 단호해야 한다. 그런 경우에는 전혀 다른 방식으로 대응해야 한다. 지금 이야기하는 것은 서로 감정을 상하게 할 수 있는 일상의 평범한 대화에 관한 것이다. "지금은 사과할 준비가 되어 있지 않아요. 너무 화가 나서 먼저 진정할 시간이 필요해요"라고 말하는 것도 괜찮다. 이것이야말로 진짜 소통이다. 하지만 사과받을 자격이 없다고 여겨 사과 자체를 거부한다면, 그것은 스스로 판단하고 스스로 결론까지 내려버리는 태도와 다르지 않다.

어떤 감정을 느껴야 하는지, 어떻게 느껴야 하는지 당신에게 강요할 수 있는 사람은 이 세상 어디에도 없다. 그것은 마치 누군가가 당신의 팔을 때려놓고, "안 다쳤잖아"라고 말하는 것과 같다. 당신이 아닌 그 누구에게도 당신의 감정을 결정할 권리는 없다.

누군가에게 사과를 강요할 수는 없지만, 당신은 자신을 위해 단호히 나서서 형식적이고 무의미한 사과는 더 이상 받아들이지 않겠다고 분명히 밝힐 필요가 있다. 진정성 없는 사과는 형태도 종류도 다양한데, 그중에서도 우리가 특히 자주 접하는 유형이 있다. 당신이 앞으로 가장 흔히 듣게 될, 그리고 이미 여러 번 들어봤을 법한 사과 유형은 다음과 같다.

공감 없는 사과

이 유형은 "뭐, 네가 그렇게 느꼈다니 유감이야"라는 식이다. 이런 사과를 받는다면 이렇게 답하자.

- "내 감정에 대해 사과하지 말고, 네가 한 행동에 대해 사

과해."

이런 사과는 책임을 완전히 회피하려 드는 태도라고 할 수 있다. 자기 잘못을 직시하지 않고, 당신의 반응으로 초점을 돌려버린다. 하지만 앞에서 말한 것처럼 답하면 대화의 초점이 원래 향해야 할 마땅한 자리로, 즉 상대의 행동으로 돌아간다. 한마디로 이런 메시지가 전달된다.

"아니, 내 감정은 내 거야. 내 감정은 내가 책임져. 당신은 당신 행동에 책임을 져야 해."

상대가 당신의 감정에 대해 미안해하는 것은, 제대로 된 사과가 아니라는 점을 분명히 짚어줘야 한다. 상대는 당신의 감정에 대해 미안해할 필요가 없다. 당신이 느끼는 감정을 불러일으킨 행동에 대해 미안해하는 것이야말로 그들이 해야 할 일이다.

조건부 사과

이 유형은 "내가 뭔가 잘못했다면 미안해" 또는 "내가 널 화나게 했다면 미안해"라는 식이다.

이런 사과를 받는다면 이렇게 답하자.

- "'잘못했을 수도 있다'라고 하지 말고, '잘못한 점'에 대해 사과하세요."

상대는 사과에 '만약'이라는 조건을 달아 자신의 행동이 정말 잘못된 것인지 따져봐야 하는 문제인 것처럼 보이게 만든다. 한마디로 사과가 조건부이자 불확실한 것이 된다. 이때 바로 앞에서처럼 답하면 조건부 표현을 빼고 상대가 자신의 잘못을 직접 인정하도록 유도할 수 있다. 이렇게 하면 사과가 가정적인 표현이 아니라 실제로 일어난 피해를 인정하는 표현으로 바뀐다. 예를 들어, "기분 상하게 해서 미안해"라는 말은 훨씬 더 진정성 있고 의미 있는 사과가 된다.

변명하는 사과

이 유형은 "아, 그래, 미안하다고. 됐지? 요즘 스트레스를 너무 많이 받아서 그랬어"라는 식이다.

이런 사과를 받는다면 이렇게 답하자.

- "네 스트레스에 대해 사과할 필요는 없어. 나는 네가 나에게 한 말에 대해 사과해주기를 바라."

이 사과는 자신의 행동에 대한 책임을 일, 아이들, 스트레스 같은 외부 환경 탓으로 돌린다. 하지만 이 사실을 꼭 기억하라. 그런 사정은 그들의 몫이지, 당신의 몫이 아니다. 당신이 그 대가를 치를 이유는 없다.

이때 바로 앞에서 말한 것처럼 답하면 상대의 변명에서 힘을 빼앗을 수 있다. 당신을 상처 준 것은 상대의 스트레스가 아니다. 상대의 일이 당신을 화나게 만든 것도 아니다. 책임은 마땅히 져야 할 사람에게 돌려야 한다.

조종적인 사과

이 유형은 "내가 형편없는 사람이라서 미안해" 또는 "네가 그렇게 완벽해서 미안하네"라는 식이다.

이런 사과를 받는다면 이렇게 답하자.

- "난 사과를 받아들일 준비가 되어 있어."

이런 사과는 단순히 진정성 없는 것을 넘어 상대를 감정적으로 조종하려는 의도가 담겨 있다. 상대는 당신이 미끼를 물기 바란다. 그들이 기대하는 흐름은 다음과 같다.

엄마   형편없는 엄마라서 미안하다.
당신   형편없는 엄마 아니에요. 그래도 이해해주셨으면 하는 게 있어요….
엄마   아니야, 난 끔찍한 부모야. 사실은 너도 그렇게 생각하잖아. 넌 항상 나를….

상대는 이런 식으로 자신이 당신에게 준 상처에서 점점 멀리 달아나버린다. 게다가 이런 유형의 사과를 통해 자신을 피해자로 포장해 동정을 얻고 오히려 당신에게 위로를 받고자 한다. 이때 앞에서 말한 것처럼 답하면 그 같은 함정에 빠지지 않을 수 있다. 이 답변은 감정에 치우치지 않고 절제되어 있으며, 당신이 무엇을 받아들일 준비가 되어 있는지, 그리고 더 이상 무엇을 받아들이지 않을 것인지 분명히 밝히는 역할을 한다.

상대가 또다시 비슷한 시도를 한다면, 그저 반복해서 말하면 된다. "나는 사과를 받아들일 준비가 되어 있어."

자기 합리화 사과

이 유형은 "그냥 농담이었어"나 "장난 좀 친 거야", "그냥 놀린 건데"라는 식이다.

이런 사과를 받는다면 이렇게 답하자.

- "그럼 좀 더 웃기게 말해봐."
- "다른 농담거리를 찾아봐."
- "난 농담 아닌데."

이런 사과는 자신이 한 행동의 영향을 은밀하게 축소해 자신의 행동을 진지하게 받아들일 필요가 없는 일로 치부하게 만들려는 시도다. 이를 위해 당신이 느끼는 감정의 정당성을 깎아내리고, 문제의 원인을 '당신에게' 돌리려고 한다. 유머 감각이 부족하거나, 지나치게 예민하거나, 과민 반응을 보였다는 식으로 몰고 가는 식이다. 이때 앞에서 말한 것처럼 답하면 상대의 얄팍한 의도에 말려들지 않고, 유머로는 결코 그 행동을 정당화할 수 없다는 점을 분명히 할 수 있다.

말을 끊어대는 사람 대처법

말 끊기가 무조건 나쁜 것은 아니다. 어쩌면 너무 신이 나거나 참지 못해서 그렇게 반응할 수도 있다. 말 끊기는 친구들과 편하게 나누는 대화나 격식을 차리지 않는 상황에서는 흔히 일어나는 자연스러운 일이다. 물론 그런 경우라면 문제가 되지 않는다. 하지만 진지한 대화를 하거나, 솔직하게 속마음을 드러내거나, 회사 전체에 영향을 미칠 수 있는 비즈니스 미팅을 할 때 상대가 말 끊는다면 몹시 화가 날 것이다.

다음과 같은 방법으로 상대의 말 끊기를 멈출 수 있다.

1단계: 처음에는 상대가 말을 끊게 내버려둬라
처음에 말을 끊으면, 그냥 끊게 둔다. 하지만 단 한 번만이다. 상대가 처음 말을 끊을 때 그냥 내버려두는 데는 두 가지 목적이 있다.

첫째, 상대가 말을 끊도록 그냥 내버려두면, 당신은 성숙하고 이성적인 사람이라는 인상을 줄 수 있다. 충동적이지 않고 사려 깊은 사람으로 보인다. 반대로 곧바로 "저기요, 나 아직 말 다 안 했거든요"라고 말을 끊고 들어가면, 지나치게 날카롭고 딱딱하게 들린다. 그러면 오히려 당신이 여유 없거나 불안정한 사람처럼 보일 수 있다. 기억하라. 자신감 있는 사람은 타이밍을 선택한다. 상대는 당신에게서 아무것도 빼앗지 않았다. 말을 끊는 건 자신의 이미지를 깎아 먹을 뿐이다. 그런 부정적인 인상을 굳이 당신이 떠안을 필요는 없다.

둘째, 누군가의 말을 끊고 하는 말에는 대개 즉흥적인 생각이 담겨 있는 법이다. 이런 말은 대부분 감정에 좌우된다. 말 그대로 반사적인 반응이다. 상대가 그 순간 말하지 않으면 안 될 만큼 자기 생각을 곧바로 쏟아내고 싶어 한다면, 어차피 당신이 하려는 말을 들을 준비가 안 되어 있다고 봐야 한다. 이미 가득 찬 잔에 어떻게 물을 더 부을 수 있겠는가? 그냥 쏟아지게 두는 수밖에.

상대가 당신의 말을 끊고 뭐라고 말하든, 당신은 방해받기 전에 하고 있던 말에서 다시 시작하라. 상대가 한 말을 언급하지 말고, 옆길로 새지도 마라. 중간에 끊긴 문장을 처음부터 다시 말하면 된다. 이렇게 하면 아직 말이 끝나지 않았다는 사실을 상대에게 자연스럽게 알릴 수 있고, 불필요하게 신뢰를 잃는 상황을 피하면서 끝까지 온전한 메시지를 전달하겠다는 의지를 보여줄 수 있다.

2단계: 이름이나 호칭을 불러라

상대가 말을 끊을 때는 그들의 이름이나 호칭을 불러라. 이름은 사람의 주의를 끄는 힘이 있다. "야!" 혹은 "좀 들어봐!" 같은 말로 주의를 끌려고 한다면 상대는 방어적인 반응을 보일 것이다. 하지만 이름(이나 호칭)을 부르면, 다소 단호하거나 강한 어조라 해도 비교적 열린 자세를 보인다.

이름을 부르는 것은 대화를 독점하거나 다른 사람의 말을 가로막고 자기 말만 하려는 사람을 제지할 때도 효과적인 방법이다. 평소 말하듯 자연스러운 음량으로 이름을 불러라. 그래도 멈추지 않으면, 다시 이름을 부르되 점점 목소리를 높여라.

3단계: 지적하라

이 단계에서는 일인칭이 아니라 이인칭으로 시작하는 말로 당신의 입장을 단호하게 표현해야 한다. (예컨대 "네가 지금 내 말을 끊었잖아"나 "말 끊지 마"라고 말해야 한다) 차분하고 침착한 태도로 다음과 같이 말하라.

- "말을 끊으면 나도 네 얘기를 들을 수 없잖아."
- "내 말을 다 한 뒤에 들을게."
- "네 말을 듣고 싶어. 그전에 내 말을 먼저 끝내고."

이런 응답이 효과적인 이유는 직접적이어서가 아니라 상대가 반박하려면 스스로를 드러내야만 하기 때문이다. 만약 상대가 또다시 말을 끊으면 그 무례한 행동이 지나치게 도드라져 누가 봐도 예의 없는 사람처럼 느껴질 것이다. 다른 사람의 말을 들으려는 마음은 없고, 오로지 자기 혼자만 말하고 싶어 하는 것처럼 보인다. 보통 사람들은 그렇게 보이는 것을 좋아하지 않는다.

3단계를 모두 따르면 상대는 다시는 대화 중에 당신의 말을 함부로 끊을 수 없게 된다. 처음 한 번은 말을 끊게 두고, 그다음에는 차분하게 이름을 부르고, 자신의 입장을 굳건히 지킴으로써 당신은 신뢰를 잃지 않으면서도 대화의 주도권을 잡을 수 있다. 실전에서는 어떻게 펼쳐지는지 당신과 직장 동료 알렉스 사이를 예로 들어보자.

당신   현재 프로젝트 일정의 가장 큰 문제는—
알렉스   우리 지금까지 항상 어떻게든 해냈잖아. 그렇지? 일정이 있든 없든 말이야. 나였으면 벌써 관리팀 의견

없이도 진행했을 거야.

당신은 아무 말도 하지 않고 알렉스가 말을 다할 때까지 기다린다. 그동안 호흡을 가다듬으며 차분함을 유지한다.

알렉스　알다시피 우리가 항상 의견이 일치하는 건 아니지. 하지만 난 분명 가치 있는 기여를 하고 있어.
당신　현재 프로젝트 일정의 가장 큰 문제는, 새 예산 승인이 일정에 반영되지 않았다는 거야. 그래서 진행 속도에 차질이―
알렉스　그렇지 않을 거야. 이런 일 전에도 있었잖아. 맞지? 예전에―
당신　알렉스.

알렉스가 멈춘다.

당신　내 말을 끊으면 네 얘기를 들을 수 없어. 내 말부터 끝낼게.

알렉스는 고개를 끄덕이며 당신이 말할 차례임을 인정한다. 이 방법은 서로에 대한 존중을 지키는 데 도움이 된다. 처음

말이 끊겼을 때 화를 내며 "내가 말하고 있잖아!"라고 외친다고 상상해보라. 그러면 오히려 당신이 감정적으로 휘둘리고 인정받고 싶어 안달 난 사람처럼 보여 주도권을 잃게 된다.

"어라, 네가 말하고 있는 걸 보니 나도 모르는 사이에 내 말이 끝났나 보네?" 같은 냉소적인 표현은 멋져 보이긴커녕 오히려 꼴사납게 느껴지며 상대의 마음을 확 식게 만든다. 당신 말에 귀 기울일 생각도 싹 사라지게 한다. 단호하되 신중한 태도로 대응하면 말 끊기를 멈추게 만들면서도 상대의 존중을 잃지 않을 수 있다.

반대에도 격이 있다

단호한 언어를 사용하는 중요한 목적 중 하나는, 반대 의견을 분명히 표현하는 데 있다. 자신의 입장을 당당하게 밝혀 스스로를 지키기 위해서도 단호한 표현은 꼭 필요하다. 하지만 반대할 때 어떤 말을 하고, 그것을 어떤 방식으로 표현하느냐에 따라 이런 말은 당당하게 들릴 수도 있고, 자신 없어 보일 수도 있다. "아니야!", "틀렸어!" 같은 말로 유치하게 반대하는 것은 쉽다. 진짜 어려운 건, 효과적으로 반대하는 법이다.

반대를 어떻게 다루느냐는 이 책의 핵심 메시지로 이어진다.

논쟁에서 이기려다 오히려 더 많은 것을 잃게 된다는 것 말이다. 반대 의견을 표현할 때 꼭 논쟁에서 이기거나 비장의 무기를 꺼내 결정적인 한 방을 날려야 할 필요는 없다. 반대 의견을 말하는 것은 자신을 지키는 행위다. 하지만 상대의 목소리를 짓밟으면서까지 밀어붙이는 것은, 상대를 억누르는 행위에 불과하다.

다음은 반대 의견을 표현할 때, 주도권을 잃거나 빼앗지 않으면서 말할 수 있는 고급 기술들이다. 다음에 반대해야 할 상황이 오면, 한번 이렇게 해보라.

그럴 만한 가치가 있는가?

가끔 상대가 말싸움을 하기로 작정한 것처럼 느껴질 때가 있다. 당신이 무슨 말을 해도 꼬아서 받아들이거나 되받아쳐서 결국 자기 말에 동의하게 만들려는 대화의 소용돌이로 끌어들이려는 것만 같다. 대화의 주제는 정치일 수도 있고, 종교일 수도 있다. 아니면 수건을 어떻게 개야 하느냐 같은 것일 수도 있다(아, 이런 경우는 그냥 웃고 넘어가자). 중요한 건 상대가 당신을 벼랑 끝에 몰아붙이거나, 당신이 마치 벽에 머리를 박고 있는 듯한 기분이 들게 만드는 상황에 끌려가선 안 된다는 것이다. 그들이 당신을 벼랑 끝으로 몰아붙이게 두지 마라. 궁지에 몰린 것처럼 느끼거나, 벽에 대고 말하는 기분이 드는 상황에 빠지지 마라.

상황이 걷잡을 수 없이 흘러가기 전에 마음속으로 이렇게 자

문해보라. '반대할 가치가 있는가?' '꼭 의견에 맞춰야 하나?'
예를 들어 이런 상황이다.

파트너 세제를 바꿔볼까 해. TV 광고에서 본 건데, 어때?
당신 난 지금 쓰는 게 더 좋아. 굳이 바꾸고 싶지 않는데.
파트너 근데 새 브랜드가 더 친환경적이라는데? 환경에 더 좋대.
당신 그건 알겠어. 그래도 지금 쓰는 것만큼 마음에 들지는 잘 모르겠네.
파트너 넌 왜 항상 네가 낸 아이디어가 아니면 받아들이지 않는 거야?
당신 <u>이게 꼭 우리 의견이 일치해야 하는 문제야?</u>
파트너 아니, 그래. 굳이 일치할 필요는 없지.

이 질문은 상대로 하여금 지금 이 대화가 정말 얼마나 중요한 것인지 곰곰이 생각하게 만든다. 이런 접근법은 대부분의 논쟁, 다시 말해 실제로는 별것 아닌 일을 두고 벌어지는, 99퍼센트의 말다툼에 효과가 있다. 별로 중요하지 않거나, 일어날지조차 모르는 일을 두고 의견이 갈릴 때는 스스로에게 물어보라. '이게 정말 따지고 들 만한 일일까?'

물론 상대는 당신이 자신과 같은 의견이길 바랄 수 있다. 하지만 정말 꼭 그래야만 할까? 솔직히 대개는 그럴 필요가 없다. 하지만 만약 그럴 가치가 있다고 느껴진다면, 다음 질문으로 넘어가라. '이게 지금 당장 합의해야 할 문제일까?' 예를 들어, 이렇게 말할 수 있다.

당신　이게 꼭 우리가 합의해야 하는 문제야?
파트너　글쎄, 내 생각엔 합의하는 게 좋을 것 같아.

당신　이걸 꼭 지금 당장 합의해야 하는 거야?
파트너　아, 아니야, 꼭 그럴 필요는 없지. 일단 써보고 나서 결정해도 되니까.

이 질문은 상대로 하여금 이 대화를 나누는 타이밍이 적절한지 따져보게 만든다. 가까운 관계일수록 실제로 일어나지 않을 일들 때문에 다투는 일이 흔하다.

'지금 당장 합의할 필요가 있을까?'라는 질문에 답하다 보면 결정을 조금 미뤄보자는 가능성을 자연스럽게 열어두게 된다. 정보가 더 생기거나, 두 사람 모두 그 문제를 다룰 준비가 됐을 때 이야기하자는 방향으로 흐름을 바꿀 수 있다. 결정을 미루자고 제안하는 것은, 지금 이 순간 정말 중요한 것이 무엇인지에 대화를 집중시킴으로써 갈등을 빠르게 완화하는 효과적인 방법이다.

자신의 관점을 밝히는 데 집중하라

"난 동의하지 않아"라고 말하는 것은 분명하고 직접적인 표현이다. 하지만 대부분의 상황에서는 너무 직설적으로 들릴 수 있다. "난 동의하지 않아"라는 말은 자칫 불필요한 논쟁의 불씨가 되어 상황을 더 격하게 만들 수 있다. 상대가 그 말을 '넌 틀렸어'라는 의미로 받아들일 수 있기 때문이다. 그 결과, 상대의 사회적 평가나 유능함에 대한 심리적 트리거를 자극하게 된다.

물론 상대가 정말 틀렸을 수도 있다. 이를테면 하늘이 초록색이라고 우기는 것처럼 말이다. 하지만 지금 말하려는 건 그런 경우가 아니다. "난 동의하지 않아"라는 표현은 분명하고 직설적이라는 점에서는 좋지만, 그 말이 상대에게 '거절당한' 느낌을 주어 오히려 문제를 키울 수 있다. "널 존중하지만 난 동의하지 않아"라고 말하더라도, 그 안에는 존중이 담겨 있는지 없는지는 오롯이 상대방의 판단에 따라 달라진다.

따라서 판단이 아니라 관점을 전달하는 표현을 선택하는 것이 좋다. 다시 말해, 단순히 거절하거나 반박하기보다는 특정한 관점에서 자신의 의견을 전달해 보자. 이렇게 하면 정면충돌이 아니라 소통의 공간이 생긴다. 자신의 관점을 효과적으로 활용하려면, 다음 세 가지 표현 중 하나를 써보자.

1. "나한텐 다르게 보여."

당신의 반응을 '관점의 차이'로 표현하는 것은 마치 같은 방 안에서 서로 다른 자리에 앉아 각자 눈에 보이는 것을 이야기하는 것과 비슷하다. 렌즈의 초점을 점점 뒤로 물리듯, 시야를 넓혀 주제를 더 큰 그림 속에서 바라보게 된다. "네가 틀렸어"라는 말과 "난 다르게 보여"라는 말은 분명히 차이가 있다. '다르게 보인다'는 식으로 표현하면 사실을 놓고 서로 다투는 것이 아니라 각자의 인식을 공유하는 쪽으로 대화의 초점이 옮겨간다.

이런 방식은 다음과 같은 상황에서 특히 유용하다.

- 상대가 하나의 해결책만 고집할 때
- 더욱 섬세한 관점을 제시하거나 맥락을 보탤 필요가 있을 때
- 상대가 당신이 중요하게 여기거나 덜 중요하게 여기는 부분을 간과할 때

2. "난 다른 방식으로 접근해."

이 표현은 접근 방식은 다르지만, 궁극적인 목표는 같다는 의미로 해석할 수 있다. 지향하는 목표는 같지만 그 과정이나 표현 방식이 다를 뿐이다. 길을 갈 때 직선 경로가 있는가 하면, 풍경을 즐기며 돌아가는 둘레길이 있다. 각각의 길에는 저마다 장점이

있지만 결국 도착지는 같다. 이 표현의 장점은, 대화의 초점을 두 사람 모두의 궁극적인 목표에 맞춘다는 데 있다. 갈등보다는 협력을 강조한다. 가족이든, 회사든, 나라든 두 사람 모두 그 대상이 잘되길 바란다는 점에서는 같다. 그 목표에 접근하는 방식이 다를 뿐이다.

이 표현은 다음과 같은 상황에서 효과적이다.

- 공동의 목표에 대해 '무엇이 최선인가'를 두고 의견이 엇갈릴 때
- 상대의 방식이나 계획이 다른 요소들을 충분히 고려하지 못할 때
- 상대가 어떤 특정한 방식에 집착할 때

3. "난 반대쪽으로 좀 더 기우는 편이야."

과거의 경험과 이력을 바탕으로 삼으면 자신의 관점을 자연스럽고도 단단하게 펼쳐 보일 수 있다. 이 표현은 "난 동의하지 않아"라는 말처럼 상대를 정면으로 반박하는 것이 아니라 당신이 평소에 어떻게 행동해왔는지, 무엇을 선호하는지, 어떤 방식으로 사고하는지를 바탕으로 말하는 것이다.

이렇게 자신이 선호하는 방식을 근거로 의견을 제시하면 상대의 의견에 반박하는 것처럼 보이지 않는다. 그저 당신의 일관

된 경향이나 경험에 기대어 자연스럽게 반대 의사를 드러내는 것이기 때문이다. 이렇게 하면 정면으로 반박할 때보다 상대가 훨씬 덜 방어적으로 반응한다. 사람들은 단칼에 반박당하는 것보다 이런 식의 반응을 훨씬 더 편안하게 받아들인다.

이 표현은 다음과 같은 상황에서 유용하다.

- 상대의 입장이 당신의 가치관과 충돌할 때
- 당신이 경험에서 우러난 의견을 말해야 할 때
- 같은 근거를 보고도 다른 결론에 도달했을 때

올바른 방식으로 반대 의견을 표현할 줄 아는 사람은 침착하고 자신을 잘 통제하는 것처럼 보인다. 앞서 살펴본 표현들은 대화를 단절시키기보다 이어가도록 돕는다. 하지만 상대가 고집을 부리며 계속 반박한다면? 그냥 그 표현을 필요할 때마다 반복하라. 그러면 상대는 당신이 절대 호락호락한 사람이 아니라는 것을 자연스럽게 깨닫게 된다.

까다로운 사람을 마주했을 때, 굳이 그들의 흐름에 휘말릴 필요는 없다. 형편없는 사과, 반복되는 말 끊기, 언쟁을 유도하는 말에 휘둘려 자신감을 잃는 일을 단호히 거부하라. 단호한 태도를 유지하고, 자신감 있는 목소리로 말하며, 상대가 원하는 도파민 보상을 허용하지 않으면 당신은 대화에서 주도권을 얻을 뿐만 아니라 그것을 지킬 수 있을 것이다.

핵심 정리

- 나의 입장을 단호하게 지키고 나를 위해 목소리를 내는 것은 자기 돌봄의 한 방법이다.
- 상처 주는 말이나 불쾌한 말에 대응할 때의 핵심은, 상대가 원하는 도파민 보상에 반응하지 않는 것이다.
- 긴 침묵을 두거나, 상대의 말을 천천히 되풀이하거나, 의도를 묻는 질문을 사용하는 전략으로 상대의 말에 곧바로 답하지 않으면, 도파민의 즉각적인 보상을 차단할 수 있다.
- 형편없는 사과, 말 끊기, 괜히 시비를 걸려는 말에는 그 행동을 분명히 지적하고, 간결하고 단호한 표현으로 대응하라.
- 상대의 미숙한 의사소통 방식에 맞춰주는 것을 단호히 거부하면 대화의 주도권을 지키고 신뢰를 유지할 수 있다.

9장

상처 주지 않고
거절하는 법

거절은 어렵다. 어렸을 때는 거절하는 게 그리 힘들지 않았다. 하지만 우리는 나이를 먹어가면서 언젠가부터 거절에는 대가가 따른다는 걸 알게 됐다. 또래 집단의 분위기를 거스르면 왠지 혼자만 따돌림당하는 기분이 들었다. 부모나 선생님의 말씀에 불응하면 대가를 치러야 했다. 큰 마음 먹고 거절 의사를 밝혔다가 자신에게 뭔가 문제가 있는 것 같거나 다른 사람들에게 미움받을 것 같은 기분이 든 적도 있었을 것이다.

그래서 당신은 순응했고, 타협했고, 다른 사람의 평화를 위해 자신을 희생하며 비위를 맞췄다. 나의 안녕보다 타인의 편안함과 욕구를 우선시했고, 그 과정에서 진심으로 원하는 것을 자주 포기했다. 그렇게 하다 보니 과도한 책임을 떠안고 스트레스를 받으며 불만이 쌓이는 일이 되풀이됐다. 그렇게 악순환이 습관이 됐다.

우리는 다시 거절하는 법을 배워야 한다. 이것은 자신의 욕구를 존중하는 결정을 내릴 수 있는 권한을 되찾는 일이자, 두려움 없이 선택할 수 있었던 어린 시절의 자유를 다시 발견하는 일이기도 하다. 나의 안위를 우선시해도 괜찮다는 사실을 다시 배워야 한다. 자신과 주변 사람들에 대한 존중을 잃지 않고도 얼마든지 하고 싶은 말을 할 수 있다. 그 방법을 배운다면 당신은 더 건강하고, 더 행복해지고, 진정한 자신의 모습에 가까워질 것이다.

작은 것부터 시작해보자. 믿고 따라오길.

거절의 3단계 기술

띵!

노트북 화면 한쪽 구석에 동료에게서 온 메시지 알림이 뜬다.

"내일 새로 생긴 카페에서 커피 마실래? 카페인 충전이 절실해서ㅎㅎ."

읽자마자 거절하고 싶은 생각이 든다. 동료가 싫어서가 아니다. 사실 꽤 괜찮은 사람이다. 하지만 직장 동료일 뿐, 진짜 친구는 아니다. 정확히 말하자면, 그저 매일 보는 익숙한 얼굴에 가깝다. 안 그래도 바쁜데 잡담하는 데 한 시간이나 쓰고 싶지도 않다. 당신 앞에는 세 가지 선택지가 놓여 있다.

A. 받아들인다.
B. 거절한다.
C. 무시한다.

솔직히 인정하자. 지금 가장 끌리는 선택지는 C라는 걸. 당신은 벌써 메시지를 무시하고 창을 닫았을지도 모른다.

물론 무시도 하나의 방법이다. 그러나 그 선택이 바람직하다고 보기 어렵다. 무엇보다 언제까지나 무시로 일관할 수 없다. 어느 순간, 상대는 당신이 자신을 의도적으로 피하고 있다는 사실을 알아차릴 게 분명하다. 거절의 이유를 솔직히 전하지 않으면, 상대는 빈칸을 채우듯 스스로 그 이유를 짐작할 것이다. 그리고 추측은 실제보다 훨씬 더 부정적인 쪽으로 기울게 마련이다.

무시는 회피일 뿐이다. 물론 다음 날 마주칠 때까지 동료를 계속 피하거나 뒤늦게 "아, 미안! 이제야 봤어. 아쉽다. 진짜 가고 싶었는데" 같은 말로 넘길 수도 있다. 하지만 솔직히 이런 식으로 상황을 모면하는 게 몇 번이나 가능할까? 그게 과연 상대를 존중

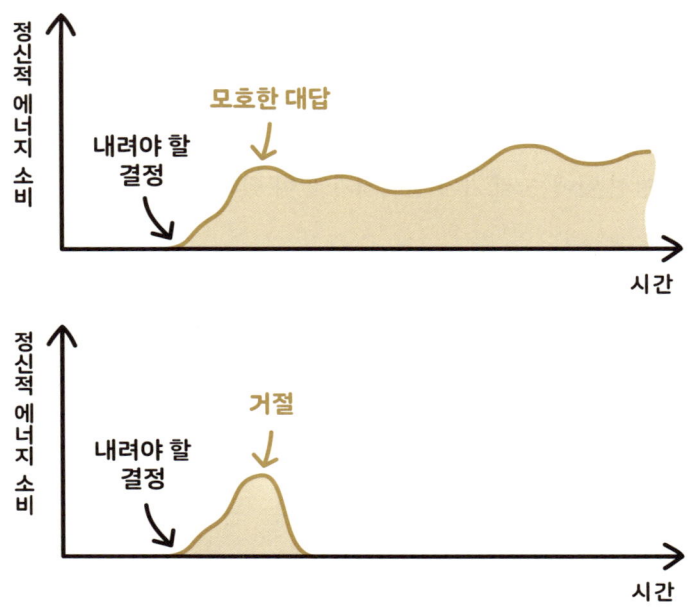

하는 태도일까? 더 나아가 스스로를 존중하는 방식이라고 할 수 있을까?

　무시한다고 끝나는 게 아니다. 문제는 여전히 해결되지 않은 상태로 계속 머릿속을 차지하며 신경을 건드릴 테니까. 일부러 읽지 않고 남겨둔 메시지를 볼 때마다, 문득 그 일이 떠오를 때마다 작든 크든 해결되지 않은 문제의 무게가 느껴질 것이다. 외면한다고 해서 사라지지 않는다. 이런 태도는 결정을 미루게 만들고, 언젠가 한 번 더 꺼내야만 하는 대화가 남을 뿐이다. 동료가 다시 한번 가능한 시간을 물어올 수도 있다. 그러면 당신은 또다시 곤란한 상황에 놓이게 된다. 시간은 더 낭비되고, 스트레스도 더 늘어난다.

마음에 들지 않는 부부와의 저녁 모임이든, 집에 있고 싶은 날의 외출이든, 별로 흥미 없는 여행 계획이든 내키지 않는 초대를 받았을 때, 당신은 상대방과 협상하는 게 아니다. 자기 자신과 협상하는 것이다. 당신의 평온함은 타협 대상이 아니다. 당신 자신에게조차도 그렇다. 수락하고 싶으면 수락하고, 그러고 싶지 않으면 거절하는 것이 자신감 있는 태도다.

동료의 메시지를 어떻게 거절할 수 있을까? 보통은 이런 식으로 답해야겠다고 생각할 것이다.

"고마워. 그런데 못 갈 것 같아. 요즘 너무 바빠서. 미안!"

이런 식으로 대답하고 나면 기분이 어떨까? 이 대답에서 진정성이 느껴지는가? 마음이 편안한가? 아마 그렇지 않을 것이다. 이제 이걸 어떻게 고쳐야 할지 알아보자.

7장을 읽었다면, 불필요한 사과와 무의식적인 해명을 과감히 버려야 한다는 걸 알게 되었을 것이다. 그 이후에 남는 말은 이렇다.

"고마워. 그런데 못 갈 것 같아. ~~요즘 너무 바빠서. 미안!~~"

이 메시지를 구성하는 요소는 두 가지다. 먼저 감사의 표현(고마워)이 오고 그다음에 거절(그런데 못 가)이 온다. 문제는 감사로 시작해서 거절로 끝나는 이 순서는 문장 끝에 변명이나 해명을 덧붙이고 싶어지기 쉽다는 데 있다.

"고마워, 그런데 못 갈 것 같아…. 왜냐하면 어디 갈 데가 있고 일도 너무 바쁘고…."

또 다른 문제는, 이런 순서로 말하면 상대가 이유나 더 자세한 사정을 묻게 된다는 것이다.

"그런데 못 가"로 말을 끝내면, 상대가 걱정하며 "왜?"라든가 "무슨 일 있어?"라고 물어주기를 바라는 듯한 인상을 준다. 이런 순서의 가장 큰 문제는 '하지만'이라는 표현을 쓰게 된다는 것이다. "고마워, 하지만…"처럼 말이다. 이 '하지만'이라는 말은 앞서 표현한 감사의 마음을 무색하게 만들어버린다.

더 나은 방법이 있다. 간단한 초대나 권유를 거절하면서 자신감을 쌓고 싶다면, 다음 세 가지 단계를 시도해보자.

1단계: 그냥 '노(No)'라고 말한다.

- "안 돼."
- "어려울 것 같아."
- "거절해야 할 것 같아. / 이번엔 패스할게."
- "나 자신과 한 약속이 있어서…."

2단계: 감사의 마음을 전한다.
- "초대해줘서 고마워. / 챙겨줘서 고마워. / 생각해줘서 고마워."
- "정말 친절하네 / 마음이 참 고마워."
- "물어봐줘서 고마워."
- "그렇게 말해줘서 고마워. / 정말 영광이야."

3단계: 따뜻한 마음을 전한다.
- "정말 재미있겠다!"
- "잘 되길 바랄게! / 분명 재미있을 거야!"
- "그거 좋다는 얘기 들었어…."
- "요즘 잘 지내고 있길 바라!"

이 순서는 여러 가지 면에서 효과적이다.

첫째, 거절의 말을 먼저 해야 하는 이유는 직접적이기 때문이다. 직접적인 것은 곧 친절한 태도이기도 하다.

둘째, 거절에 감사를 덧붙이면, 상대가 호의를 베풀어준 점을 인정하면서 동시에 그 배려에 대한 마음을 전달할 수 있다. 거절한 뒤 감사를 표현하면, 굳이 답변에 '하지만'이라는 말을 쓸 필요가 없어진다.

마지막으로, 따뜻한 말을 덧붙이며 마무리하면 답변이 훨씬 기분 좋게 끝난다. 상대가 "왜 안 돼?"라고 되묻기보다는 "고맙긴" 혹은 "아쉽다!"처럼 따뜻하게 반응하게 만든다. 특히 문자나 서면 소통이라면 상황에 맞는 이모티콘을 사용하는 것도 좋다. 이모티콘은 읽는 사람이 감정의 뉘앙스를 더 잘 느낄 수 있도록 도와준다.

자, 다시 노트북을 꺼내서 동료가 보낸 메시지를 보자. 알림을 지우거나 아무런 답도 하지 않는 대신 이렇게 답해본다.

"못 갈 것 같아. 말해줘서 고마워. 거기 좋다던데!"

이처럼 깔끔하고 자신감 있는 답장에는 반발이나 따지는 반응이 거의 따라오지 않는다. "말해줘서 고맙지만 안 될 것 같아"처럼 어색한 말보다 훨씬 낫다.

중요 사항: 만약 상대방이 거절의 이유나 설명을 요구하더라도 절대로 끌려가선 안 된다. 상대가 당신이 전적으로 믿고 사랑하고 편하게 속마음까지 말할 수 있는 사람이 아니라면 말이다. 만약 꼭 답해야 하는 상황이라면, 그냥 처음의 거절을 반복하면 된다. 예를 들어, 커피를 마시자는 약속에 대해 동료가 "아, 왜 안 돼?"라고 다시 묻는다면, 그저 이렇게 답하면 된다. "안 돼." 순간적으로 조금 차갑게 느껴질 수도 있지만, 그래도 그렇게 해야만 하는 이유가 있다. 당신이 자신에게 맞는 선택을 했다는 사실에 대해 굳이 변명하거나 해명할 필요가 없기 때문이다. 거절의 말

자체만으로 이유는 충분하다.

상대가 실망한 것 같아도 그 감정을 피하지 말고 받아들여라. 흔들리지 말고, 그런 반응에도 괜찮을 수 있어야 한다. 어떤 경우에도 스스로에 대한 확신을 잃지 마라. 이건 나 자신을 지키고, 진짜 자유를 향해 나아가는 과정의 일부다. 누군가를 실망하게 한 것 같아 마음이 불편해질 때, 그 감정은 대개 진짜가 아니다. 실제로 그런 이유는 고작 2퍼센트 정도를 차지할 뿐이고, 나머지 98퍼센트는 당신 안의 자아가 만들어낸 불안감이다. 당신이 느끼는 실망감은 이런 식으로 스스로를 설득하고 있기 때문에 생긴다.

'내가 없으면 그 사람이 너무 실망할 거야.'

'내가 있어야 재미있을 텐데.'

'그 사람은 마음이 약해서 내가 거절하면 상처받을 거야.'

현실적으로 나도 당신도 그렇게까지 중요한 존재는 아니다. 크게 숨을 들이쉬고 앞으로 나아가자.

자기 생각을 명확히 표현하는 것은 때로 누군가를 실망시킬 수도 있다는 뜻이다. 누군가를 실망시켰다는 건 오히려 제대로 하고 있다는 신호일 수 있다.

더 어려운 대화들에는 어떻게 대처해야 할까? 예를 들어, 당신을 불편하게 만드는 말이나 질문들, 감정을 소모하거나 조종하려 드는 사람들, 도가 지나친 요구를 하는 사람들과의 대화 말이다. 그럴 땐 어떻게 거절의 의사를 표현해야 할까?

경계를 그어야 존중받는다

자기 존중이나 자존감과 관련해서 '경계boundary'라는 단어를 들어본 적 있을 것이다. 이 주제에 익숙할 수도 있지만, 실제로 효과적인 경계를 설정하기 위해 어떤 말을 사용해야 하는지는 별개의 기술이 필요하다. 이 기술은 한계를 정하는 것을 넘어서, 그 한계를 단호하게 전달하는 방법까지 포함한다. 사람들의 초대와 권유를 거절하는 것이 그저 문 하나를 닫는 일이라면, 경계를 설정하는 일은 해자까지 갖춘 요새를 짓는 것과 같다.

경계의 둘레 정하기

사람들은 흔히 개인의 경계를 "선을 긋는다"거나 "선을 넘는다"는 식으로 표현한다. 이런 표현만으로는 어딘가 부족하다. 경계는 단순한 '선'이 아니다. 경계는 '둘레perimeter'다. 원을 떠올려보자. 혹은 직사각형을. 시작이나 끝이 없고, 전체가 닫혀 있는 공간이다. 둘레가 완전히 에워싸인 이 공간은 그 주인의 것으로, 고유하고 분명한 영역이 된다.

    동네를 지나가거나 시골길을 달릴 때 우리는 종종 울타리를 본다. 울타리는 그 땅이 누군가의 소유이며, 그 안에 있는 모든 것이 그 사람에게 소중하다는 것을 보여주는 표식이다. 울타리는 외부의 접근을 막아주는 보호 장치이자, 무단침입을 하지 않고 어디까지 다가갈 수 있는지 알려주는 경고다. 한마디로, 그 공간의 한계를 시각적으로 드러내는 역할을 한다. 개인의 경계도 마찬가지다.

경계는 당신에게 중요한 것이 무엇인지에서 시작된다. 당신의 경계는 바깥세상에 당신의 가치관을 알린다. 당신이 마음 깊은 곳에서 중요하게 여기는 것이 무엇인지 보여준다. 그것은 건강일 수도 있고, 가족, 일, 행복, 자기 존중일 수도 있다. 한마디로, 당신의 삶에서 지켜야 할 가치들이다.

예를 들어, 당신에게 가족이 가장 중요한 우선순위라고 해보자. 이것은 경계가 아니라 가치다. 아이들이 잠자리에 들기 전에 인사를 나누고 재워줄 시간을 놓친다는 이유로 행사에 참여하기를 거절한다면, 그것은 가족이라는 가치가 당신에게 얼마나 중요한지를 세상에 보여줄 것이다. 연인과 떨어져 지내는 시간이 많아질 것 같다는 이유로 이직 제안을 거절하는 것도 마찬가지다. 이처럼 경계는 울타리처럼 분명한 선을 그어 당신의 기준이 어디에 있는지 보여준다.

당신의 우선순위가 정신건강일 수도 있다. 매번 작고 초라한 기분을 느끼게 만드는 가족 모임에 가지 않거나, 늘 받기만 하고 줄 줄은 몰라 감정을 소모하게 하는 친구와 거리를 둔다면, 사람들은 당신이 어떤 울타리를 세우고 있는지 자연스럽게 알아차리게 된다.

　당신의 행동과 선택이 당신이 소중하게 여기는 것들을 둘러싼 경계를 만든다. 그리고 바로 그 행동과 선택을 통해 다른 사람들도 당신에게 무엇이 중요한지 알게 된다. 가족의 소중함이나 정신건강 같은 가치는 당신이 의도적인 선택을 통해 '여기는 들어올 수 없다'는 신호를 보내야만 경계가 그어진다. 자신감을 키우기 위해 우리는 자기 자존감을 지키는 문지기가 되어야 한다. 무엇을 허용할지, 무엇은 허용하지 않을지 스스로 정하고 이를 다른 사람에게 분명히 알려야 한다.

　경계가 주는 이점은 정말로 많다. 건강한 관계, 진솔한 소통, 자기 존중의 토대가 되어준다. 경계를 세우는 것은 마음의 평온과 정신적 건강을 지키는 일일 뿐 아니라, 다른 사람들이 당신의 요구와 기준을 이해하고 존중하도록 알려주는 일이기도 하다. 경계는 지나치게 무리하는 것을 막아 번아웃이나 분노를 예방하는 데도 도움이 된다. 그러면서 시간과 에너지를 진정으로 중요한 일에 쓸 수 있게 된다. 경계는 자신의 가치와 우선순위에 맞는 선택을 하도록 이끌어 자유와 자율성을 높여준다. 또한 경계는 자기 돌봄의 한 형태이기도 하다. 자신의 평온을 지키기 위해 기꺼이 자신을 지지하고 있다는 뜻이기 때문이다. 스스로의 평온을 지키기 위해 자신을 챙기고 당당히 목소리를 내는 것과도 같기 때문이다. 경계를 세우는 일이 익숙해질수록 삶에 대한 통제감이 커지고 다른 사람들과의 관계에서 더욱 단호하게 행동할 수 있다. 그 과정에서 자신감이 쌓이는 것은 물론이다.

선을 넘으려는 사람들이 있다면

나만의 매뉴얼을 만들어라

누군가의 말투 때문에 스스로 작아진 기분을 느꼈던 순간을 떠올려보라. 자신을 보호해주는 울타리 없이 이리저리 휘둘리며 자기 목소리를 내지 못했던 순간 말이다. 옛 연인과의 말다툼일 수도 있고, 상사와의 언쟁일 수도 있다.

    그때 느꼈던 감정을 구체적으로 떠올려보자. 분명 전면적인 통제감을 느꼈다고는 말하기 어려울 것이다. 그러나 궁지에 몰린 것처럼 무력감을 느끼고, 눈앞의 위협에 끊임없이 반응하는 것이 버거웠을 것이다. 마치 제삼자가 당신의 감정을 조종하는 리모컨을 쥐고 허락도 없이 마음대로 버튼을 누르며 이리저리 돌리고, 당신은 그저 고통스러운 장면을 무기력하게 바라보는 것처럼 자율성을 완전히 잃은 기분이었을 것이다. 감정의 리모컨을 다른 사람에게 넘겨주고, 그들이 마음대로 조종하게 내버려두지 마라.

이제는 생각을 바꿔야 한다. 자동으로 거절할 항목들이 적힌 '나만의 매뉴얼'을 상대에게 건넨다고 생각해보자. 이 매뉴얼은 당신의 경계에 목소리를 부여한다. 당신이 어떤 사람인지, 어떤 방식으로 행동하고 반응하는지 구체적으로 알려주는 설명서가 된다. 새로운 카드 게임의 규칙을 설명한다고 생각하라. 앞으로 어떤 식으로 상황이 진행될지 규칙과 지침을 제공하는 것이다. 타인이 내 감정의 리모컨을 쥐고 있는 것과 내가 직접 매뉴얼을 건네는 것은 어떻게 다를까?

- 상대가 리모컨을 쥐고 있을 때, 당신은 외친다.
  "나한테 소리 지르지 마!"
- 반면, 당신이 직접 매뉴얼을 건넬 때는 이렇게 말한다.
  "난 그런 큰 소리에는 반응하지 않아."

- 상대가 리모컨을 쥐고 있을 때, 당신은 외친다.
  "나한테 그딴 식으로 말하지 마!"
- 반면, 당신이 매뉴얼을 건넬 때는 이렇게 말한다.
  "나한테 그런 태도로 말하는 건 받아들일 수 없어."

전자는 '나는 통제권이 없다'는 뜻이고, 후자는 '나는 내 감정을 스스로 통제하고 있다'는 선언이다.

이 매뉴얼은 다른 사람을 위한 것만이 아니다. 나를 위한 것이기도 하다. 여기서 중요한 질문이 생긴다. 당신은 자신의 매뉴얼에 뭐라고 쓰여 있는지 알고 있는가? 분명 잘 모를 것이다. 당신조차 모른다면, 다른 사람이 어떻게 알 수 있겠는가? 해결책은 바로 번호가 매겨진 목록을 만드는 것이다. 어떻게 소통할 것인지에 대한 지침을 정리하라는 말이다. 완전한 문장으로 적어보라. 나만의 사용 설명서를 만들어 보자. 어떤 것을 거절할지, 어떤 행동이 경계를 넘어오지 못하게 막을지 스스로 분명하게 잘 알고 있어야 한다. 예를 들어, 매뉴얼에 들어가는 문장은 다음과 같다.

- 예의 없는 태도에는 반응하지 않는다.
- 내가 느끼는 감정을 남이 정하거나 지시하게 두지 않는다.
- 준비되지 않았을 때는 대화를 나누지 않는다.
- 내 직감을 하찮게 여기지 않는다.
- 다른 사람의 기분에 맞추기 위해 내 평온을 희생하지 않는다.
- 험담이나 인신공격에 가담하지 않는다.

이런 문장들을 실제로 적어보는 것만으로도 대화의 주도권을 쥘 수 있다. 자신의 매뉴얼을 따르면 다음에 누군가 당신을 무시하는 말을 하거나, 마음의 문을 닫은 채 소통을 차단하거나, 당신이 하지도 않은 말을 했다고 몰아붙이더라도 흔들리지 않고 자신의 관점을 지킬 수 있다. 다음에 누군가가 "너는 내 의견엔 관심도 없고, 너 자신밖에 생각 안 해"라고 몰아세우더라도 침착하게 "그건 내가 판단할 일이야"라고 답할 수 있는 통제감이 생긴다. 이는 상대가 당신의 감정을 휘두르게 내버려두지 않고 직접 자신에게 이로운 방향으로 반응하는 법을 배우는 과정이기도 하다.

경계를 실행에 옮기기

당신이 지켜야 할 가치가 무엇인지, 그리고 당신의 매뉴얼이 무엇인지 알게 됐다면, 이제 경계를 실행에 옮길 차례다. 경계를 말로 표현할 시간이다. 상대에게 더 이상 나아갈 수 없는 지점에 이르렀음을 분명히 알려라.

다음은 경계를 단호하게 전달하는 방법이다.

1. '나는'으로 말하라

8장에서 배운 것처럼 '나'로 시작하는 문장에 당신의 경계를 끼워 넣는다. '나'를 주어로 사용하면, 이것이 당신의 경계이며 당신의 선택임을 분명히 밝힐 수 있다. 당신이 지키려는 가치에 따라 이런 식으로 표현할 수 있다.

- 나는 네가 나를 대하는 방식을 받아들일 수 없어.
- 나는 주말에는 일하지 않아.
- 나는 술을 마시지 않아.

경계가 반드시 "나는 ~하지 않아"라는 식의 표현일 필요는 없다. 대화의 방향을 바꾸거나 초점을 다시 맞추거나 건설적인 소통을 원한다는 의도를 분명히 드러내는 방식으로도 가능하다.

다음은 기억해두면 좋은 기본 원칙이다.

- 당신이 왜 그 자리에 있는지를 먼저 말하라. 상대가 관련 없는 이야기를 꺼내거나 대화의 초점을 흐트러뜨리려 하면 대화의 중심을 다시 잡아야 한다. (존재의 경계)
  - "내가 여기 있는 건 네가 내게 중요한 사람이기 때문이야."

- 당신이 무엇을 이야기하려는 것인지 말하라. 상대가 과거의 일을 끄집어내거나 인신공격을 하면 대화의 초점을 바로잡아야 한다. (목적의 경계)
  - "난 지난 금요일에 네가 했던 말에 대해 이야기하려고 온 거야."

- 당신이 어디까지는 가지 않을 것인지를 말하라. 상대가 터무니없는 말을 하거나 감정적인 반응을 유도할 때는 단호하게 대처해야 한다. (진실성의 경계)
  - "난 그렇게까지는 하지 않을 거야."

일단 경계를 분명히 밝혔으면, 거기서 멈춰야 한다. 굳이 정당화하거나 설명하고 싶은 유혹에 흔들리지 마라. 이제 공은 상대에게 넘어갔다. 이제는 상대가 당신의 경계를 존중할지 말지 선택할 차례다.

2. 결과를 덧붙여라

만약 상대가 당신의 경계를 존중할 생각이 없다는 것이 분명하다면, 이제 결과를 덧붙일 차례다. 계속 선을 넘는다면 어떤 결과가 이어질지 알려줘라. 이것은 두 단계로 이루어진다.

- 첫 번째, 조건을 알린다.
  "네가 계속해서 …한다면"
- 두 번째, 실행 의지를 밝힌다.
  "나는 …할 거야."

7장에서 배운 것처럼 이 표현은 자신감을 불러일으킨다. 이 자신감이 경계의 실행을 도와준다. 결과를 덧붙이면 경계는 다음과 같은 형태가 된다.

- 나는 네가 나를 대하는 방식을 받아들일 수 없어. 계속 이런 식으로 대한다면, 대화를 끝낼 거야.
- 나는 주말에 일하지 않아. 계속 주말 근무를 배정한다면, 가족과의 시간을 존중해주는 다른 직장을 알아볼 거야.
- 나는 술을 마시지 않아. 계속 강요한다면 자리를 뜰 거야.

3. 행동으로 옮겨라

이 단계가 가장 어렵다. 결과를 명시했으면 반드시 실행에 옮겨야 한다. 단호하게 자신을 표현한다는 것은 상대에게 당신이 무엇을 할 것인지 말한 다음, 실제로 그것을 하는 것이다. 상대가 계속 당신의 경계를 무시한다면 반드시 대화를 그만두고 자리를 떠야 하고, 다른 일자리를 알아보기 시작해야 하며, 그 사람과의 인연을 정리하고 당신의 선택을 존중해주는 친구들과의 관계에 힘써야 한다.

이것이 말한 대로 실천하는 사람이라는 것을 보여주는 방법이다. 한 발짝도 물러서선 안 된다. 상대가 어떤 감정적인 반응을 보이든, 그 말에 휘말려 방금 세운 경계를 무너뜨리는 대화에 휩쓸리면 안 된다. 무엇보다 일관성이 중요하다.

누군가가 불편해한다면, 잘 가고 있는 신호다

경계를 세우고 지키기 시작하기에 앞서, 한 가지 분명히 말해두고 싶다. 모두가 반기지는 않을 거라는 점이다. 몹시 불쾌해하는 사람이 있을 수도 있다. 그래도 사람들은 결국 자신만의 경계를 지킬 줄 아는 당신을 존중하게 될 것이다. 흔들릴 필요 없다.

경계는 주변 사람들을 가려내는 역할도 한다. 당신이라는 사람 자체가 아니라 자신에게 필요한 역할을 해주길 바라는 이유로 당신 곁에 있는 사람들을 걸러준다. 가까운 친구도, 가족도 예외는 아니다. 경계를 세우고 지키면서 누가 진짜 내 편인지, 누가 진심으로 나를 아끼는지 유심히 살펴보라. 당신을 진심으로 사랑하는 사람은 당신의 변화를 지지할 것이다. 반면, 당신이 자신에게 해주는 것만 사랑하는 사람은 등을 돌릴지도 모른다. 누군가 당신이 세운 경계를 비난한다면 그동안 자신이 누렸던 특권을 잃은 데 대한 반응일 뿐이다. 예전에는 새치기를 할 수 있었는데, 이제는 다른 사람들과 똑같이 줄 서서 기다려야 하는 처지가 됐기 때문이다.

누군가가 불편해한다는 건, 당신의 경계가 잘못됐다는 뜻이 아니다. 오히려 제대로 작용하고 있다는 신호다. 이렇게 생각해도 좋다. '아니, 굳이 다른 사람을 이해시키지 않아도 돼. 내가 경계를 세운 건 다른 사람을 편하게 해주려는 게 아니라 나를 위한

거니까.'

당장 이해하지 못하는 사람도 있을 수 있다. 괜찮다. 변화를 받아들이는 시간을 너그러이 허락하라. 이는 당신의 인간관계가 시험대에 오르고 다시 조율되는 시간이 될 것이다.

참고: 그렇다고 너무 많은 경계를 세워서는 안 된다. 기본적인 협력이나 합리적인 부탁조차 전부 다 거절하고, 책임을 회피하는 식으로 경계를 남용하지 말라는 뜻이다. 경계는 어떤 상황에든 갖다 댈 수 있는 핑계가 아니다. 나쁜 행동을 정당화해주지도 않고, 당신의 책임을 면제해주지도 않는다. 경계가 지나치면 역효과를 낳을 수 있다. 정말로 소중히 여기는 것들에만 경계를 세워라.

경계는 행복을 지켜주는 문지기다. 당신의 영역을 굳건히 지키고, 필요 없는 해악이 삶에 들어오는 것을 막아준다. 그러니 그 문지기가 눈에 잘 띄는 곳에 당당하게 서 있도록 하라. 지금 이 순간, 반드시 대화를 나눠야 할 필요가 있는 대상을 떠올려보라. 어떤 경계를 세워야 할까? 어떤 결과를 명시해야 할까? 그리고 그 약속을 어떻게 지킬 수 있을까? 이 질문들에 답하기 위해 충분히 시간을 들여 고민하면, 에너지를 고갈시키는 관계가 아니라 채워주는 사람들과의 관계에 더 많은 시간을 보낼 수 있다.

핵심 정리

- '노(No)'는 자세한 설명이 필요 없는 그 자체로 완전한 문장이다.
- 거절하는 것에 대한 두려움은, 그 결과를 받아들이는 연습을 통해 극복할 수 있다. 사람들을 실망시키는 일에 익숙해져라. 사람들은 당신이 생각하는 것보다 훨씬 더 회복력이 뛰어나다.
- 당신의 행동과 선택이 당신에게 소중한 것들을 둘러싼 경계를 만든다. 누군가가 무엇을 중요하게 여기는지 알고 싶다면, 그 사람의 경계를 살펴보라.
- 사람들에게 당신을 조종할 수 있는 리모컨이 아니라 당신과 소통하는 방법을 알려주는 설명서를 건네라. 허용하는 것과 허용하지 않는 것을 분명히 알려야 한다.
- 당신이 세운 경계 때문에 누군가가 불편해한다면, 그 경계가 잘못됐다는 뜻이 아니다. 제대로 작용하고 있다는 신호다.

원칙 3.
연결을 위해 말하라
Say it to Connect

10장

침몰하는 대화를 구출하는, 프레임 전략

어릴 때 새 학기를 앞두고 어머니와 운동화를 사러 갔던 날이 기억난다. 우리는 파크데일 몰에 들어가 푸드코트를 지나 모퉁이를 돌았다. 빨간 네온사인으로 '풋 로커'라고 적혀 있는 커다란 매장이 눈에 들어왔다. 나는 잔뜩 들떠 있었다. 이미 마음속으로 어떤 운동화를 살지 정확히 정해두고 있었다. 높이 뛸 수 있어야 했기 때문에 당연히 쿠션감이 좋아야 했다. 빨리 달릴 수 있어야 하니 너무 투박해서는 안 됐다. 디자인이 멋져야 하는 건 당연하고.

가게 안으로 들어서자 입이 벌어졌다. 운동화가 정말 많았다. 전부 다 높이 뛸 수 있고 빠르게 달릴 수 있을 것처럼 보였다. 전부 다 디자인도 멋졌다. 가엾은 어머니. 신나서 온갖 운동화를 다

신어 보는 나 때문에 어머니도, 인내심 많은 점원도 진땀을 뺐다. 내가 신발을 신을 때마다 어머니는 내 엄지발가락을 눌러보며 사이즈가 맞는지 확인했다. (엄마들은 원래 그런가?) 그러고는 매번 매장 끝까지 걸어갔다가 돌아오게 했다. 선택지가 많아도 너무 많았다. 정신이 아찔할 정도였다. 나는 이 신발 저 신발 계속 신어봤다.

결국 어머니의 인내심이 바닥났다. 어머니는 매장 벽 쪽으로 가더니 운동화 두 켤레를 집어 들고는 나를 향해 돌아섰다.

"하나 골라라."

내가 물었다.

"어? 다른 신발들은요?"

"안 돼. 이 중에서 골라."

어머니는 고개를 저으며 단호한 눈빛을 보냈다. 나는 결국 나이키 샥스를 골랐다. 우습게도 내가 가장 처음 신어본 신발이었다. 현명한 어머니는 알고 있었다. 선택지가 적을수록 더 나은 결정을 내릴 수 있다는 것을.

대화도 마찬가지다. 대화에 목표가 없으면 알맹이 없는 이야기가 된다. 목표가 너무 많아도 마찬가지다. 아무 이야기도 하지 않는 것이나 다를 바 없다. 물론 친구나 동료와 나누는 가벼운 잡담, 그날 있었던 일에 대한 연인이나 부부의 대화 같은 일상적인 대화를 말하는 게 아니다. 여기서 말하는 건, 분명한 목적을 달성해야 하는 대화다. 바로 '연결'이라는 목표를 이루기 위한 대화 말이다.

대화의 방향을 좁혀두면 당신과 상대 모두에게 도움이 된다. 주제가 분명해져 서로의 의도를 더 쉽게 이해하고, 자연스럽게 연결된다. 이 전략이 당신을 더 빨리 달리게 하거나, 더 높이 뛰게 해준다고는 약속할 순 없다. 하지만 효과가 분명하다는 건 약속할 수 있다.

대화의 프레임이란

대화 상대와 명확한 연결을 이루기 위해서는 대화에 프레임을 설정해야 한다. 액자가 그림의 테두리를 만들어 작품의 아름다움을 돋보이게 하듯, 대화에도 프레임이 있어야 주제에서 벗어난 이야기가 줄어들고, 초점이 더욱 뚜렷해진다.

대화의 프레임은 상대의 선택지를 줄이고, 논의의 초점을 좁혀준다. 프레임이 있으면 지금 왜 이 대화를 나누고 있는지, 무엇에 대해 이야기하고 있는지, 대화가 어떻게 마무리되어야 하는지 더 이상 혼란스럽지 않다. 당신은 자신의 요구와 기대를 함께 전달함으로써 서로 같은 방향을 바라보는 마인드셋을 형성할 수 있다. 마치 같은 악보를 보며 함께 연주하는 것처럼 말이다. 어떤 곡인지, 어떤 음이 나와야 하는지, 박자는 어떻게 되는지 두 사람 모두 잘 알게 된다. 주제에서 벗어난 이야기나 관련 없는 문제는 이 프레임 밖에 있다는 점도 분명히 할 수 있다. 프레임이 대화의 흐름을 안내하는 기준이 되기 때문에 대화가 옆길로 새는 일이 줄어든다.

경계가 없으면 논쟁은 도무지 중심을 잡지 못하고 끝없이 겉돌게 된다. 마치 매장 벽면 가득 진열된 운동화들 속에서 완벽한 한 켤레를 끝없이 찾아 헤매는 것처럼 말이다. 이 주제 저 주제 끝없이 떠돌거나, 같은 자리만 맴돌거나, 대화가 시작된 지점에서 한참 멀어진 곳까지 흘러가버린다. 그래서 엉뚱한 방향으로 이야기가 흘러가 처음과는 전혀 다른 이야기로 끝을 맺기도 한다. 대화 주제가 흩어질 때, 그걸 다시 모아주는 것이 바로 프레임이다. 마치 흩어져 있는 양들을 몰아 한곳에 모으는 양치기 개처럼 말이다.

프레임 없이 대화를 나누면 어떻게 될까?

- 주제에 제한이 없다 보니 대화가 필요 이상 길어진다.
- 대화가 길어질수록 오해와 혼란, 왜곡이 생길 가능성이 커진다.
- 대화를 마쳤을 때 아무런 진전이 이루어지지 않거나 오히려 두 걸음 뒤로 물러난 듯한 기분이 든다.

방향 없는 대화는 길을 잃기 마련이다. "저기, 우리 얘기 좀 할 수 있을까? 몇 달 전에 있었던 일 기억나?" 또는 "할 말이 있어. 아무것도 아닐 수도 있지만…" 같은 모호한 시작은 아무런 도움이 되지 않는다. 오히려 상황을 악화시킨다. 대화의 목적과 방향을 정하지 않은 채 막연하게 문을 열기 때문이다.

말을 시작한 뒤에야 자신이 무슨 말을 하고 싶은지 파악하려고 하는 경우가 많다. 대화를 시작하는 데는 능숙하지만, 어떻게 마무리해야 할지는 잘 모른다. 그래서 머뭇거리며 같은 말을 되풀이하다가 마침내 하고 싶은 말을 겨우 찾아낸다. 10분 넘게 혼자 말한 뒤에야 "지금 이런 말들을 한 이유는…"이라며 결론을 꺼낸다. 하지만 이미 너무 늦었다. 그렇게 우리는 연결의 기회를 놓쳐버린다.

대화에 주제나 요소, 이야깃거리를 많이 얹을수록 대화는 무거워지고, 그만큼 제대로 된 방향으로 나아갈 가능성은 줄어든다. 처음부터 분명한 틀이나 목적지가 정해져 있지 않은 대화는 금세 상대를 지치게 만든다. 요점을 전달하는 데 시간이 오래 걸릴수록 상대의 집중력은 낭비되고 점점 소진된다. 그러다 결국 상대의 관심도, 공감도, 연결도 모두 잃게 된다.

누군가가 다음과 같은 질문으로 반응한다면, 당신이 대화에 틀을 세우지 않았을 가능성이 크다.

- "그럼, 넌 파티에 가기 싫다는 거야?" (당신은 가고 싶다)
- "네가 말하려는 요지가 뭐야?" (당신은 이미 요점을 말했다고 생각했는데)
- "내가 어쩌길 바라는 거야?" (당신은 아무것도 바라지 않는데)

이런 질문을 들으면 "내 이야기의 요점을 잘못 이해했잖아!" 혹은 "내 말 안 듣고 있잖아!"라고 소리치고 싶어질지도 모른다. 하지만 이런 상황에서 당신이 해야 할 일은 이 질문에 답하는 것이다. 내가 요점을 쉽게 찾을 수 있게 말했는가? 그 요점이 분명하고 간결하게 전달되도록 틀을 세웠는가? 듣는 사람에게 건초 더미 속에서 바늘을 찾으라고 강요한 건 아닌가?

명확한 기준이 없으면 상대는 마치 탐정처럼 당신의 의도를 추리해야 하는 처지가 된다. 이는 무척 답답한 경험이다. 상대는 두서없고 장황한 당신의 말을 들으면서 이 대화가 도대체 어디로 가고 있는지 계속 의문을 품는다. 대화의 주제가 어디서 시작됐는지, 실제 내용이 무엇인지, 당신이 무엇을 원하는 건지 전혀 감을 잡지 못할 수도 있다. 이렇듯 풀리지 않은 질문들은 인간 심리를 자극하는 가장 불안한 요인인 미지에 대한 두려움을 건드린다.

미지에 대한 두려움은 대화 속에 불안을 스며들게 한다. 최악의 상황을 떠올리는 경향이 있는 사람일수록 불안은 더 커진다.

상실 역시 하나의 트리거다. 상대는 자신이 뭔가 잘못한 건 아닌지, 아니면 당신이 이 관계를 끝내고 싶어 하는 건 아닌지 두려워하게 된다.

이런 두려움은 서로의 점화 단계를 자극해 감정이 격해지거나 공격적으로 반응하게 만든다. 상대가 "대체 뭘 바라는 거야!"라고 소리치거나, 반대로 당신이 "왜 그렇게 흥분해? 난 그냥 대화하려는 거잖아!"라고 목소리를 높이는 상황이 벌어질 수 있다.

문제는 불분명한 기준에 있다. 당신이 왜 이런 이야기를 꺼냈는지 알 수 없으니, 상대는 허공에 매달린 듯 불안한 기분에 휩싸인다. 대화가 어떤 결말로 이어질지, 갑자기 날벼락 같은 말이 떨어지지는 않을지 전전긍긍하게 된다. 이해도, 공감도 없고, 연결도 이루어지지 않는다.

한 가지 확실하게 알아두어야 할 게 있다. 프레임을 설정한다는 게 다음과 같은 의미는 아니다.

- 상대의 의견이나 우려는 배제한 채, 당신이 대화를 일방적으로 주도할 수 있다는 뜻이 아니다.
- 상대가 당신에게 반대하거나 스스로를 변호할 수 없다는 뜻이 아니다.
- 당신이 설정한 프레임이 상대에게도 공정하다는 보장은 없다.

- 당신이 편할 때 마음대로 프레임에서 벗어날 수 있다는 뜻도 아니다.
- 오직 당신만이 자신의 생각을 말할 수 있다는 의미는 더더욱 아니다.

대화의 프레임은 상대뿐 아니라 당신 자신에게도 똑같이 적용돼야 한다. 프레임이 있으면 당신과 상대 모두 무엇을 기대해야 하는지 분명히 알 수 있고, 목적이 명확해져 혼선의 여지가 줄어든다. 프레임을 이해하는 또 다른 방법은 대화를 지도에 비유해보는 것이다. 상대와 함께 A 지점에서 B 지점으로 가고 싶다면 당연히 목적지가 어디인지 분명히 알려줘야 한다. 그곳에 도달하는 과정에서 느낄 불안도 덜어줘야 한다.

끌려다니고 싶지 않다면, 골대부터 세워라

대화를 시작할 때, 가장 먼저 프레임부터 설정하라. 상대가 마음에 들지 않는 말을 한다고 뒤늦게 프레임을 설정해선 안 된다. 그건 공정하지 않다. 대화가 시작되기 전, 프레임이 세워져 있어야 한다.

다음은 대화에 프레임을 설정하는 단계다. 단계마다 예시를 제시하니, 실제로 대화가 어떤 식으로 들릴지 감을 잡을 수 있을 것이다.

1단계. 방향을 정하라

무엇을 이야기하고 싶은지 상대에게 분명하게 알려주는 것으로 시작하라. 대화의 목적과 당신이 중요하게 여기는 가치를 고려해서 말해야 한다.

예를 들어, 이렇게 말할 수 있다.

- "어제 회의에서 과장님이 한 의견에 관해 이야기하고 싶어요."
- "연봉 기대치에 관해 이야기 나누고 싶어요."
- "화요일 오후 일정에 대해 상의할 필요가 있어요."
- "저에게 개인적으로 중요한 주제에 대해 말씀드리고 싶어요."

2단계. 원하는 결말을 예고하라

그다음에는 대화를 어떤 결말로 마무리하고 싶은지 알려줘라. 당신이 기대하는 결과를 미리 제시함으로써 대화의 방향을 설정하는 것이다. 대화가 끝난 뒤 당신이 어떤 기분이길 바라는지 최대한 구체적으로 말하라. "대화가 끝났을 때…"라는 문장을 완성한다는 마음으로 말해보자.

- "…우리의 협업 관계가 더 탄탄해질 수 있었으면 좋겠어요."
- "…우리가 여전히 서로를 존중할 수 있었으면 좋겠어요."
- "…당신이 상황을 바로잡지 않아도 괜찮으니, 그냥 내 말을 들어줬으면 해요."
- "…내가 당신을 여전히 사랑하고 함께하고 싶다는 걸 알아줬으면 해요."

3단계. 동의를 구하라

프레임 설정의 마지막 단계는 상대의 동의를 얻는 것이다.

- "괜찮을까요?"
- "찬성할 수 있겠어요?"
- "그렇게 할 수 있겠어요?"

이제 세 가지 단계를 실제 상황에 적용해보자.

직장 휴게실 한쪽의 조용한 공간에서 동료와 대화를 나누고 있다. 프레임 설정의 세 단계를 모두 적용하면, 대화의 첫마디는 이런 식으로 진행된다.

"시간 내줘서 고마워요. 오늘 아침 회의에서 당신이 했던 말에 대해 잠깐 이야기하고 싶어요. 이 대화를 통해 서로에게 중요한 게 무엇인지 더 잘 이해하고, 앞으로 함께 더 좋은 방향으로 나아갈 수 있는 방법을 찾았으면 해요. 괜찮을까요?"

또 다른 예시는 이렇다.

"시간 내줘서 고마워요. 이번 분기 목표에 대해 함께 이야기해 보고 싶어요. 대화가 끝날 때쯤 우리가 같은 우선순위에 집중하고 있다는 확신이 들었으면 해요. 괜찮을까요?"

하나 더, 이번에는 관계에 관한 상황이다.

"어젯밤 당신의 행동을 내가 어떻게 받아들였는지에 대해 이야기하고 싶어. 누가 옳고 그르다는 걸 말하려는 게 아니야. 앞으로 서로를 더 잘 이해할 방법을 함께 찾고 싶어. 그럴 수 있을까?"

이 대화 구조는 어떤 내용을 대화에 포함시키고 포함시키지 않을지 분명히 함으로써 프레임의 고유한 장점을 극대화한다. 프레임은 대화 안에 들어 있는 것을 분명하게 부각시키고 바깥에 자리하는 것은 자연스럽게 밀어낸다.

프레임은 이 대화에 분명한 끝이 있다는 것을 상대에게 알려 준다. 대화의 범위가 정해져 있기 때문에 상대는 그 외에 다른 내용이 있는지 신경 쓸 필요가 없다. 그만큼 집중해서 들을 수 있다. 결국 프레임은 말하는 사람과 듣는 사람 사이의 연결을 더 단단하게 만든다.

하나의 대화, 하나의 프레임

"여러분, 오늘 다뤄야 할 내용이 아주 많습니다."

상사가 이렇게 말하는 순간, 회의에 참석한 모두가 속으로 한숨을 쉬거나 눈알을 굴리고 싶어진다. 왜일까? 이런 식으로 시작하면 논의가 여러 주제로 흩어져 산만하고 복잡한 대화로 이어질 가능성이 크기 때문이다. 물론 명확한 안건이 있다고 해서 그 회의가 꼭 효과적이거나 흥미로울 거라는 뜻은 아니다. 그러나 아무런 초점 없이 이리저리 흩어지는 회의보다는 명확한 안건이 있는 편이 훨씬 낫다.

이런 상황에서는 탄식이 절로 나올 것이다. '이건 이메일로 보내도 됐잖아. 시간만 낭비하고 있네.' 다룬다고 했던 사안들이 대부분 제대로 논의되지 않을 것임을, 결국 또 다른 회의로 이어질 것임을 다들 알고 있다. 회의가 실행 방안도, 교훈도 남기지 못한 채 아무 성과 없이 끝나리라는 것도 짐작할 수 있다. 그저 회의를 위한 회의를 하고, 발표를 위한 발언이 오갈 뿐이다. 신호가 너무 희미하게 퍼져 있으면 강한 연결이 만들어지기 어렵다.

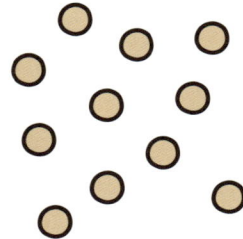
알맹이 없는 대화

목표가 확실한 대화

● 안건

그래서 '하나의 프레임, 하나의 주제'라는 틀이 필요하다.

상사가 이렇게 회의를 시작한다고 상상해보자.

"오늘 회의는 고객 피드백 절차 개선에 집중하겠습니다."

회의의 목적이 분명하게 느껴지고, 집중도도 높아진다. 주제가 구체적일수록 모두의 주의가 한곳으로 모인다. 회의가 끝나면, 다뤄야 할 내용을 제대로 다뤘다는 느낌이 들어서 사람들은 생산적이고 의미 있는 대화를 나눴다고 생각하며 기분 좋게 자리를 뜰 것이다. 무엇보다 그 시간이 아깝지 않다고 생각할 것이다. '하나의 프레임, 하나의 주제' 원칙은 대화를 간결하고 주제에서 벗어나지 않게 유지하기 위해 매우 중요하다. 대화가 하나의 프레임 안에 있을 때, 크게 두 가지 이점이 있다.

- 필요한 내용만 추려 의도적으로 다듬다 보니 불필요한 말이 자연스레 줄어든다.
- 주제에 대해 더 깊이 있는 논의가 가능해진다.

이 사안에서 저 사안으로 이리저리 옮겨 다니지 않으면, 표면적인 이야기에 그치지 않고 좀 더 깊이 있는 대화를 나눌 수 있다. 미묘한 뉘앙스를 살펴보고 다양한 관점을 고려하며 함께 해결책을 모색할 기회도 커진다. '하나의 프레임, 하나의 주제' 원칙은 복잡한 안건 속에서 다음 주제를 미리 떠올리느라 주의가 흐트러지는 일 없이 모든 참여자가 지금 이 순간에 집중하고 적극적으로 몰입할 수 있게 한다.

실제로 이 원칙을 적용하려면, 범위가 넓은 회의를 주제별로 쪼개 여러 작은 단위로 나눠 진행하는 방식이 효과적이다. 문자 메시지나 이메일을 보낼 때는 여러 가지 주제를 한꺼번에 '전체 회신'으로 보내지 말고 하나의 메시지에 하나의 안건만 담아 해당 결정권자에게 정확히 전달한다.

기억하자. 명료함은 배려다. 모두의 시간과 자원을 존중하는 이 방식은 더 단단한 연결을 약속한다.

옆길로 샌 대화, 자연스럽게 되돌리기

어쩌다 보니 대화가 처음 설정했던 프레임을 벗어나버리는 일은 흔히 일어나는 문제다. 이는 누구의 잘못도 아니다. 단순히 주제에서 벗어날 수도 있고, 곁길로 너무 깊숙이 빠질 수도 있다. 대화가 자연스럽게 흐르도록 내버려두는 것은 전혀 문제 될 게 없다. 흐름에서 너무 벗어났다고 느껴지면 목표와 관련된 핵심어를 다시 꺼내는 간단한 방법으로 중심을 바로잡으면 된다.

예를 들어, 마케팅 예산에 대해 이야기하다가 당신과 상대 모두 회계팀의 게으름에 대한 불만으로 대화가 새어버렸다고 해보자. 이럴 때는 '마케팅'이라는 단어 하나만 꺼내도 다시 중심을 잡을 수 있다. "우리 지금 옆길로 샜네"라고 솔직하게 말해도 된다. 아무런 문제가 되지 않는다.

하지만 항상 상황이 단순한 것은 아니다. 민감한 대화가 인신공격으로 흐르거나 과거의 불만을 들먹이다 현재의 목적을 흐리기도 한다. 이는 대화를 회피하거나 논쟁에서 우위를 점하고자 의도적으로 혹은 무의식적으로 사용되는 방법이기도 하다. 이럴 때는 생산적인 대화에서 벗어났다는 사실을 인정하고 대화를 다시 원래의 프레임으로 되돌리는 것이 중요하다.

두 가지 상황을 살펴보자. 첫 번째, 대화의 주제가 옆길로 새게 한 사람이 당신인 경우다. 당신이 하지 말아야 했을 말을 꺼내서 분위기가 점점 나빠지고 있다. 이때 당신은 다음 세 가지를 재빨리 해야 한다.

- 대화를 어긋나게 만든 발언에 대해 사과한다.
  - "미안해. 그런 말은 하지 말아야 했어."
  - "목소리를 높여서 미안해."

- 지금 상황이 대화의 목적에서 벗어났음을 인정하는 말을 덧붙인다.
  - "도움이 되지 않는 말이었어."
  - "너무 지나친 말이었어."
  - "우리가 얘기하기로 한 방향이 아니었어."

- 분위기가 흐트러지기 전에 이야기하던 지점에서 곧바로 대화를 이어간다.

전체 흐름을 담으면 이런 식이 된다.

"미안해. 목소리를 높인 건 내 잘못이야. 아무런 도움도 안 됐고, 우리가 얘기했던 방식도 아니었지. 어제 같은 일이 다시 안 생기려면 어떻게 하면 좋을지 같이 이야기해보고 싶어."

두 번째, 상대방이 대화의 주제에서 이탈한 경우다. 이런 방어적인 반응은 자주 볼 수 있는데, 그냥 놔두면 대화가 금세 논쟁으로 번지기 쉽다. 예를 들어보자. 당신은 친구 집에서 있었던 불편한 일에 관해 이야기하려고 한다. 프레임을 설정했고, 친구도 대화에 동의했다. 그런데 15분쯤 지나자 친구가 갑자기 딴소리를 꺼낸다.

"정말? 너 지금 그 얘기를 하겠다고? 그럼 네가 3주 전에 했던 건 뭔데?"

이런 말은 자신에게 쏠린 주의를 피하려는 심리에서 비롯된 행동으로, 상대가 점화 단계에 들어섰다는 신호다. 보통 이런 상황에서 사람들은 두 가지 중 한 가지 반응을 보인다.

- 관심을 당신에게 돌려 사태를 모면하려고 한다.
- 과거의 일을 끄집어내면서 "너도 그랬잖아"라는 식으로 당신을 자신과 똑같은 사람으로 몰아간다.

일종의 형평성을 맞추려는 반격이다.

이런 식으로 프레임이 흐트러질 경우, 가장 먼저 해야 할 일은 몸의 반응을 다스려 점화 단계를 최소화하는 것이다. 대화의 방향이 계속 흐트러지지 않도록 하기 위해서 첫 마디를 호흡으로 시작하고, 차분하고 절제된 어조로 이렇게 말해보자.

- "네 말도 알겠어. 그런데 지금은 우리가 시작한 대화를 먼저 마무리하고 싶어. 필요하다면 그 이야기는 나중에 다시 해보자."
- "잠깐만. 내 말부터 끝까지 들어줘. 그 이야기는 나중에 다시 하자."
- "그 얘기도 해봐야 한다는 건 나도 동의해. 하지만 한번에 한 가지 주제에만 집중하자."

여기서 중요한 것은 먼저 상대의 말을 인정해준 다음에 부드럽게 원래 주제로 초점을 돌리는 것이다. "그게 지금 중요한 게 아니잖아!"나 "넌 지금 화제를 돌리고 있는 거야" 같은 식으로 상대의 말을 무시하는 태도를 보여서는 절대로 안 된다. 이런 식의 일축은, 갈등에 또 하나의 갈등을 덧씌우는 꼴이나 마찬가지다. 그 끝이 좋을 리 없다. 그러니 꼭 기억하자. 먼저 상대를 인정해주고, 그다음에 중심으로 돌아가라.

프레임은 크고 작은 모든 대화에서 상대와의 연결을 돕는 강력한 도구다. 다음에 회의나 대화 중 같은 말이 반복되거나 진전이 없다고 느껴진다면 프레임을 활용해보자. 우선 다룰 주제를 하나만 정하고, 나아갈 방향과 목표를 명확히 제시한 뒤, 상대의 동의를 끌어낸다. 그렇게 하면 불필요한 이야기로 주의가 흐트러지거나 오해가 발생할 가능성을 줄일 수 있다. 상대의 관심과 몰입도가 높아지고, 더 깊은 연결이 이루어지며, 더 짧은 시간에 더 많은 것을 이뤄내게 된다. 무엇보다 상대가 당신을 자신의 시간과 생각을 존중해주는 사람으로 받아들이게 된다.

핵심 정리

- 여러 주제를 다룰수록 대화가 생산적이거나 무언가를 이뤘다고 느끼기는 어렵다.
- 상대와 깊이 연결되려면, 언제나 하나의 뚜렷한 목적과 방향을 가지고 이야기하고 있음을 보여줘야 한다.
- 대화가 산만해지거나 오해로 흐르는 것을 막으려면, 시작 전에 프레임을 설정해야 한다. 상대를 A에서 B로 이끌려면 먼저 목적을 분명히 밝히고, 도착 지점을 미리 공유해 불안을 줄여줘야 한다.
- 대화의 프레임을 효과적으로 설정하려면, 먼저 어떤 주제로 이야기할 것인지 분명히 밝히고, 대화를 마친 뒤 어떤 감정으로 마무리되기를 바라는지 알려야 한다. 마지막으로, 그 방향에 함께하자고 상대의 동의를 구해야 한다.
- 프레임을 설정하면 오해를 줄일 수 있고, 원하는 방식으로 서로 연결될 가능성이 훨씬 높아진다.

11장

무례한 사람에게
겸손은 사치다

"솔직히 말해, 이건 벡터 힘의 문제입니다. 그 영향력은 전문가가 아닌 사람의 눈에는 거의 보이지도 않아요."

상대측 생체역학 전문가는 증인석에서 이렇게 말했다.

그는 시속 90킬로미터로 내 의뢰인을 들이받은 차량이 신체적인 부상을 일으킬 수 없었다는 것, 기껏해야 아주 가벼운 부상만 입힐 수 있었을 거라는 사실을 증언하고 있었다. 반면 나는 반대 심문을 통해 그 주장을 반박해야 했다. 그는 내 질문이 마음에 들지 않았고, 나 역시 그의 대답이 못마땅했다.

재판에서 전문가의 증언은 판결의 향방을 좌우할 만큼 중요하다. 미국에서는 사고 재구성이나 법의학 분석처럼 특정 주제에 대해 법적으로 유효한 전문 지식을 가진 사람만이 의견을 낼 수 있다.

헛똑똑이들의 한마디, "잘 모르시겠지만…"

전문가에게 말을 시키는 건 쉽다. 어려운 건 그들이 말을 멈추게 하는 일이다. 전문가들은 자신의 지적 능력을 강조하듯 말하는 경향이 있다. 좋은 전문가는 누구나 알아듣기 쉽게 설명하고, 지금 이 사건과 어떤 관련이 있는지 분명히 보여준다. 반면 나쁜 전문가는 전문 용어를 남발해 사람들을 위축시킨다. 내가 반대 심문을 하고 있던 전문가는 후자에 가까웠다.

"네, 말씀하신 내용은 이해합니다." 내가 말했다. "좀 다른 방식으로 다시 질문하겠습니다."

잠시 멈춘 뒤, 나는 말을 이었다.

"증인은 피고, 그러니까 제 의뢰인을 들이받은 사람을 대변해서 증언 중이신 거죠?"

그가 대답했다.

"해당 차량과 접촉한 차량의 운전자죠. 네."

내 의도를 눈치챘는가? 내가 물었다.

"제 의뢰인을 들이받은 사람은 구급차에 실려 가야만 했죠?"

그가 머뭇거리며 말했다.

"어, 그런 것 같습니다만, 확실하진 않습니다."

내가 다시 압박했다.

"쇄골이 부러져서 말이죠?"

그는 헛기침하더니 대답했다.

"다시 말하지만, 그건… 사실일 수도 있죠."

나는 더 몰아붙였다.

"그런데도 지금 이 사고로는 제 의뢰인의 허리에 디스크 탈출이 생길 수 없다고 배심원들 앞에서 말씀하시는 건가요?"

이 질문은 그를 곤란하게 만들기 위한 것이었다. 배심원이 메모하던 손을 멈추고, 다음에 무슨 말이 나올지 유심히 귀를 기울이게 만들려는 질문이었다. 이 상황에서 전문가가 "아, 그게 꼭 그런 뜻은 아닙니다. 제 의견에는 좀 더 복합적인 부분이 있습니다" 혹은 "표면적으로는 모순처럼 보일 수 있지만, 실제로는 더 복잡한 문제입니다"라고 말했으면 훨씬 합리적으로 들렸을 것이다. 내가 지적한 차이를 인정하고 그것을 자신의 주장을 뒷받침하는 데 활용했다면 오히려 그의 신뢰도가 올라갔을 것이다. 하지만 실제로 배심원들이 들은 말은 이랬다.

"그건 물리학과 인체 생물학을 좀 더 깊이 알아야 이해할 수 있는 부분입니다. 뭐, 이해 할 수 있다면 말이죠."

순간 방 안의 분위기가 확 달라졌다. 배심원들이 의자에서 몸을 뒤척이며 웅성였다. 그중 나이 지긋한 여성 배심원 한 사람은 고개를 저으며 작게 중얼거렸다.

"흠. 세상에나."

그 전문가는 배심원 앞에서 절대로 해서는 안 되는 행동을 저질렀다. 내 질문을 자신의 전문성을 공격하는 것으로 받아들여 방어적인 반응을 보인 것이다. 그는 결과적으로 자기 증언의 신뢰성을 떨어뜨렸다. 그 순간은 그에게 매우 결정적인 순간이었다. 자신의 의견과 배심원들의 이해 사이의 틈새를 좁히고 연결할 수 있는 기회였지만, 그는 자존심 때문에 오히려 그 틈을 더 벌려버렸다.

물론 이 한순간이 그의 증언 전체를 무너뜨리지는 않았지만, 피고 측이 배심원들에게서 얻고자 했던 신뢰는 분명히 흔들렸다. 재판에서는 기록으로 남는 증언 한마디 한마디가 모두 다 중요하다. 증거를 어떻게 전달하느냐는 증거 그 자체만큼이나 중요하다. 그 방식에 따라 긍정적인 방향으로든 부정적인 방향으로든 결과가 달라질 수 있다. 법정에 있던 모두가 분명히 느꼈다. 전문가가 방어적으로 나온 순간, 그의 말은 설득력을 잃었고 피고 측 논리의 허점이 고스란히 드러났다.

방어적 태도는 전문가 증인에게만 문제가 되는 것이 아니다. 당신도, 나도, 누구에게나 해당하는 문제다. 법정이든 거실이든 방어적인 반응은 언제 어디에서나 나타난다. 자신이 방어적인 상태에 놓였다는 것을 인식하고, 왜 그런 반응이 나왔는지 이해하며, 그것을 다룰 수 있는 도구를 갖춘다면 당신에 대한 타인의 신뢰를 완전히 바꿀 수 있다.

연결을 깨뜨리는 방어적 반응들

방어적인 반응만큼 대화에 치명적인 영향을 주는 것은 드물다. 방어적인 반응은 점화 단계가 시작됐음을 보여주는 가장 분명한 신호다. 순식간에 마음의 문이 닫히고, 벽이 세워지고, 말에 가시가 돋친다. 등을 돌리고 귀를 틀어막는다. 방어적 반응은 어떤 자극으로 인해 본능적으로 걸치는 갑옷이다. 이 스트레스 반응은 다양한 형태로 나타난다. 배 속이 단단히 꼬이는 듯한 느낌이 들 수도 있고, 귀 뒤가 뻣뻣하게 굳는 감각일 수도 있다. 냉소적인 말투나 침묵, 또는 진지한 주제를 농담처럼 흘려버리는 식으로 나타나기도 한다. 우리가 방어적으로 반응할 때 흔히 보이는 행동은 다음과 같다.

- 말 자르기: "그래, 근데 너는 애초에…"
- 목소리 높이기: "별것도 아닌데 난리야!"
- 인신공격: "넌 진짜 멍청해."

- 듣지도 않고 무시하기: "흥, 너는 애초에 신경도 안 쓰잖아."
- 과거의 불만으로 화제 돌리기: "너도 예전에 그랬잖아…"
- 과장된 일반화: "넌 내 말은 절대 안 듣지!" / "넌 늘 이런 식이야!"

한 번쯤은 들어본 말들 아닌가? 이제 이 말들을 다시 읽어보라. 공통점이 무엇인가? 모두가 '이인칭'으로 시작한다는 것이다.

방어적인 반응을 보일 때 가장 먼저 튀어나오는 단어는 '너'다. 할 말을 쏟아내며 따지고 들 때, 우리가 겨눈 손가락 끝에 가장 먼저 놓이는 대상은 바로 '너'다.

"내가 그런 말을 했다고? 내가 잘못했다고? 내가 그랬다고? 그럼 너는?"

이처럼 잘못의 책임을 자신이 아니라 상대에게 떠넘기려는 반응은 인간 소통의 근본적인 특징을 보여준다. 바로, 다른 사람에게 잘못했다고 지적받거나 결점이 있다고 평가받는 것에 대한 깊은 거부감. '다들 내가 틀렸다고 생각하면 어쩌지' 하는 불안은 거의 모든 심리적 트리거를 건드린다.

- 사회적 평가: 만약 내가 틀렸다면, 사람들 앞에서 망신을 당하거나 배척당하지 않을까?

- 개인 정체성: 만약 내가 틀렸다면, 그래도 나는 여전히 가치 있는 사람일까? 부족한 사람은 아닐까?
- 상실: 만약 내가 틀렸다면, 사람들이 나를 떠나지 않을까? 내 평판이 무너지지 않을까?

그들이 마음의 장벽을 세우는 이유

위협을 감지하면 경계심이 높아진다. 감정이 이성을 압도하면서 상대가 가하는 위협에 맞서 싸우거나 도망치고 싶어진다. 상대의 말을 듣지 않으려고 귀를 막고 "아아악" 소리치고 싶어진다. 듣고 싶지 않고, 알고 싶지 않고, 냉정하게 따져보고 싶지도 않다.

그런데 방어적인 반응을 보이는 사람을 상대해야 하는 처지에서는 미칠 노릇이다. 무슨 말을 하든, 어떻게 말하든 상대가 좀처럼 들으려 하지 않는다. 아무리 생각을 바꾸려고 애써도 소용없다. 상대가 틀렸음을 증명하려고 애쓸수록, 그들은 자신이 옳다고 더욱 강하게 확신한다.

사람들이 남의 말을 들으려고 하지 않는 가장 큰 이유는 불편하기 때문이다. 상대의 말이 자신의 믿음과 충돌하면서 불편함이 생긴다. 이런 불편함을 '인지 부조화'라고 한다. 새로운 정보가 기존 믿음과 충돌할 때 느끼는 불쾌한 감정을 뜻한다. 이런 감정은 언제, 어디에서나 생길 수 있다. 격한 논쟁을 하다가, 인터넷 기사를 읽다가, 심지어 노래 가사를 듣다가도 불쑥 찾아온다. 이런 불편함은 대개 사회나 정치 같은 중대한 주제에서 비롯되는 경우가 많다. 정치인들이 선거 공약으로 내세우는 이슈들이 대표적이다. 사람들이 한 가지 뉴스 매체에 맹목적으로 집착하고, 다른 경로에서 나오는 시각은 받아들이려고 하지 않는 모습을 떠올리면 쉽게 이해할 수 있다.

인지 부조화는 사소한 상황에서도 일어난다. 늘 먹던 메뉴가 없어서 다른 것을 주문해야 할 때라든가, 오랫동안 마셔온 커피보다 새로 나온 브랜드가 더 낫다는 말을 들었을 때처럼 말이다. 익숙하지 않은 것들은 위협처럼 느껴지고 심리적 트리거를 건드린다.

우리가 믿고 있는 것들은 사실 대부분 우리 스스로 만들어낸 게 아니다. 가까운 주변 사람들에게 전달받았거나, 소중한 기억을 통해 형성된 정체성과 깊이 연결되어 있다. 그러니까 내가 당신의 어떤 믿음, 이를테면 정치적 이념이 틀렸다고 말한다면, 단순히 당신이 틀렸다고 말하는 게 아닐 수 있다. 그것은 곧 당신의 할머니가 틀렸고, 당신의 가장 친한 친구가 틀렸고, 당신이 열 살 때부터 간직해온 기억이 틀렸다는 말이 될 수도 있다.

그래서 당신은 그 불편함을 피하고자 온갖 방법을 동원한다. 아예 들으려고 하지 않을 수도 있다. 논리는 중요하지 않다. 아무리 많은 증거를 내밀어도 받아들이지 않는다. 오히려 더 완고해진다. 이런 태도는 자신의 입장을 방어하는 동시에, 지금의 자신을 만들어온 관계들과 이야기를 함께 지키려고 하기 때문에 생긴다.

당신은 자신의 일부라고 여기는 어떤 존재를 지키기 위해 방어에 나선다. 이때 작동하는 것이 바로 4장에서 다룬 정체성 트리거다. 내가 당신을 몰아세우며 내 주장을 거세게 밀어붙일수록, 당신은 더 굳게 마음을 닫는다.

방어적인 반응은 자신을 보호하기 위한 자연스러운 것이지만 득보다 실이 더 큰 경우가 많다. 당신이 벽을 세우는 순간, 두 가지 일이 일어난다.

- 상대는 당신을 이해할 수 없게 되고,
- 당신도 상대를 이해하지 못하게 된다.

문제는 여기 있다. 두 번째 결과는 받아들이면서도, 첫 번째 결과는 대수롭지 않게 넘긴다는 점이다. 자신에 대한 기대는 모두 내려놓으면서 상대에 대한 기대는 바꾸려 하지 않는 게 우리 인간이다. 우리는 상대가 자신을 이해해주길 바라며, 당연히 우리 감정도 헤아릴 것이라 여긴다. 마치 문을 잠가놓고선 왜 들어오지 않느냐고 화내는 것과 같다. 아마 당신도 한 번쯤 이렇게 말

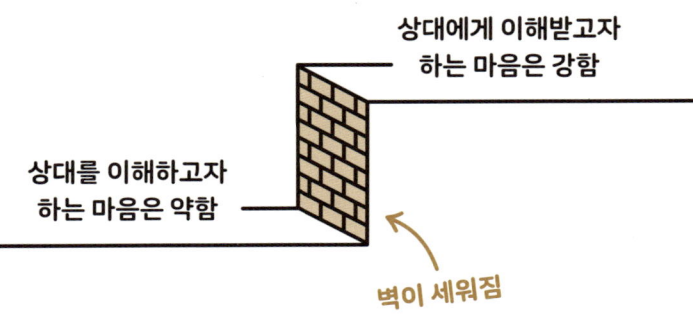

했거나, 누군가가 이렇게 말하는 것을 들어본 적 있을 것이다.

"말 안 해도 알아야지!"

내가 화난 이유를 상대가 당연히 알아야 하고, 그 말이 나에게 어떤 영향을 미쳤는지도 마땅히 알아야 한다는 의미다. 그런데 정작 처지가 바뀌면, 또 이렇게 외친다.

"내가 무슨 독심술사야? 네 마음을 어떻게 알아!"

특정한 사람만 이런 반응을 보이는 게 아니다. 누구나 비슷한 반응을 보인다. 예컨대, 길을 건너는 보행자일 때는 이렇게 생각한다. '차들이 나를 기다려야지. 내가 보행자인데, 사람이 걷고 있는 게 안 보이나?' 하지만 운전자가 되어 교차로에 멈춰 서면 생각이 달라진다. '저 사람들, 도로를 전세라도 냈나? 일부러 느릿느릿 걷는 건가? 차가 안 보이나?' 이처럼 우리는 자신은 상황에 따라 타인을 향한 이해의 기준을 쉽게 바꾸면서도, 타인의 태도는 언제나 한결같기를 바란다.

이런 감정을 심리학에서는 '기본적 귀인 오류'라고 한다. 이는 우리가 타인을 이해하거나 판단할 때 갖는 인식에 영향을 미친다. 기본적 귀인 오류란, 어떤 행동의 원인을 설명할 때 성격이나 본성 같은 개인적 요인은 과대평가하고, 상황적 요인은 과소평가하는 경향을 말한다.

예를 들어, 직장에 지각하는 사람을 게으르다든가, 무책임하다든가, 의욕이 없다고 쉽게 판단하면서(성격 중심의 설명) 교통 체증이나 악천후, 개인적인 사정 같은 상황적 요인은 대개 무시하거나 과소 평가한다. 그리고 그 사람이 지나가면서 인사를 하지 않는다면 일부러 그런 거라고 생각한다.

이것이 '이인칭' 언어를 사용하는 데 따른 또 다른 문제다. 이런 표현은 당신을 방어적으로 만든다. 상대의 말이나 행동에 실제로 그런 의도가 없더라도 당신에 대한 직접적인 공격으로 받아들이게 되기 때문이다.

예를 들어보자. 당신과 배우자가 부엌에 함께 있다.

당신   무슨 일 있어? 정신이 딴 데 가 있는 것 같아.
배우자   모든 게 버거워. 하루 종일 힘들었는데 집은 엉망이고, 설거지까지 해야 한다는 게 정말 싫어.
당신   그건 내가 집안일을 전혀 도와주지 않는다는 뜻이야? 어제 설거지 내가 했거든.

배우자 그런 말이 아니잖아.
당신 아니, 그 얘기 맞잖아. 당신이 나보다 집안일을 훨씬 더 많이 한다고 생각하는 거잖아. 집 안 정리부터 일정 관리까지 내가 다 챙기니까 그나마 문제없이 돌아가는 건데.

이인칭 언어가 어떤 결과를 가져오는지 알겠는가? 상황이 이렇게 치달으면 서로 연결될 여지는 찾아볼 수 없게 된다.

벽이 세워지는 순간, 상대를 이해하려는 마음은 줄어들고, 오히려 상대가 당신을 더 이해해주길 바라게 된다. 앞의 사례에서 배우자는 힘든 하루에 대해 솔직하게 털어놓으려 했다. 그런데 당신은 그 기회를 연결의 순간으로 삼기보다는 일방적으로 나에 대한 비난으로 받아들여버렸다.

사람들의 신경을 곤두서게 만드는 상황은 또 있다. 당신이 네 문장이나 되는 긴 문자 메시지를 보냈는데, 상대가 "알겠어"도 아니고 그냥 "ㅇㅇ" 혹은 더 최악으로 "ㅇ"처럼 한 글자로 답한다. 이런 답장을 받았을 때 첫 번째 드는 생각은 이거다. '뭐가 ㅇㅇ인데? 대체 뭘 알았다는 거야?'

당신의 머릿속에선 생각이 꼬리에 꼬리를 물고 이어진다. 'ㅇㅇ? 이게 다야? 성의가 없어도 너무 없잖아. 너무하는 거 아냐?' 제삼자에게 그 메시지를 보여주며 확인받고 싶어질 수도 있다. "완전 예의 없지 않아? 나만 이렇게 느낀 거 아니지?" 결국 당신은 이어서 다시 문자를 보낸다. "됐어. 다 필요 없어."

작은 오해가 점점 커져 결국 말싸움으로 번지고, 남은 저녁 시간은 일어나지 않아도 됐을 싸움으로 채워진다. 알고 보니 "ㅇㅇ"은 슈퍼마켓 계산대 앞에서 급히 보낸 답장이었다. 정신이 없었지만 메시지를 읽었다는 것을 표현하려고 보낸 것이었다.

지나치게 개인적인 시각에 쏠려 상황을 받아들이면 그 인식이 현실을 왜곡할 수 있다. 앞의 문자 메시지를 다시 살펴보자.

- 당신은 그 메시지가 무례하다고 느끼고, 자신에 대한 공격으로 해석한다.
- 그 인식은 감정의 점화 단계를 촉발한다.
- 감정에 휘말린 당신은 방어적으로 반응한다.
- 그 반응은 상대 역시 방어적으로 만든다.
- 이 반복은 결국 당신이 실제로 공격받고 있다는 믿음을 강화하고, 마침내 그것을 현실처럼 느끼게 한다.

이러한 악순환은 특히 문자 메시지나 이메일, 메신저처럼 말투나 억양이 전달되지 않는 텍스트 기반의 소통에서 자주 일어난다. '확증 편향'의 전형적인 사례다. 확증 편향은 이미 갖고 있는 믿음을 확인하거나 강화해주는 정보만 받아들이고, 그렇지 않은 정보는 거부하는 것을 말한다.

일단 트리거에 휘둘리기 시작하면, 그 트리거를 자극하는 정보만 선택적으로 찾고, 그 반응을 잠재울 수 있는 정보는 외면한다. 누군가가 어떤 일을 깜빡 잊었을 때, 그동안 문제없이 해냈던 순간들은 잊어버린 채 일을 제대로 해내지 못했던 순간들만 떠올리며 불평하는 것이다. 이렇듯 부정적인 면에만 집중하고 긍정적인 부분은 외면하게 되는 이유는, 그렇게 함으로써 자신의 방어적인 태도를 정당화할 수 있기 때문이다.

불통의 장벽을 무너뜨리는 법

모든 문제가 그렇지만 해결책은 분명히 존재한다.

당신이 상황을 얼마나 자주 개인적인 문제로 받아들이는지는 타인에게 얼마나 너그러운 태도를 지니고 있는지를 가늠하게 한다. 이 사실을 인식하는 것이야말로 방어적인 반응을 멈추는 첫걸음이다.

상대의 말이나 행동이 반드시 당신을 향한 공격이 아닐 수도 있다는 가능성에 마음을 열수록, 그로 인해 상처받을 가능성은 줄어든다. 자기중심적인 시각을 넘어서려는 관용의 태도는 세상과 관계 맺는 방식을 근본적으로 바꿔준다. 상대를 한 번쯤 믿어보려는 마음 없이 처음부터 의심하거나 단정 지을 때, 당신의 내면 역시 그만큼 평온함에서 멀어지게 된다는 것을 기억하기 바란다.

관용을 베풀기로 선택하는 순간, 식당 종업원의 퉁명스러운 반응이 짜증 때문이 아니라 퇴근 시간이 지났는데 아직 일을 마치지 못했고, 아이들을 돌봐주는 친정엄마가 기다리고 있기 때문일 수도 있다는 가능성에 마음을 열게 된다.

또한 앞차가 답답할 만큼 느리게 가는 이유는 그 운전자가 지난주에 53년을 함께한 아내를 잃었기 때문일 수도 있다는 가능성을 받아들이게 된다.

상사가 지나치게 짧고 성의 없어 보이는 이메일 답장을 보낸 것은 당신에게 나쁜 감정을 품어서가 아니라 그녀가 일과 육아를 병행하느라 정신이 없고, 막 재활 치료를 마친 오빠까지 돌보느라 여유가 없었기 때문일 수도 있다는 사실을 떠올리게 된다.

기억하라. 당신이 지금 보고 있는 그 모습이 그 사람의 전부를 말해주지 않는다.

상대의 말이나 행동이 나를 향한 것이라고 개인적으로 받아들이는 순간, 아무도 지우지 않은 짐을 스스로 짊어지는 셈이다. 그 무게를 내려놓아라. 확실한 근거를 찾기 전까지는 그 행동이 악의가 아닌 선의에서 비롯됐을 가능성에 마음을 열어둬라.

공감과 친절을 의식적으로 실천하면, 자신을 대하는 방식이 근본적으로 달라진다. 실수해도 덜 몰아붙이게 되고, 좀 더 너그러워진다. 그 결과, 함께 있으면 편안하고 기분 좋은 사람이 된다. 타인의 말과 행동을 공격적으로 받아들이면 부정적인 결과를 끌어들이게 된다. 반대로 관용을 선택하면 긍정적인 흐름을 만들어낼 수 있다.

이것은 당신을 위한 일종의 경고다. 이제는 당신이 한 말에 책임을 지고, 타인의 말에 반드시 반응할 필요가 없다는 사실을 받아들여야 한다. 누군가의 말이 당신에게 어떤 의미를 가질지는 오직 당신만이 결정할 수 있다. 그들의 행동을 개인적으로 받아들일지 여부도, 그 말에 어떤 무게와 가치를 둘지도 전적으로 당신에게 달려 있다. 사실 타인의 말은 종이에 적어보면 별다른 가치가 느껴지지 않을 만큼 하찮은 경우가 많다. 그런데도 당신은 그 말을 마음속에 담아두고 쌓아둔다. 그러다 보면 어느새 남의 말로 가득 찬 무거운 책가방을 짊어진 나를 발견하게 된다.

이제는 그 가방을 내려놓아야 한다. 다른 사람의 말에 짓눌리지 마라. 누가 싸움을 걸어오더라도 반드시 응할 필요는 없다. 당신이 스포츠를 좋아한다면 이렇게 생각해볼 수 있다. 누군가 공을 던졌다고 해서 반드시 라켓을 휘두를 필요는 없다. 그냥 흘려보내도 된다. 상대가 당신 쪽 코트로 공을 쳐 보냈다고 해서 꼭 다시 넘겨야 하는 건 아니다. 그냥 땅에 떨어지게 둬라. 누군가가 무슨 말을 했다고 해서 반드시 당신이 무언가를 말해야 할 의무는 없다.

다시 한번 강조하지만, 꼭 해야 할 말 따위는 없다. 진짜 중요한 건, 당신이 말하고 싶은 것이 있느냐다. 생각해보라. 그 말을 누구를 위해 하려는 건가? 무언가를 분명히 하기 위해 말하려는 건가, 아니면 말해야 하니까 말하려는 건가?

방어적인 반응을 보이지 않도록 책임 의식을 가져야 한다. 바깥을 향해 손가락질하고 싶은 충동을 인식하고, 그 대신 자신 안을 들여다보는 선택을 해야 한다. 여기서 '선택'이라는 단어를 쓴 이유는, 이것이 진짜 선택이기 때문이다. 그리고 그 선택은 오롯이 당신의 몫이다.

다음은 방어적인 반응을 멈추는 방법이다.

1. 알아차려라

반사적으로 무언가 말하고 싶은 충동이 느껴지면, 대화 속 호흡(9초간의 멈춤)으로 그 반응을 멈춰라. 느린 호흡은, 상대의 말이나 행동을 위협으로 받아들이지 않도록 몸에 신호를 보낸다.

2. 그냥 흘려보내라

잠시 멈춘 침묵 속에서 상대의 말이 당신에게 닿지 않고 바닥에 떨어지는 모습을 상상해보라. 그 말을 '받아쳐서' 되돌려주고 싶은 충동을 참아야 한다. 말이 그냥 바닥으로 떨어지는 모습을 떠올리면, 그 말을 주워야 할지 그냥 둬야 할지 판단할 여유가 생긴다. 방어하고 싶은 마음이 스멀스멀 올라오면 자신에게 이렇게 말해보라. "됐어. 내려놔, [당신의 이름]."

3. 호기심을 가져라
시선을 바깥이 아닌 안쪽으로 돌리고 분석적인 사고를 유지하라. 다른 사람들의 요청이나 발언의 이유를 궁금해하는 습관을 들여라. 이 말은 어디서 비롯된 걸까? 저 사람이 이런 말을 하게 만든 배경은 무엇일까? 내가 놓친 정보는 무엇일까?

어느 정도 통제감이 커지면 이제는 상대가 방어적인 반응을 보이지 않도록 도와주는 세 가지 전략을 활용할 수 있다. 완벽한 해결책은 아니지만, 단단하게 세워진 벽을 허무는 데 분명 도움이 될 것이다. 다음과 같은 방법으로 상대가 방어적으로 반응하지 않도록 도와줄 수 있다.

1. 문장을 '너'가 아니라 '나'로 시작하라
문장을 '너'로 시작하는 순간, 상대는 자동적으로 방어 태세를 갖춘다. 문장을 '나'로 시작하면, 상대의 방어 버튼을 자극하지 않을 수 있다. '나' 문장은 상대를 비난하거나 책망하는 것이 아니라 오롯이 당신 자신의 감정과 관점을 드러내는 방식이다. 게다가 이 방식은 더 단호하고 주체적인 표현이기도 하다.

예를 들어, 다음과 같다.

- "넌 맨날 핸드폰만 봐." – "난 서로 핸드폰 보지 않고 함께하는 시간이 좋아."
- "넌 나에 대한 고마움이 없어." – "난 네가 답장하지 않아서 존중받지 못하는 기분이 들었어."
- "너 그딴 식으로 말하지 마!" – "난 그런 식의 말엔 반응하지 않을 거야."

2. 질문을 '왜'로 시작하지 마라

'왜'로 시작하는 질문은 상대를 비난하는 것처럼 들리기 쉽다. 잘못을 지적하거나 비난, 판단하는 것처럼 받아들여진다. 상대는 당연히 자신의 자율성이 침해당했다고 느끼게 된다. 예를 들어보자. 당신이 친구를 차에 태우고 집으로 가다가 평소와 다른 길로 가는데, 친구가 얼굴을 찌푸리며 이렇게 묻는다.

"왜 이 길로 가는 거야?"

그 순간, 본능적으로 "왜냐고? 내가 그러고 싶으니까"라고 되받아치고 싶은 마음이 든다. 혹은 "왜?" 질문을 끝없이 쏟아내는 마음속 어린아이에게 지쳐서 "내 마음이지!"라고 소리치고 싶어진다.

문제는 상대가 질문했다는 사실 자체가 아니다. '왜'라는 말이 마치 당신이 잘못했다고 따지고 드는 것처럼 느껴지는 게 문제다. '왜'를 '무엇을', '언제', '어떻게'로 바꿔보자.

- "왜 쓰레기 안 버렸어?" - "언제 쓰레기 버릴 생각이야?"
- "왜 그랬어?" - "그렇게 하기로 결정한 이유가 뭐야?"
- "왜 차분하게 있지 못해?" - "차분하게 있지 못하는 이유가 뭐야?"

3. 먼저 인정하라

사람은 누구나 자신이 이해받고 있다고 느끼고 싶어 한다. 그래서 "그래, 그렇긴 한데"라는 식으로 반응하면, 대화가 좋지 않은 방향으로 흘러가기 쉽다. 그런 말투는 상대의 말을 인정하지 않는다는 신호로 받아들여진다. 당신이 상대의 말을 인정하지 않으면, 상대도 마찬가지로 반응할 것이다. 마음의 문을 닫고, 커튼까지 내려버릴지도 모른다. 그러니 자신의 입장을 내세우기 전에 상대의 감정이나 관점을 인정하자. 이렇게 접근하면 상대는 마음을 열고 대화를 이어갈 준비를 할 것이다.

몇 가지 방법을 제시한다.

첫째, 동의하는 부분을 먼저 언급하라. 상대의 말 전체에 전적으로 동의할 필요는 없다. 세부적인 내용에 집착하지 말고 넓은 맥락에서 바라봐라. 다음과 같은 방식으로 동의할 수 있다. 이 주제가 논의할 가치가 있다는 점에, 지금 이 대화가 필요하다는 점에, 혹은 어떤 결정을 내려야 할 시점이라는 점에 동의하는 것이다.

"이 주제는 충분히 이야기해볼 만하다고 생각해."

둘째, 배운 점을 먼저 말하라. 당신이 무엇인가 새롭게 알게 됐다고 말하면, 상대는 자신이 당신에게 의미 있는 무언가를 알려주었다는 느낌을 받을 것이다. 이는 상대가 이 대화에 기여했고, 당신이 그의 통찰을 인정한다는 신호가 된다. 예를 들어, 다음과 같이 말할 수 있다.

"이 부분이 너한테 정말 중요하다는 걸 알게 됐어."

셋째, 도움이 됐다고 말하라. 사람은 자신이 누군가에게 도움이 됐다는 느낌을 좋아한다. 특히 그것이 스스로 해낸 일처럼 느껴질 때, 그 만족감은 더 커진다. 도움이 됐다고 솔직히 인정하면, 상대는 보다 열린 태도로 대화를 이어갈 가능성이 높아진다. 인정받는다는 느낌은 방어적인 반응을 금세 누그러뜨린다. 예를 들어, 다음과 같이 말할 수 있다.

"정말 유용한 정보야. 알려줘서 고마워."

상대와 진정 연결되기 위해서는 상대와 당신 사이에 쌓인 벽을 인식해야 한다. 그 벽은 당신이 세웠을 수도 있고, 상대가 세

왔을 수도 있다. 방어하고 싶은 충동이 느껴져도 잠시 멈추고, 호기심을 가져보자. 상대가 방어적으로 변하면 벽을 더 높이는 말이 아니라 그 벽을 허무는 말을 건네야 한다. 이기려는 마음이나 맞서려는 태도가 아니라, 상대를 인정하고 깊이 이해하려는 자세가 진정한 연결을 가능하게 한다.

핵심 정리

- 방어적인 반응은 당신이 점화 단계에 접어들었다는 분명한 신호다. 그런 모습을 보이는 순간, 상대와의 연결은 끊어진다.
- 방어적인 반응은 두 사람 사이에 벽을 세운다. 그 벽은 상대가 당신을 이해하지 못하게 만들고, 동시에 당신도 상대를 이해하지 못하게 만든다.
- 방어적으로 반응하지 않으려면 5초에서 10초가량 길게 멈춰 진정 상태를 유지하라. 상대의 말이 당신에게 닿기 전 바닥에 떨어지는 모습을 상상하면서 그 말을 받아치고 싶은 충동을 억제하라.
- 상대의 방어적인 반응을 누그러뜨리려면 '너'가 아닌 '나'를 사용해서 말하라. 자신의 입장을 내세우기보다 먼저 상대의 말을 인정하는 태도를 보여야 한다.
- 모든 논쟁에 응할 필요가 없다는 사실을 받아들이면 상대와 당신 사이에 불필요한 벽이 생기는 것을 막고, 연결을 지킬 수 있다.

12장

어려울수록
결론부터 말하라

쉽지 않은 주제를 다루는 대화는 당연히 쉽지 않다. 그래서 마지막을 위해 이 주제를 남겨뒀다.

당신이 이 책을 읽고 있는 이유도 쉽지 않은 대화를 앞두고 있기 때문일 수 있다. 만약 그렇다면, 이 책을 선택하고 여기까지 와준 당신에게 고맙다는 말을 하고 싶다. 당신은 어려운 대화의 부정적인 고리를 끊어내는 도전을 받아들였다. 당신은 이제 더 이상 논쟁을 반드시 이겨야 하는 경쟁으로 보지 않고, 말 너머에 있는 사람을 이해할 기회로 바라본다. 이를 위해 눈앞의 사람과 연결되기 위한 훈련을 스스로 쌓아가고 있다. 이제 당신도 알 것이다. 모든 것은 당신이 다음 대화에서 어떤 말을 하느냐로부터 시작된다는 것을.

어려운 대화를 어떻게 다루느냐는, 그 대화의 내용보다도 당신의 인격에 대해 더 많은 것을 알려준다. 연인과의 이별이든, 직원을 해고하는 일이든, 재정 문제에 관한 이야기든, 모두가 알고 있지만 아무도 말하지 않는 문제에 대한 일이든 그 대화에 어떻게 들어가는지가 가장 중요하다. 폭풍 전의 고요. 기억나는가?

대화를 너무 거칠고 강하게 시작하면, 상대는 움츠러들고 방어적으로 반응한다("나만 잘못이야? 넌 어떻고?"). 반대로 너무 조심스럽게 들어가면, 상대는 당신의 의도를 의심한다("도대체 지금 무슨 말을 하려는 거야?"). 너무 소극적이고 주저하는 태도를 보이면, 상대가 당신을 무시하고 말을 잘라버릴 수도 있다("안 들을 거야.").

다음의 두 가지는 어려운 대화를 더 어렵게 만든다.

- 어디로 가야 할지 모를 때
- 거기에 어떻게 도달해야 할지 모를 때

어떤 사람이 목적지도 모른 채 비행기를 탔다고 해보자. 혹은 언제 멈춰야 하는지도 모른 채 무작정 차를 운전하기 시작했다. 분명 당신은 그 사람이 제정신이 아니라고 생각할 것이다. 그런데 대화 속에서는 이런 일이 아주 흔하게 벌어진다. 2장에서 이야기했듯, 어디로 갈지 어떻게 갈지 전혀 모른 채 머릿속에 그려놓은 시나리오대로 대화가 흘러가길 기대하면 실망할 수밖에 없다.

어려운 대화에 대비할 수 있는 가장 좋은 시점은 바로 그 대화를 시작하기 전이다. 단, 접근 방식이 중요하다. 어려운 대화에 어떻게 접근하느냐에 따라 서로 연결될 수도 있고, 그 관계를 영영 잃을 수도 있다. 지금부터 상황이 어려워질 때, 연결을 어떻게 만들어갈 수 있는지 보여주는 청사진을 제시한다.

덧붙이기: 이 장은 당신이 앞선 장들을 통해 감정을 조절하고 목소리를 단호하게 다듬는 연습을 이미 마쳤다는 전제하에 쓰였다. 통제감을 가지고 자신 있게 말할 수 있을 때 비로소 상대와의 연결을 위해 말할 준비가 된 것이다.

어떤 상황에서도 성공적으로 대화에 접근할 수 있게 해주는 세 가지 원칙을 소개한다.

원칙 1. 방해받지 않는 시간을 마련하라

이 원칙은 내가 직접 뼈아픈 경험을 통해 배운 것이다.

법대에 재학하던 중, 한 로펌 파트너 변호사의 사무 보조로 일할 때였다. 업무를 처리하다가 이해되지 않는 부분이 있어 변호사에게 물어보고 싶었지만, 창피해서 선뜻 말이 나오지 않았다. 오전 내내 혼자 끙끙 앓다가, 마침내 용기를 내 물어보기로 했다. 자리에서 일어나 복도를 따라 걸어가, 곧장 파트너 변호사의 사무실로 향했다. 아무 생각 없이 열린 문을 두 번 두드리고는 안으로 들어가며 곧바로 말을 꺼냈다.

"저기요, 그 신청서와 관련해서 질문이 있는데요…."

나는 방 한가운데로 걸어 들어가며 말을 꺼냈다.

"안 돼! 나가!"

변호사가 소리쳤다. 그는 왼손을 들어 듣고 싶지 않다는 제스처를 취했다. 나는 곧바로 몸을 휙 돌려 들어왔던 속도 그대로 다시 나갔다. 나가기 직전, 그가 골똘히 집중한 얼굴로 컴퓨터 자판을 두드리고 있는 모습이 보였다. 창피한 마음에 귀까지 붉어진 채 자리로 돌아와 앉았다. 내가 왜 그랬을까. 생각 없이 행동한 나 자신이 부끄러웠다.

15분쯤 지나 노크 소리가 들렸다. 문 앞에는 파트너 변호사가 서 있었다. 그가 물었다.

"들어가도 될까?"

내가 대답했다. 이제야 붉어진 귀가 조금 가라앉고 있었다.

"물론이죠."

"아까는 미안했어. 뭔가 떠오른 게 있어서…. 바로 안 끝내면

잊어버릴 것 같았거든. 그런데 무슨 일이지?"

나는 깊이 숨을 들이쉬고, 헷갈렸던 부분을 질문했다.

"아." 그가 웃으며 말했다. "왜 헷갈렸는지 알겠다. 내가 오타를 냈네. 그건 내가 고칠게. 그리고 다음부터는 내 사무실에 오기 전에 사내 메신저로 알려줘. 그래야 내가 하던 일을 멈추고 도와줄 수 있을 테니까."

결국, 문제는 대화 주제가 아니라 타이밍이었다.

어려운 대화를 나눠야 한다면, 그 대화를 더 어렵게 만드는 외부 요인부터 제거해야 한다. 방해물이 없는 편안한 공간과 급한 일이나 스트레스가 심하지 않은 시간대를 선택하라. 대화를 방해할 만한 요소는 미리 없애두어야 한다.

대화를 당신의 일정에 억지로 맞추려고 들면, 상대는 처음부터 마지못해 대화에 응하게 된다. 마치 고속도로에서 시속 100킬로미터로 달리고 있는데, 느린 차 한 대가 갑자기 앞에 끼어드는 바람에 급브레이크를 밟아야 하는 상황과 같다. 흐름도 끊기고, 집중도 흐트러진다. 이제 역할을 바꿔보자. 내가 준비되지 않았는데 누군가가 억지로 대화를 시도하는 것처럼 답답하고 짜증 나는 일은 드물 것이다.

이처럼 대화를 나눌 준비가 되지 않은 상태 자체가 대화를 어렵게 만드는 원인이 되기도 한다. 그런 상태에서 대화를 시작하면 압박감을 느끼고 스트레스 반응에 더 쉽게 휘말리게 된다.

자율성 트리거가 작동하기 때문이다. 적절한 때가 아닌데도 상대가 대화를 밀어붙이면, 이성적으로 생각하기가 어려워진다. 상대에게 반복해서 말해달라고 하거나, 내용을 다시 설명해달라고 요청할 수도 있다. 마음속 책상이 어지럽혀져 있어 생각을 정리할 공간이 없는 것이나 마찬가지인 상태다. 앞으로는 대화 나눌 시간을 미리 정해두자.

다음번에 대화 일정을 잡아야 할 때는 이렇게 말해보자.

- "금요일 오전 중 이 내용을 함께 살펴볼 시간이 언제면 괜찮을까요?"
- "화요일 1시쯤 이 주제에 대해 이야기 나눌 수 있을까요?"
- "목요일 저녁에 이 주제에 대해 이야기 나눌 수 있을까요?"

나는 '여유'나 '여력'이라는 표현을 자주 쓴다.

- "오늘 오후에 월요일 회의 안건에 관해 이야기할 여유가 있으실까요?"
- "아이들이 잠든 후에 내일 아이들 일정에 관해 이야기할 여력이 될까?"

이 표현은 시간적인 여유뿐만 아니라 정신적인 여유가 있는지 함께 묻는 말이다. 대화를 나눌 시간이 되더라도 그 순간에 감정적으로나 정신적으로 그 이야기를 받아들일 여력이 없을 수도 있다. 물어보는 방식은 다양하니, 당신에게 가장 자연스럽고 편한 표현을 찾아 사용하면 된다.

핵심은 구체적인 시간이나 하루 중 특정한 시간대를 제안하는 것이다. 지금 당장 당신과 상대방 모두 시간이 되더라도 조금 뒤로 미루는 편이 좋다. 생각을 정리할 시간이 필요하기 때문이다. 무엇보다 상대에게 마음의 준비를 할 시간을 주는 게 중요하다. 누군가 사무실에 불쑥 찾아와 "잠깐 시간 괜찮을까요? 아, 지금 말고 나중에요. 상의하고 싶은 게 있어서요"라고 말하면 안도감을 느끼며 한숨 돌리게 된다. 이처럼 되도록 시간을 두고 '나중에' 대화하는 것이 좋다. 단 30분만 있어도 할 말을 침착하게 준비할 여유가 생긴다. 그러니 대화는 나중으로 미루되, 가능하면 구체적인 시간대를 정해서 약속하라.

선택지가 줄어들수록 결정을 내리기 쉬워진다. "다음 주 중 언제 괜찮으세요?"라고 물으면, "글쎄요. 생각해보고 알려드릴게요"라는 대답이 돌아올 가능성이 크다. 그러다 보면 어느새 3주가 훌쩍 지나가버린다. 하지만 범위를 좁혀서 물으면, 상대가 답을 줄 가능성이 훨씬 높아지고, 서로 조율해 적절한 시간을 잡을 수 있다. 꼭 그래야 한다는 건 아니지만, 효과는 분명하다. 참고로, 시간을 잡고 싶을 때 이렇게 접근하는 건 피해야 한다.

- "할 얘기가 있어."
- "잠깐 시간 돼?"
- "나중에 언제 시간 괜찮아?"

다시 한번 말하지만, 누군가가 이런 식으로 다가올 때 어떤 기분이 드는지 생각해보라. 게다가 이런 표현은 시간에 대한 구체적인 언급이 없다. 긴박한 상황은 아니라는 뉘앙스를 줄 수 있지만 더 큰 문제는 불확실성이다. 누군가 "잠깐 얘기 좀 할 수 있을까?"라고 말하며 다가오면 속으로 이런 생각이 들기 쉽다. '무슨 이야기인지에 따라 다르지. 좋은 얘기야, 나쁜 얘기야? 사적인 일인가, 업무에 관련된 일인가? 심각한 건가, 가벼운 건가?' 어떤 이야기인가에 따라 당신의 반응은 달라진다. 어젯밤에 있었던 재미있는 일을 잠깐 얘기하려는 거라면 몇 초쯤은 내어줄 수 있다. 물론, 그 얘기가 정말로 몇 초 안에 끝나야 한다는 엄청난 전제가 붙지만 말이다.

보통 "잠깐 시간 돼?"라는 말은 사실 "두 시간쯤 비워줄 수 있어?"라는 말과 크게 다르지 않다. 대화의 주제에 걸맞은 시간을 정해야 당신이 요구하는 시간에 대한 상대의 기대치가 분명해진다. 진지한 주제일수록 더 많은 시간이 필요하다. 민감한 주제일수록 시간이 더 필요하다. 부정적인 주제도 마찬가지다. 30분이 필요한지, 한 시간이 필요한지, 아니면 네 시간이 걸릴지도 모른다는 점을 미리 말해주어야 한다.

상대의 시간이 얼마나 필요한지 가늠하고, 그 시간을 확보하면 더 깊이 연결될 수 있는 기반이 마련된다. 왜일까? 그렇게 하면 대화 중간에 의도적으로 멈추며 신중하게 말할 수 있고, 대화를 당신이 설정한 프레임 안에서 유지할 수 있기 때문이다. 천천히 호흡하고 조급하지 않게 말할 수 있어 침착함을 유지하고 맑은 정신으로 대화에 집중할 수 있다. 필요한 시간을 미리 가늠하지 않고 성급하게 대화를 시작하면, 상대는 대화의 내용보다 언제 이 대화에서 빠져나갈 수 있을지에 온통 신경이 쏠릴 것이다.

대화를 위해 따로 마련한 시간은 방해받지 않는 시간이어야 한다. 책상에 휴대폰을 올려두지 말고(뒤집어놓는 것도 안 된다), 손에 들고 있지도 마라(보지 않을 거라는 소리는 하지 마라). 당신이 나누려는 대화가 지금 이 순간 가장 중요한 관심사라는 메시지를 분명히 전달하라.

원칙 2. 형식적인 인사는 생략하라

직원 한 명을 떠나보내야 할 상황이다. 몇 주 동안 기회를 줬지만, 이제는 서로 갈 길을 가야 할 때다. 당신은 그 직원에게 이런 메시지를 보낸다.

"시간 되면 제 사무실에 잠깐 들러주세요."

당신은 머릿속으로 몇 시간 뒤쯤 자리가 마련되리라 생각했다. 하지만 아니었다. 메시지를 보낸 지 2분이 채 되지 않아 그 직원이 사무실에 들어왔다. 불안한 표정이다. 그동안 노력했지만, 결과가 만족스럽지 않았다는 걸 그 역시 알고 있기 때문이다.

당신은 초조한 듯 헛기침하면서 밝은 표정으로 인사를 건넨다.

"아, 왔어요! 앉아요."

몇 초가 흐른다. 당신은 책상 위 물건을 만지작거리며 시간을 끈다. 그러다 묻는다.

"요즘 잘 지내요? 회사 생활은 좀 어때요?"

직원이 억지로 웃으며 대답한다.

"정말 좋아요. 팀에서 많이 도와주시고 업무도 정말 좋아요. 생각보다 훨씬 오래 걸리긴 했지만, 이제 조금씩 익숙해지는 것 같아요."

이런. 전혀 예상하지 못한 대답이다. 당신은 몸을 어색하게 틀며 자세를 고쳐 앉는다. 잠시 정적이 흐르고, 직원의 얼굴에서 미소가 서서히 사라진다. 무슨 말을 해야 할지 어색해하는 모습이다. 당신은 어렵사리 말을 꺼낸다. 순간, 방 안의 공기가 가라앉는다.

"음, 있잖아요. 그동안 많이 고민해봤는데, 아주 어려운 결정이었어요. ××씨가 좋은 사람인 건 잘 아니까 더욱 그랬지요. 그동안 많이 노력한 것도 잘 알고 있어요. 그래서 더더욱 이런 말 하기 싫지만… 음… 아무래도 더 이상 함께하기 어려울 것 같아요."

순간 직원의 눈에 눈물이 고인다. 당신은 시선을 떨군다. 직원이 애원하듯 말한다.

"왜죠? 전 회사가 정말 좋은데…."

5분이면 끝날 줄 알았던 대화는 한 시간 반 동안 이어지고, 결국 당신은 직원에게 앞으로 2주간 더 지켜보겠다고 말한다. 당신은 이 결정을 분명 후회하게 되리라는 것을 알고 있다.

대화 주제가 민감하거나 상대에게 나쁜 소식으로 받아들여질 것이 분명할 때, 우리는 분위기를 부드럽게 만들고 싶어진다. 충격을 완화해 상대가 덜 상처받기를 바라는 마음에서다. 그래서 보통 하루를 어떻게 보냈는지, 가족들은 잘 지내는지 묻거나 평소 관심도 없던 엉뚱한 주제로 말을 걸며 대화를 시작한다. "혹시 테니스 쳐요?" 같은 식이다. 당신은 그렇게 하면 상황이 좀 부드러워질 거라며 자신은 친절하고 세심하게 상대를 배려하고 있다고 생각한다.

하지만 사람들은 그 정도로 눈치가 없지 않다. 연기를 아무리 잘해도, 사람들은 본능적으로 위험을 감지해낸다. 뭔가 이상하다는 느낌이 든다. 사람들은 비언어적 단서를 잘 읽어낸다. 누군가가 자신을 바라볼 때 그 시선을 느끼는 것처럼 말이다. 눈을 감고 있어도 누군가 방에 들어왔다는 걸 알아차릴 수 있다. 다툼이 일어나기 전 긴장감이 느껴진다. 당신이 한순간이라도 진정성 없이 행동하면, 상대는 즉시 마음의 벽을 세운다. 상대는 점화 단계에 들어서며 경계 태세에 돌입한다. 곧바로 좋지 않은 소식이 떨어질 것을 직감하고, 그 순간에 대비한다.

이 직원도 그걸 느꼈다. 그런데 당신은 대화 시간을 따로 마련하지 않았고, 시작부터 형식적인 인사로 흐려버렸다. 그는 자신의 업무 성과가 좋지 않다는 걸 이미 알고 있었다. 당신이 무슨 말을 하려는지, 자신이 왜 그 자리에 불려 왔는지도 알고 있었다. 자세를 고쳐 앉고, 불안하게 손을 움직이는 모습으로 당신이 느끼는 불편함이 고스란히 전해졌다. "잘 지내요?"라는 당신의 질문은 언뜻 아무 의도도 없는 것 같지만, 그 순간에는 진심이 담기지 않은 말이 되어버렸다. 당신은 사실 그가 어떻게 지내는지, 회사를 얼마나 좋아하는지 진심으로 궁금하지 않았다. 그를 해고하기로 이미 결정했으니까.

겉보기에 무해해 보이지만, 형식적인 인사로 대화를 시작하는 것은 관심 있는 척하는 행동에 불과하다. 결국 당신이 바라던 것과 정반대 효과를 얻었다. 친절하게 대하려는 의도와 달리, 오히려 무관심을 감춘 태도로 받아들여졌기 때문이다.

직원을 해고하든, 관계에서 어려운 문제를 다루든, 몇 주 동안 마음속에 담아두었던 감정을 꺼내든, 어려운 대화에서 중요한 건 하나다. 사람들은 솔직함을 원한다. 돌려 말하지 않는, 진짜 솔직함을 원한다. 솔직하게 말하지 않고 빙빙 돌려 말할수록 가식적인 느낌은 강해지고, 관계의 연결은 약해진다.

어려운 대화를 시작할 때 다음과 같은 질문은 피하라.

- "그래서 요즘 잘 지내?"
- "요즘 뭐 하면서 지냈어?"
- "오늘 날씨가 도대체 왜 이러지? 계속 오락가락하네."

대신, 처음부터 직접적이고 투명하게 말하라. 지금부터 어떤 대화를 나누게 될지 먼저 알려주는 것으로 대화를 시작하라. 좋지 않은 소식을 전할 때는 이렇게 말할 수 있다.

- "듣기가 쉽지 않을 거야."
- "안 좋은 소식이 있어."
- "내가 하려는 말이 마음에 들지 않을 수도 있어."
- "깜짝 놀랄 수도 있어요."

다루기 어렵거나 민감한 주제의 경우, 이렇게 말할 수 있다.

- "우리 둘 다에게 유쾌한 대화는 아닐 거야."
- "불편한 이야기를 전하게 됐어."
- "꺼내기 망설여지는 얘기긴 한데…."

간단히 "어려운 얘기가 될 것 같아"라고 말해도 된다.

이런 말은 대화의 가장 첫머리에 나와야 한다. 최소한, "시간 내줘서 고마워"라는 말 뒤에 바로 와야 한다.

이런 접근법은 더 개방적이고 솔직하다. 물론 마음이 불편하거나 무거워질 수는 있지만, 이거야말로 더 친절한 방법이다. 상대는 무슨 말을 들을지 상상의 나래를 펴거나 불안해하지 않아도 된다. 이렇게 좀 더 직접적으로 표현하는 대화가 어떤 모습일지 방금 말한 직원과의 상황을 예로 들어보자.

당신이 말문을 연다.

"시간 내줘서 고마워요."

직원이 자리에 앉는다. 당신은 그를 바라보며 침착하게 말한다.

"듣기 쉽지 않은 이야기일 거예요."

직원이 마음의 준비를 할 수 있도록 1초 정도 멈춘 뒤, 말을 잇는다.

"아쉽게도 여기까지만 같이하는 것으로 결정이 났어요."

그는 고개를 끄덕이며 받아들인다. 당신은 따뜻한 미소로 말을 마무리한다.

"그동안 수고 많았어요. 앞으로 가는 길이 다 잘 풀리길 바랄게요."

직원이 눈에 띄게 아쉬운 표정으로 대답한다.

"알겠습니다. 기회를 주셔서 감사했습니다."

다시 말하지만, 명확함은 곧 배려다. 명확한 접근은 어려운 대화를 흐리게 만드는 모호함과 불안을 걷어내고, 양쪽 모두 있는 그대로 상황을 온전히 마주하게 해준다. 어려운 소식을 품위 있게 받아들일 수 있도록 배려해주면, 상대는 스스로 진실을 감당할 힘이 있음을 확인하고, 더 성숙하게 반응한다.

원칙 3. 결론부터 말하라

어려운 대화를 나눌 때는 당신이 전하고 싶은 핵심부터 말하라. 프레젠테이션할 때 마지막 부분에 가서 "결론적으로 말씀드리자면…"이라고 말하는 순간을 상상해보라. 바로 그 결론 부분을 대화의 가장 앞부분으로 가져오라는 것이다.

당신은 회의에서 아이디어를 발표하고 있다.

"다들 아시다시피, 고객들이 안내 데스크에 도착했을 때 편안함을 느끼는 게 우리가 원하는 거죠. 그래서 제가 생각해봤는데요, 혹시 틀렸다면 말씀해주세요. 우리가 고객 경험을 지나치게 복잡하게 만드는 경향이 있는 것 같습니다. 고객들이 뭘 원하는지 잘 모른다는 걸 전제로 말이에요. 그렇죠? 참, 이 생각은 운전하다가 떠오른 건데요, 갑자기 왜 그런 생각이 떠올랐는지는 저도 잘 모르겠어요. 아무튼 제가 말하고 싶은 건 우리가 접근 방식을 완전히 단순화해야 한다는 거예요. 고객들이 로비에 들어서는 순간부터 환영받는 기분을 느낄 수 있도록 만드는 데 집중해야 한다는 거죠."

휴…. 느꼈는가? 도대체 무슨 말을 하려는 건지, 뭘 원하는 건지 끝에 가서야 겨우 드러난다.

듣는 사람들은 중간에 길을 잃고 헤매기 쉽다. 예를 들어, "운전하다가"라는 말에 꽂혀서 출근길에 자기가 무슨 생각을 했는지 생각해보느라 정신이 딴 데 팔린다. '오늘 아침 출근길에 새로 생긴 이탈리안 식당을 지나쳤지. 전부터 한번 가보고 싶었는데. 먹는 거 얘기가 나와서 말인데, 점심시간까지 얼마나 남았지? 오늘은 뭐 먹지? 어제는 라자냐를 먹었는데….'

이 순간, 그들은 더 이상 당신과 같은 공간에 있지 않다. 과거를 떠올리고 미래를 상상하느라 지금 이 순간엔 아무 관심도 없다.

이제, 결론을 맨 앞으로 옮기면 어떤 모습이 되는지 살펴보자.

당신은 회의 테이블에 둘러앉아 아이디어를 발표한다.

"로비를 좀 더 따뜻하고 환영하는 듯한 느낌을 주는 공간으로 만들어야 해요. 입구부터 분위기가 좋으면, 고객도 안내 데스크에 도착하고부터 훨씬 편안함을 느낄 겁니다."

간단하다. 이렇게 말하면 듣는 사람이 길을 잃을 리 없다. 누구도 어제 먹은 파스타 생각에 빠지지 않는다. 당신은 바로 핵심을 전달했고 그 이유까지 명확히 밝혔다.

이 기술은 글쓰기나 문자 메시지에도 똑같이 효과가 있다. 형식적인 인사말이나 장황한 설명을 빼고 이런 방식으로 접근하면 훨씬 좋은 위치에서 대화를 이끌 수 있다.

파티 초대를 거절해야 한다. 다음 두 가지 중 어떤 거절이 더 나아 보이는가?

- 문자 1 안녕! 미안. 오늘 할 일이 너무 많아서 진짜 정신이 하나도 없었어. 아직 밥도 못 먹었을 정도야ㅜㅜ. 그나저나 우리 강아지가 무엇 때문에 알레르기 반응을 일으킨 건지 상태가 안 좋아. 정말 너무너무 미안한데, 오늘 못 갈 것 같아. 생각해줘서 고마워. 혹시 상황이 바뀌면 꼭 다시 연락할게!

- 문자 2 아쉽지만 오늘 못 갈 것 같아. 초대해줘서 고마워. 재미있게 놀아!

문자 1은 진심이 느껴지지 않는다. 상대의 감정을 상하게 하지 않으려고 여러모로 애썼지만, 너무 많은 말을 덧붙인 탓에 정작 진짜로 전하고 싶은 말은 상대가 알아서 추측하게 만들어버렸다. 말이 많아질수록 거짓말처럼 들릴 가능성은 커진다. "그냥 오기 싫다고 해"라는 식의 비꼬는 답장이 돌아올 수도 있다.

반면 문자 2는 곧장 핵심으로 들어가기에 훨씬 더 솔직하게 들린다. 당신 자신과 상대 모두를 존중하는 방식의 답변이다.

이런 전략들은 당신이 다른 사람과 어려운 대화를 시작할 때 도움이 된다. 그렇다면 누군가가 당신에게 어려운 이야기를 꺼내려 할 때, 당신은 어떻게 하면 더 열린 자세로 대화를 받아들일 수 있을까?

"말 해줘서 고마워" 그 한마디

몇 달 전, 여섯 살 난 아들이 고개를 푹 숙인 채 거실로 걸어왔다. 두 손으로 옷의 배 부분을 가린 채였다.

"아빠…."
"왜, 무슨 일이야?"
"나 나쁜 짓 했어…."

아들은 이렇게 말하며 손을 치우더니 새로 산 티셔츠에 난 5센티미터쯤 되는 구멍을 보여주었다.

"어쩌다 이렇게 됐니?"

아이는 다시 고개를 숙였다.

"가위로 옷을 자를 수 있는지 알고 싶었어…."

나는 웃음을 참으려 애썼다.

"그래서, 어땠어?"

아들은 깊게 한숨을 쉬며 말했다.

"가위로 옷을 자를 수 있어."

"그렇구나. 솔직하게 말해줘서 고마워."

나는 아이에게 하이 파이브를 건넸다.

"이제 가위로 옷을 자를 수 있다는 걸 알았으니까 다음부턴 안 그러기로 하자, 응?"

아이는 웃으며 대답했다.

"응."

당신을 화나게 하거나 상처를 줄까 봐 쉽게 꺼내기 어려운 이야기를 두고 누군가 당신에게 대화를 요청할 때, 그 순간 당신이 보이는 반응은 그 사람이 앞으로도 당신에게 어려운 이야기를 솔직하게 털어놓을 수 있을지를 결정짓는 중요한 기준이 된다.

어려운 대화를 제대로 나눌 수 있을지는 당신이 그 이야기를 처음에 어떻게 받아들이느냐에 달려 있다. 상대가 안심하고 이야기할 수 있도록 도와주는 표현을 살펴보자.

"이런 얘길 나에게 해줘서 고마워."

이 말은 상대가 누구를 믿고 이야기를 나눌지 스스로 선택할 수 있다는 점을 당신이 존중하고 있다는 뜻을 전달한다. 상대가 당신을 찾아와 이야기를 꺼낸 선택에 대해 고마움과 감사의 마음을 표현함으로써 둘 사이에 연결이 생긴다.

"말해줘서 고마워."

이 표현은 상대가 당신에게 다가오기까지 얼마나 용기를 냈는지를 인정하는 말이다. 무언가를 털어놓고 솔직하게 말하는 것이 언제나 쉬운 일은 아니라는 것을 당신이 이해하고 있음을 전한다.

"네 입장을 알려줘서 고마워."

상대가 어떤 관점에 서 있든 그 사람의 관점은 당신이 미처 보지 못했던 시각을 알려준다는 것을 표현하는 말이다.

어려운 대화는 사실 누군가와 진정으로 연결될 수 있는 가장 큰 기회다. 갈등을 마주하고 그 갈등을 함께 극복해나가는 과정은 서로를 가깝게 만들고, 관계를 더 깊고 단단하게 다져준다.

오버하지 않는 공감

그러나 다음과 같은 말들은 오히려 정반대 효과를 불러온다. 주의가 필요하다.

"나도 알아, 그 기분."
"나도 오늘 하루 힘들었어."
"나도 예전에 비슷한 일을 겪어봤어."

상대에게 공감하고 연결감을 만들기 위해 흔히 사용하는 표현이다. 하지만 실제로는 이야기의 초점을 당신 쪽으로 돌리는 결과를 초래하는 경우가 많다. 그 순간, 상대는 자신의 감정을 솔직하게 털어놓고 답답함을 풀 기회를 잃게 된다. 아무리 좋은 의도에서 한 말이라도 대화의 초점을 자신에게 돌리는 순간, 연결은 끊어진다. 상대의 이야기를 들은 뒤 곧바로 화제를 자신에게 돌리기보다는 다음과 같은 방식으로 접근하라.

1. **질문을 하나 건네라.** 물론 더 많이 물어봐도 괜찮지만, 단 한 가지 질문만으로도 분위기는 크게 달라진다. "그 일에 대해 어떤 감정을 느꼈어?" 또는 "그 상황을 어떻게 보고 있어?"처럼 가볍고 부담 없는 질문이면 충분하다. 이런 열린 질문은 이야기의 초점을 계속 상대에게 두고, 상대가 연결을 이어갈 수 있도록 도와준다.

2. **상대가 이야기하는 도중 꼭 전하고 싶은 말이 있다면, 먼저 허락을 구하라.** "혹시 내 얘기를 조금 해도 괜찮을까?"처럼 간단한 말이면 충분하다. 이미 1단계에서 상대의 이야기에 관심을 보이고 계속 듣겠다는 태도를 보였기 때문에 대부분 기꺼이 허락하고 당신의 말에 열린 마음으로 귀 기울일 것이다.

3. 상대에게 어떻게 하라거나 내가 그 입장이라면 이렇게 하겠다고 말하기보다는 **"내가 배운 게 하나 있는데, 말해도 괜찮을까?"라고 물어보라.** 사람들은 아는 척하거나 지시하려는 말보다 당신이 직접 경험해서 얻은 깨달음을 나눌 때 훨씬 더 열린 마음으로 귀를 기울인다.

누군가 당신에게 어려운 이야기를 털어놓을 때는 그 사람이

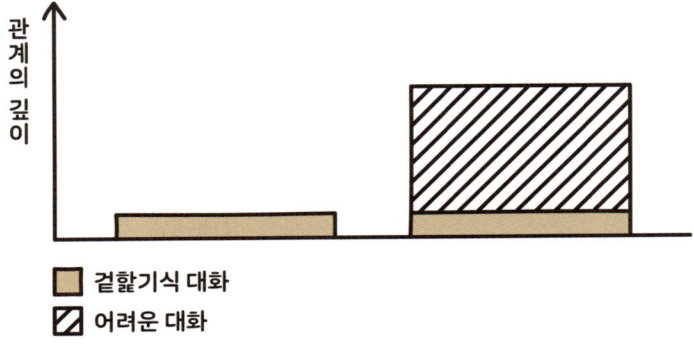

안심하고 기댈 수 있는 안전한 공간이 되어주어야 한다. 그렇다고 해서 억지로 밝고 긍정적인 태도를 보이라는 뜻은 아니다. 그런 태도는 진심이 느껴지지 않을 수도 있다. 상대가 두려움 없이 자신의 이야기를 꺼낼 수 있도록 편안함과 안정감을 느끼게 해주어야 한다.

어려운 대화를 전혀 어렵지 않은 척할 필요는 없다. 1장에서 살펴봤듯, 어려운 대화와 갈등은 관계를 더 깊이 있게 발전시킬 기회이기도 하다. 어려움은 누구에게나 찾아오는 법이다. 그 사실을 인정하고, 기꺼이 마주하라. 누군가와 더 깊은 관계를 맺고 싶다면, 그만큼 어려운 대화를 견뎌내고 받아들일 수 있는 내공이 필요하다.

핵심은 대화를 통해 연결을 쌓는 데 있다. 이 방법들을 활용하면 대화가 시작되기 전에 어려움을 어느 정도 덜어낼 수 있다.

미리 움직여라. 상대에게 어려운 이야기를 함께 나눌 수 있는 시간과 장소를 정하자고 먼저 제안하라. 그리고 대화가 시작되면, 형식적인 인사말은 생략하고 곧바로 본론으로 들어가라. 혼란을 줄이고 원하는 결과를 분명하게 전달하려면, 가장 먼저 전하고 싶은 핵심 메시지부터 말하라. 그리고 상황이 바뀌어 이번에는 누군가가 당신에게 어려운 이야기를 꺼내려고 하면 당신이 바라던 바로 그 사람이 되어줘라. 상대가 안심하고 말할 수 있도록 편안하고 안전한 분위기를 만들어주는 것이다.

이 단계들을 잘 활용하면, 다음 대화는 단순한 문제 해결을 넘어 상대와 진정으로 이어지는 연결의 기회가 될 수 있다.

핵심 정리

- 어려운 대화에서 가장 효과적으로 부담을 덜 수 있는 시점은 대화가 시작되기 전이다.
- 민감하거나 어려운 주제를 이야기해야 할 때는 방해받지 않는 시간을 따로 정해 상대와 마주 앉아야 한다. 자신의 일정에 맞추기 위해 대화를 억지로 끼워 넣으려 해서는 안 된다.
- 핵심을 피해 형식적인 인사치레로 대화를 시작하고 싶은 유혹을 뿌리쳐라. 그런 접근은 오히려 진심이 느껴지지 않는다. 곧장 본론으로 들어가라. 직접적으로 말하는 것이야말로 상대에 대한 배려이며, 당신의 신뢰를 지키는 방법이다. 그러려면 전하려는 결론과 핵심 메시지를 먼저 말해야 한다.
- 어려운 대화야말로 상대와 진정 연결될 수 있는 가장 좋은 기회다. 갈등을 마주하고 그 어려움을 함께 넘어서는 과정에서 두 사람의 관계는 더욱 깊고 단단해진다.

(**맺음말**)
Afterword

당신의 말이
당신이다

차가운 화강암 계단을 올라 오래된 텍사스 법원 건물 안으로 들어섰다. 긴 복도를 따라 걷다가 나무로 된 커다란 회전문을 밀고 법정 안으로 들어갔다. 들어서는 순간, 나는 잠시 멈춰 서서 머릿속으로 점검할 항목들을 떠올리며 법정 안을 둘러봤다.

판사석 뒤에서 판사가 집행관과 법정 속기사에게 큰 소리로 어떤 이야기를 들려주고 있었다. 다행이었다. 법정 한쪽에는 상대편 변호사 세 명이 서서 서로 속삭이고 있었다. 그것도 좋았다. 내 책상 뒤쪽, 메모와 서류들이 놓인 자리에는 내 의뢰인이 앉을 의자가 있었다. 하지만 그 의자는 비어 있었다. 좋지 않은 징조였다.

고개를 재빨리 돌렸다. '내 의뢰인은 어디 있는 거지?' 나는 판사에게 시작하기 전에 5분만 시간을 달라고 요청했다. 판사가 고개를 끄덕이는 것을 확인하자마자 회전문을 밀고 나왔다. 나는 의뢰인을 찾아 나섰다. 단단한 대리석 바닥 위에서 울리는 내 구두 굽 소리만이 텅 빈 복도에 메아리쳤다.

내 의뢰인의 이름은 클레몬 리. 그는 휴대폰이 없었다. 예순 한 살의 초등학교 청소부인 그는 변화를 달가워하지 않는 규칙적인 삶을 살고 있었다. 그에게는 집 전화만으로도 충분했다. 그 번호로 전화를 걸었지만 응답이 없었다. 불안한 마음이 점점 커지기 시작했다.

복도를 세 번째 돌았을 때 그가 보였다. 복도 맨 끝 벤치에 앉아 있었다. 걸음을 늦추며 다가가 웃으며 말을 건넸다.

"리 씨, 괜찮으세요?"

그는 대답하지 않았다.

팔짱을 끼고 다리를 꼰 채 앉아 있는 그는, 시선을 아래로 떨군 채 움직이지 않았다. 낡은 황갈색 정장 차림의 그는 누렇게 바랜 흰 셔츠에 자주색 넥타이를 매고 있었다. 그가 교회 갈 때 입는 옷이라는 것을 예전에 나눈 대화로 알고 있었다. 그가 가진 유일한 정장이라는 것도.

나는 그의 옆에 앉으며 다시 말했다.

"어떠세요?"

이제 우리는 어깨를 맞대고 나란히 앉아 있었다. 잠시 침묵이 흐른 뒤, 그가 나직이 말했다.

"사람들이 날 안 좋아할 거예요."

"무슨 말씀이세요?"

"난 말을 잘 못해요. 사람들이 내 입에서 안 나온 말까지 지어낼 거예요. 난 이런 자리에 어울리는 사람이 아니에요."

그는 눈에 띄게 걱정스러운 표정을 짓고 있었다.

법정에서 긴장하는 건 당연한 일이다. 열두 명의 배심원이 당신의 모든 행동을 지켜보고 있고, 검은 법복을 입은 판사는 높은 자리에 앉아 당신을 내려다본다. 상대편에서 고용한 변호사는 당신의 신뢰도를 무너뜨리려 벼르고 있다.

클레몬을 바라보며 물었다.

"클레몬, 제 눈을 보세요. 제가 긴장한 것처럼 보여요?"

그는 천천히 고개를 저었다.

"잘못한 거 있으세요?"

이 질문에도 그는 고개를 저었다.

정말이었다. 그는 잘못이 없었다. 상대 운전자가 그를 들이받

앉을 뿐이다. 그 사실에는 이견의 여지가 없었다. 하지만 사실 여부와 마음의 자의식은 전혀 다른 차원의 것이다.

"그럼 좋아요. 다시 한번 짚어보죠."

우리는 증언대에 오르기 전이나 잠깐 감정을 추스를 시간이 필요할 때 활용할 수 있는 퀵 스캔 단계를 다시 짚어봤다. 실제로 증언 마이크 앞에서 대답하기 전에 마음을 가라앉히기 위한 대화 호흡 연습도 해봤다. 클레몬에게 가장 필요한 것은 자신감이었다. 배심원들이 보게 될 사람이 다른 사람인 척하려 애쓰는 모습이 아니라 있는 그대로의 자신이라는 확신이 필요했다. 재판을 앞두고 몇 달 동안, 우리는 바로 이 순간을 위해 짧고 단단한 문장들을 함께 준비해왔다. 내가 자리에서 일어서며 물었다.

"잠시 후 증언대에 올랐을 때 당신은 누구일까요?"

"클레몬 리요. 그냥 클레몬 리면 되는 거죠."

그가 팔짱을 풀고 내 옆에 일어섰다. 나는 웃으며 말했다.

"그렇죠. 그리고 상대 변호사가 당신 말을 끊거나 반박할 때, 그건 당신한테 어떤 기회가 되는 걸까요?"

"한 수 가르쳐줄 기회죠."

우리는 함께 법정에 들어섰다.

"맞아요. 그리고 무슨 말을 해야 할지 순간적으로 막힐 땐,

제일 먼저 뭘 해야 하죠?"

예행연습 때처럼 클레몬은 환하게 웃으며 대답했다.

"숨부터 쉬는 거죠."

"좀 괜찮아지셨어요?"

그는 자신 있게 말했다.

"네, 할 수 있어요."

나는 그의 어깨에 손을 올리고, 다시 한번 나무 회전문을 밀고 법정 안으로 들어섰다.

이제 당신이 혼자 문을 열고 나아가도록 놓아줘야 할 시간이 됐다. 클레몬 리가 말한 것처럼, 당신도 할 수 있다. 정말이다.

이 책을 통해 당신은 무슨 말을 해야 할지뿐만 아니라 그 말을 어떻게 해야 하는지도 배웠다. 주변에서 일어나는 모든 소통을 다른 시선으로 바라보는 법도 익혔다. 이제 당신은 예전과는 다르게 사람들의 말을 듣게 될 것이다. 다른 사람들의 문자 메시지나 이메일을 읽을 때, 그 안에 담긴 단어와 표현, 의미를 흐리는 불필요한 말들이 눈에 들어올 것이다. 말에 의도를 담게 될 것이고, 훨씬 또렷하게 표현하게 될 것이다. 논쟁이 벌어지는 상황이 닥쳤을 때, 당신은 이전보다 훨씬 더 차분하고 단단한 마음을 느끼게 될 것이다.

그것은 우연이 아니다. 열두 장에 걸친 내용을 실천하고 연습하면서, 의도적으로 그 기반을 다져온 결과다. 이제 당신은 통제감을 가지고 말하고, 자신감을 가지고 말하고, 진정한 연결을 이끌어내는 방법을 익혔다. 어떤 갈등 상황에서도 흔들리지 않고 마주할 수 있는 도구와 전략을 손에 넣은 것이다.

이제 이 책을 시작하면서 던진 질문으로 끝맺으려 한다.

당신의 말은 당신이 누구인지를 어떻게 보여주고 있는가?

내 바람은 당신이 하는 말과 말하는 방식이 가족에게 남겨줄 가장 값진 유산이 되는 것이다. 당신이 어떤 사람이 되고 싶은지, 어떻게 기억되고 싶은지를 보여주는 유산이 되기를 바란다. 새로운 삶, 새로운 당신. 당신의 다음 대화를 당신의 인생을 바꿔주는 대화로 만들어라.

| **옮긴이** | 정지현

스무 살 때 두툼한 신디사이저 사용설명서를 번역한 것을 계기로 번역의 매력과 재미에 빠졌다. 대학 졸업 후 출판번역 에이전시 베네트랜스 전속 번역가로 활동 중이며 현재 미국에 거주하면서 책을 번역한다. 옮긴 책으로는 《걱정하지 마라 생각대로 된다》《포에버 도그 라이프》《서툰 시절》《사이드 캐릭터의 공식》《행동하지 않으면 인생은 바뀌지 않는다》등이 있다.

잠시 멈춤

초판 1쇄 인쇄 2025년 11월 14일
초판 1쇄 발행 2025년 12월 1일

지은이 제퍼슨 피셔
옮긴이 정지현
펴낸이 유정연

이사 김귀분
책임편집 신성식 **기획편집** 조현주 이지은 유리슬아 황서연 유자영 정유진 **디자인** 안수진 기경란
마케팅 반지영 박중혁 하유정 **제작** 임정호 **경영지원** 박소영

펴낸곳 흐름출판(주) **출판등록** 제313-2003-199호(2003년 5월 28일)
주소 서울시 마포구 월드컵북로5길 48-9(서교동)
전화 (02)325-4944 **팩스** (02)325-4945 **이메일** book@hbooks.co.kr
홈페이지 http://www.nwmedia.co.kr **블로그** blog.naver.com/nextwave7
출력·인쇄·제본 (주)상지사 **용지** 월드페이퍼(주) **후가공** (주)이지앤비(특허 제10-1081185호)

ISBN 978-89-6596-774-3 03190

- 이 책 내용의 전부 또는 일부를 사용하려면 반드시 저작권자와 흐름출판의 서면 동의를 받아야 합니다.
- 흐름출판은 독자 여러분의 투고를 기다리고 있습니다. 원고가 있으신 분은 book@hbooks.co.kr로 간단한 개요와 취지, 연락처 등을 보내주세요. 머뭇거리지 말고 문을 두드리세요.
- 파손된 책은 구입하신 서점에서 교환해드리며 책값은 뒤표지에 있습니다.